KB091158

신흥무대의 중견국 외교

복합지정학의 시각

신흥무대의 중견국 외교
복합지정학의 시각

2020년 8월 21일 초판 1쇄 인쇄
2020년 8월 31일 초판 1쇄 발행

엮은이 김상배
지은이 김상배 · 정성철 · 이승주 · 유인태 · 유준구 · 김성진 · 조한승 · 김헌준 · 이신화

펴낸이 윤철호 · 고하영
펴낸곳 (주)사회평론아카데미
편집 김천희
디자인 김진운
마케팅 최민규
등록번호 2013-000247(2013년 8월 23일)
전화 02-326-0333
팩스 02-326-1626
주소 03993 서울특별시 마포구 월드컵북로6길 56
ISBN 979-11-89946-72-2 93340

이 저서는 2016년 대한민국 교육부와 한국연구재단의 지원을 받아 수행된 연구임(NRF-2016S1A3A2924409); 이 저서는 2019년 서울대학교 국제문제연구소의 지원으로 연구를 수행하였음.

신흥무대의 중견국 외교

복합지정학의 시각

김상배 엮음

사회평론아카데미

책머리에

신흥무대의 중견국 외교: 복합지정학의 시각

이 책은 4차 산업혁명 시대의 신흥권력과 신흥안보의 세계정치와 중
견국 외교전략에 대한 연구를 진행해 온 공부모임 활동의 연속선상에
서 세상에 나오게 되었다. 이 책의 필자들은 2014년에 시작되어 '미래
전략네트워크'(일명 미전네)라는 이름으로 작업을 펼쳐 온 연구팀의 일
원이다. 미전네는 지난 6년여의 기간 동안 주기적으로 연구 성과를 펴
낸 바 있는데,『한국의 중장기 미래전략: 국가안보의 새로운 방향모색』
(인간사랑, 2015),『신흥안보의 미래전략: 비전통 안보론을 넘어서』(사
회평론아카데미, 2016),『4차 산업혁명과 한국의 미래전략』(사회평론아
카데미, 2017),『한반도 신흥안보의 세계정치: 복합지정학의 시각』(사
회평론아카데미, 2017),『4차 산업혁명과 남북관계: 글로벌 정보화에 비
춘 새로운 지평』(사회평론아카데미, 2018),『동북아 신흥안보 거버넌스:
복합지정학의 시각』(사회평론아카데미, 2019) 등이 그 사례들이다.

　　이상의 작업들을 관통해서 주안점을 두었던 연구 어젠다는 글로
벌-동북아-한반도의 세 층위에서 작동하는 신흥무대의 세계정치적
동학이었다. 특히 4차 산업혁명으로 불리는 세계정치의 물적·지적 환
경의 변화 속에서 새롭게 부상하는 기술안보, 환경안보, 사회안보 등의
주제를 규명하는 데 연구의 초점이 두어졌다. 이러한 연구의 연속선상

6

에서 이 책은 중견국 외교전략의 모색이라는 시각을 추가하여 "신흥무대의 중견국 외교: 복합지정학의 시각"이라는 주제를 다루었다. 외교안보와 통상외교 등의 전통무대의 변환에 대한 논의를 배경으로 하여, 신흥무대 중에서도 기술안보 분야의 인터넷 거버넌스와 우주안보, 환경안보 분야의 기후·산림외교와 보건안보외교, 그리고 사회안보 분야의 인권과 난민 문제를 살펴보았으며, 이러한 사례들에서 발견되는 '복합지정학'(Complex Geopolitics)의 동학을 밝히고자 했다.

이 책이 나오기까지 많은 분들의 도움을 얻었다. 다년간의 공동연구로 진행되고 있는 신흥무대의 세계정치 연구에 참여하시는 미전네 선생님들께 감사의 말씀을 드리고 싶다. 이 책의 연구가 결실을 보게 된 계기는 서울대학교 국제문제연구소가 한국연구재단의 지원을 받아 진행한 한국사회기반연구사업(SSK)인 '신흥권력의 부상과 중견국 미래전략' 프로젝트의 재정적 지원에서 마련되었다. 이 책의 연구가 진행되는 동안 여러 명의 서울대학교 정치외교학부 외교학 전공 대학원생들의 도움을 받았다. 특히 신승휴에게 감사한다. 끝으로 성심껏 이 책의 출판을 맡아주신 사회평론아카데미 관계자들에 대한 고마움도 전한다.

2020년 5월 2일
김상배

차례

책머리에 5

제1장 신흥무대의 중견국 외교: 복합지정학의 시각 김상배
   I. 머리말 12
   II. 신흥무대의 세계정치 14
   III. 중견국 외교론의 원용 19
   IV. 복합지정학 시각의 원용 24
   V. 신흥무대의 중견국 외교 29
   VI. 맺음말 33

제1부 전통무대의 변환과 중견국 외교

제2장 자유주의 세계질서의 쇠퇴?: 미국 패권의 약화와 민주주의 중견
   국의 규칙기반 질서 추구 정성철
   I. 들어가는 글 40
   II. 지정학의 귀환? 중국의 부상과 신흥무대 41
   III. 미국의 국력 약화와 동맹정책 변화 45
   IV. 아시아 민주주의 중견국의 규칙기반 질서 추구 50
   V. 나가는 글 53

제3장 신흥무대의 중견국 외교: 통상 이승주
   I. 서론: 통상과 중견국 58
   II. 통상과 중견국 외교의 유형 59

8

III. 중견국 외교의 유형과 변화의 동학 61

IV. 중견국 외교의 새로운 가능성: 이슈의 복합과 장의 복합 82

V. 결론 85

제2부 기술안보 무대의 중견국 외교

제4장 글로벌 인터넷 거버넌스에서의 스윙국가 중견국 외교: 브라질,
인도, 한국의 사례 유인태

I. 문제 제기 94

II. 인터넷 거버넌스에서의 중견국 외교 95

III. 가치 형성의 국내 동학과 글로벌 스윙 국가 99

IV. 사례 분석 105

V. 결론 120

제5장 우주안보 국제규범 형성의 쟁점과 한국의 중견국 외교 유준구

I. 머리말 128

II. 우주안보 논의의 현황과 특성 131

III. 국제규범 형성 논의의 쟁점과 현안 137

IV. 시사점 및 중견국 외교 과제 144

V. 맺음말 151

제3부 환경안보 무대의 중견국 외교

제6장 REDD+ 설립을 위한 중견국 기후·산림외교 연구 김성진

I. 서론 158

II. 연구의 맥락과 분석틀 161

III. UNFCCC에서의 산림전용 논의 169

IV. 중견국 기후·산림외교와 REDD+ 제도의 수립 175

V. 결론 190

제7장 신흥무대의 중견국 보건외교 조한승

I. 머리말 200

II. 보건외교의 개념과 성격 202

III. 중견국 보건외교전략 사례: 스웨덴, 브라질, 스위스 213

IV. 한국의 중견국 보건외교전략 평가와 제언 224

V. 맺음말 229

제4부 사회안보 무대의 중견국 외교

제8장 미중관계와 인권: 동아시아 국가의 대응전략과 가능성 김현준

I. 서론 238

II. 미중관계와 인권: 진행 과정과 전망 241

III. 미중 인권 문제와 동아시아 국가의 대응 248

IV. 미중 인권과 동아시아 국가의 가능성과 한계 254

V. 결론 259

제9장 난민문제와 중견국 외교: 의의와 한계 이신화

I. 서론 268

II. 글로벌 난민위기와 난민문제의 안보화 271

III. 중견국 외교 속성과 난민정책의 딜레마 277

IV. 중견국 난민정책의 특성과 한계 281

V. 결론 301

지은이 소개 310

제1장   신흥무대의 중견국 외교:
복합지정학의 시각

김상배(서울대학교)

I. 머리말

최근 한국의 중견국 외교에 대한 관심이 늘어나고 있다. 물론 중견국 (中堅國)이라는 용어 자체의 사용 문제와 관련해서는 이견이 있지만, '강대국 외교'나 '약소국 외교'와는 다른 새로운 개념적 범주로서 '중견국 외교'를 추구해야 한다는 문제의식 자체에는 공감하는 것으로 보인다. 국내 국제정치학계에서 중견국 외교에 대한 이론적 논의를 시작한 것은 대략 2000년대 후반의 일이었다. 이러한 논의는 2010년대 초엽 한국의 국제적 위상이 높아지고 그 외교적 역할이 증대되면서 정책 차원의 논의로도 발전해 갔다. 이러한 이론적·정책적 논의의 중심에는 제1세대(또는 1.5세대) 중견국 그룹에 해당하는 캐나다나 호주, 스웨덴이나 노르웨이, 또는 제2세대 중견국 그룹인 브릭스(BRICS) 중에서도 인도, 브라질, 남아공 등의 중견국 외교와는 궤를 달리하는 '제3세대 중견국 외교'를 모색하려는 문제의식이 있었다(김상배 2016).

2010년대 초반의 중견국 외교론은 전통적인 군사안보 문제보다는 주로 글로벌 거버넌스의 장에서 진행되는 국제규범 형성과 이에 참여하는 외교 활동을 대상으로 했다. 예를 들어, G8과 브릭스 국가들 사이에서, 선진국 그룹과 개도국 사이에서, 그리고 서방 진영과 비서방 진영 사이에서 벌어지는 외교에서 한국이 차지하는 위상과 역할을 논했다. 글로벌 중견국 외교에 대한 논의는 때마침 이명박 정부의 믹타 (MIKTA) 외교 추진으로 주목을 받기도 했다. 멕시코(M), 인도네시아 (I), 한국(K), 터키(T), 호주(A) 등과 같은 국가들의 연대외교는 한국이 모색할 글로벌 중견국 외교의 방향을 제시하는 듯 했다. 이에 비해 동북아의 지정학적 공간에서 벌어지는 주변 열강들의 각축 구도 속에서 중견국 외교를 모색해 보려는 시도에 대해서는 냉소적이고 회의적인 시선이 쏟아지기도 했다.

2018년 이후 한반도 주변정세의 변화는 중견국 외교 연구를 새로운 지평에서 거론할 상황을 창출하는 것처럼 보였다. 남북정상회담과 북미정상회담의 과정에서 한국의 외교적 역할에 대한 기대가 커지면서 '한반도 운전자론' 또는 '중재(仲裁)외교' 등과 같은 용어를 거론하며, 한국의 역할을 적극적으로 평가하는 분위기가 무르익었다. 한때 북핵 문제와 관련해서 한국의 외교적 '코리아 패싱'이니 '조수석에도 못 앉을 처지'라며 비아냥거리는 담론이 오고갔던 것에 비하면 큰 변화였다. 지정학적 대결을 펼치고 있는 북미 사이에서, 그것도 전형적인 전통 국제정치의 의제인 핵문제를 놓고서 중견국 외교의 가능성을 타진했다는 점에서 고무적으로 평가되었다. 글로벌 거버넌스의 장에서만 중견국 외교의 논의를 한정하려 했던 2010년대 전반기의 분위기에 비하면 그 논의가 한 단계 업그레이드된 느낌을 준 것이 사실이었다.

그럼에도 출범 초기 큰 기대를 낳았던 문재인 정부의 중견국 외교는 난항을 겪었다. 열강이 각축을 벌이는 지정학 공간만 상정해서는 중견국 외교가 작동할 여지를 찾기 어려웠다. 오히려 지정학적 공간의 주변정세 변화와 글로벌 공간의 질서변동을 동시에 고려해야 했다. 역으로 글로벌 질서변동의 문제를 대하더라도 그 속에 담긴 지정학적 동학을 직시해야 했다. 이러한 인식의 전환을 바탕으로 실질적인 중견국 외교의 모색이 가능할 것이며, 이에 부합하여 중견국 외교 연구도 업그레이드되어야 한다. 다시 말해, 2010년대 초반의 연구가 글로벌 공간에 주목한 '중견국 외교 연구 1.0'이었다면, 향후 연구는 글로벌 공간과 지정학 공간을 복합적으로 엮어서 보는 '중견국 외교 연구 2.0'이 되어야 한다. 이러한 문제의식을 바탕으로 이 책은 신흥무대, 좀 더 엄밀히 말하면 '전통과 신흥의 복합무대' 위에서 벌어지는 중견국 외교의 사례들을 분석함으로써 향후 한국의 '중견국 외교 2.0'이 추구할 방향을 모색하였다.

이 글은 크게 네 부분으로 구성되었다. 제2절은 '중견국 외교 2.0'이 펼쳐지는 신흥무대의 복합적인 성격과 그 위에서 벌어지는 신흥권력 게임의 성격을 살펴보았다. 제3절은 구조적 위치론, 중견국의 국익론과 네트워크 전략론 등과 같은 이론적 자원을 원용하여 신흥무대에서 추구할 '중견국 외교 2.0'의 전략적 방향을 검토하였다. 제4절은 신흥무대의 중견국 외교가 전개되는 동학을 이해하기 위한 분석틀로서 복합지정학 시각의 필요성을 지적하였다. 제5절은 이 책에 실린 각 장의 내용에 대한 소개를 겸하여, 동맹과 통상 같은 전통무대뿐만 아니라 인터넷·우주, 환경·보건, 인권·난민 등의 신흥무대에서 펼쳐지는 중견국 외교의 복합지정학을 살펴보았다. 끝으로, 맺음말은 이 책의 연구가 한국의 중견국 외교에 주는 함의를 검토하고, 향후 연구과제로서 '중견국 외교 연구 3.0'의 필요성을 제기하였다.

II. 신흥무대의 세계정치

1. 신흥무대의 개념적 이해

이 글에서 사용하는 '신흥무대'(新興舞臺, emerging stage)라는 말은 '새롭게 부상하는 무대'라는 뜻이지만 단순히 새로운 무대라는 의미를 넘어서는 복합적인 의미를 담고 있다. '신흥(新興)'은 복잡계 이론에서 말하는 'emergence'의 번역어이다. 국내 자연과학계에서는 흔히 '창발(創發)'이라고 번역하는데 이 책에서는 신흥이라는 용어를 사용했다. 개념어로서의 신흥 또는 창발이란 미시적 단계에서는 단순하고 '무질서'한 존재에 불과했던 현상들이 그 양이 늘어나면서 복잡한 상호작용을 벌이게 되고, 더 나아가 상호 연계성을 증대시킴으로써 거시적 단계에 이르러서는 일정한 패턴과 규칙성, 즉 '질서'를 드러내는 현상을 의미한다. 이러한 시각에서 본 신흥무대의 부상은 '양질전화(量質轉化)'와 '이슈연계'를 거쳐서 '지정학적 임계점'을 넘게 되는 세 단계의 과정을 거쳐서 이루어진다(김상배 편 2016).

첫째, 신흥무대라 함은 군사력과 경제력을 기반으로 했던 기성 국제정치 무대의 지평을 넘어서 새롭게 부상하고 있는 환경, 보건, 인권, 난민, 기술, 정보, 문화, 커뮤니케이션 등의 무대를 지칭한다. 이런 점에서 보면, '이슈의 새로움'이 신흥무대의 기본조건이다. 대부분 복잡계 환경을 배경으로 발생하는 이들 이슈들은 그 숫자가 양적으로 늘어나서 특정한 임계점을 넘어서면 질적인 변화를 야기하게 되는 '양질전화'의 과정을 거쳐서 세계정치 무대의 전면에 등장하고 있다. 이들 이슈들은 개별적으로는 미미한 사건들이었지만, 그 발생 숫자가 늘어나서 갑작스럽게 양질전화의 임계점을 넘게 되면 국가적 관심을 끄는 전략적 이슈가 된다. 이러한 와중에 미시적 안전과 거시적 안보를 구분하던 종전의 경계는 무너지고, 사소한 일상생활 속의 안전문제라도 거시적 안보의 관점에서 다루어야 하는 일이 벌어진다.

둘째, 신흥무대의 특징은 복잡계 환경을 배경으로 발생하는 다양한 이슈들의 연계 과정에서 이해되어야 한다. 신흥무대 중에서도 어느 한 이슈만의 문제가 아니라 여타 다른 이슈들과 연계되어 일종의 '임계점'을 넘을 경우 쟁점이 된다. 이런 점에서 보면, '이슈의 연계성'이 신흥무대의 기본조건이다. 신흥안보의 사례를 들면, 안보 이슈들 간의 질적 연계성이 높아지게 되면, 어느 한 부문에서 발생한 안전의 문제가 임계점을 넘어서 거시적 안보의 문제가 될 가능성이 커진다. 원래 전통무대의 이슈라도 신흥무대의 이슈와 연계되면 그 결과는 신흥 이슈가 되기도 한다. 이러한 이슈연계의 문제는 양적인 차원에서 단순히 링크 하나를 더하는 차원이 아니라 신흥안보의 이슈 네트워크에서 발견되는 '구조적 공백'(structural hole)을 메우는 질적인 변화의 문제이다 (Burt 1992). 다시 말해 끊어진 링크들이 연결됨으로써 전체 이슈구조의 변동이 발생하게 되고 그 와중에 해당 이슈의 '연결 중심성'이 커지는 것을 의미한다.

끝으로, 신흥무대의 특징은, 단순히 새로운 이슈들의 양적 증가와 상호 연계가 발생하는 것뿐만 아니라, 이들 이슈들이 전통무대와 연결되는 맥락에서 이해되어야 한다. 미시적 차원의 민간 이슈가 거시적 차원의 국가 이슈로 발전하는 과정에서 '지정학적 임계점'을 넘게 된다. 이러한 과정에서 부상하는 세계정치의 무대는 '신흥과 전통의 복합무대'라고 할 수 있다. 예를 들어, 양질전화나 이슈연계성을 통해서 창발하는 신흥안보 이슈가 전통안보 이슈와 연계되는 경우 이는 명실상부한 국가안보의 문제가 된다. 여기에 이르면 국가 행위자가 개입할 근거가 발생하게 되고 문제의 해결을 위한 국제협력의 메커니즘이 가동된다. 이렇게 보면, 신흥무대 문제는 전통무대와 구분되는 새로운 이슈라기보다는, 그 개념적 경계 안에 전통무대 문제를 포함한다고 볼 수 있다.

2. 신흥무대의 신흥권력 게임

이러한 신흥무대가 중요한 의미를 갖는 것은 21세기 세계정치의 새로운 권력게임으로서 '신흥권력'(emerging power)이 부상하는 장을 제공하고 있기 때문이다. 신흥무대가 새로운 권력공간으로 급부상하면서 그 무대 위에서의 주도권을 둘러싸고 세계정치 행위자들이 치열하게 경쟁하는 양상이 벌어질 뿐만 아니라, 이러한 신흥무대 위의 권력적 향배는 전통무대를 포함하는 세계정치 전반의 권력게임에도 큰 영향을 미치고 있다. 이런 점에서 신흥무대의 신흥권력 게임은 세계정치의 미래를 좌우할 복합적인 권력게임의 부상을 의미한다고 할 수 있다. 이러한 신흥권력의 부상은 권력과 국가 및 질서의 세 차원에서 발생하는 복합변환의 형태로 진행되고 있다(하영선·김상배 편 2018).

　첫째, 신흥권력의 부상이라고 말할 때는 오늘날 세계정치 행위자들이 추구하는 '권력의 성격 변환'(power transformation)이라는 뜻을 담고 있다. 21세기 세계정치의 권력경쟁은 군사력이나 경제력과 같은 전통적인 자원권력 게임을 넘어서 기술·정보·지식·문화·커뮤니케이션 등과 같은 비(非)물질적 자원을 둘러싸고 진행될 것이며, 더 나아가 행위자들이 보유한 자원과 속성으로 환원되는 권력게임이 아니라 행위자들이 구성하는 관계적 맥락에서 작동하는 권력게임의 양상으로 전개되고 있다. 이러한 권력변환의 현상은 국제정치의 전통무대에서도 발생하고 있지만, 경제적 상호의존, 기후변화, 에너지, 원자력, 보건·질병, 바이오, 식량, 이주·난민, 인권, 개발협력, 사이버 공간 등과 같은 신흥무대에서 더욱 두드러지게 나타나고 있다.

　둘째, 신흥권력의 부상은 단순히 권력게임의 성격변환을 논하는 차원을 넘어서 비(非)국가 행위자들이 부상하는 '권력주체의 분산'(power diffusion)도 의미한다. 21세기 세계정치에서는 새로운 행위주체로서 다양한 비국가 행위자들이 신흥무대를 중심으로 국가 행위자에 못지않은 신흥권력을 발휘하고 있다. 이러한 신흥 행위자들로는 다국적 기업, 금융자본, 글로벌 싱크탱크와 지식 네트워크, 초국적 시민운동 단체, 테러 네트워크 등이 있으며, 국가 차원을 넘어서 활동하는 국제기구나 지역기구 등도 사례로 들 수 있다. 게다가 이러한 과정에서 기성의 국민국가 행위자 자체도 그 경계의 안과 밖에서 형태의 변환을 겪으면서 새로운 역할을 모색하며 새로운 국가모델을 찾아가고 있다.

끝으로, 21세기 세계정치에서 신흥권력의 부상이라고 하면 세계정치 행위자들 간의 '권력이동'(power shift), 즉 권력구조의 변동을 암시한다. 특히 최근 중국의 부상은 미국의 글로벌 패권에 도전하는 신흥권력 또는 신흥국가의 부상을 의미하는 동시에 동아태 지역뿐만 아니라 글로벌 차원에서 권력구조의 변동 가능성을 예견케 한다. 결과적으로 중국의 부상은 어느 한 국가의 국력이 성장하는 의미를 넘어서 종전에 미국을 중심으로 짜여 있던 패권질서를 변화시키고, 여기서 더 나아가 패권국과 도전국 간의 권력구도를 변화시킬 가능성이 있다. 다만 이러한 구조변동의 과정에서 관건은 오늘날의 미중경쟁이 과거 국제정치사에서 나타났던 것과 같은 단순한 '세력전이'(power transition)의 양상을 되풀이할 것이냐의 문제일 것이다.

요컨대, 21세기 세계정치는 새로운 권력게임의 출현과 새로운 행위주체의 부상으로 대변되는 신흥권력의 부상, 그리고 이러한 과정에서 글로벌 패권구조의 변동 가능성을 복합적으로 보여주고 있다. 이러한 신흥권력 게임의 복합구조와 작동방식을 제대로 이해하는 것은, 이 글에서 제시하는 중견국 외교 2.0을 성공적으로 추진하기 위해서 필요한 핵심 과제가 아닐 수 없다. 다시 말해, 신흥무대 위에서 펼쳐지는 중견국 외교 2.0의 성패는, 신흥권력 게임의 복합구조 속에서 자국이 차지한 '구조적 위치'(structural position)를 파악하고, 이를 활용하기 위해서 효과적인 전략을 추구하는 데 있다고 해도 과언이 아니다.

III. 중견국 외교론의 원용

1. 구조적 위치론과 중견국 국익론

중견국 외교 연구 2.0은 기존의 중견국 외교론을 넘어서 2010년대 후반의 복합적인 양상을 반영하는 이론을 개발하려는 문제의식에서 출발한다. 무엇보다도 중견국이 처해 있던 세계정치의 환경이 다르고 이를 헤쳐 나가는 실천적 문제의식이 다르기 때문이다. 주로 강대국의 국제정치를 염두에 두고 개발된 기존의 주류 국제정치이론, 즉 현실주의, 자유주의, 구성주의의 이론적 전제를 넘어서는 노력이 필요함은 물론이다. 새로운 중견국 외교론을 펼치는 작업은 단순한 이론의 문제가 아니라 담론적 실천의 문제이기도 하다. 따라서 새로운 중견국 외교론은 단순히 중견국의 속성을 지닌 나라의 외교를 논하는 데서 그쳐서는 안 된다. 또한 제3의 입장을 취하는 나라나 지리적·기능적으로 중간지대에 위한 나라의 외교만을 논하는 것도 아니다. 궁극적으로는 강대국 외교나 약소국 외교와는 다른 '중견국 외교'라는 새로운 개념적 범주의 개발이 필요하다(김상배 2016).

　이러한 과정에서 새로운 중견국 외교론은 전통적인 현실주의에 기반을 둔 중견국의 '속성론'이나 자유주의에 기반을 둔 중견국의 '행태론'을 넘어서야 한다. 행위자 그 자체의 성격에 대한 논의를 넘어서 그 행위자가 처한 '관계'와 '구조'의 맥락에 주목하는 '구조적 위치론'의 발상이 필요하다. 구조적 위치에 대한 논의는 구조적 현실주의나 세계체제론에서 말하는 고정된 '구조,' 즉 위계질서에서 차지하는 위상론을 넘어선다. 새로운 중견국 외교론이 주목하는 '구조적 위치'의 개념은 네트워크 이론에서 상정하는 '구조'에 대한 논의에 바

탕을 두고 있다. 이러한 구조적 위치론은 현실주의가 상정하는 중견
국 자격(middlepowerhood)이나 자유주의가 상정하는 중견국 기질
(middlepowermanship)을 넘어서는 '중견 국가지'(中堅國家智, middle
power intelligence)에 대한 실천적 논의를 도출할 수 있다. 상황지성
이나 위치지성 또는 틈새지성 등으로 대변되는 '중견 국가지' 개념의
유용성은 '구조'와 '행위자'를 모두 고려하는 중견국 외교전략의 내용
을 입체적으로 담아낼 수 있다는 데 있다.

　　대외적으로 구조적 위치론에 대한 논의와 함께 중견국 외교 2.0은
대내적으로도 중견국이 추구할 국가이익에 대한 고민을 담아야 한다.
중견국 외교의 효과적인 추진을 위해서는 대외적으로 외교적 정체성
을 표출하는 문제 이외에도 대내적으로도 중견국이라는 국가의 성격
에 대한 존재론적 질문을 던지지 않을 수 없다. 특히 이러한 중견국의
국가 성격의 문제는 중견국 외교의 방법과 원칙, 목표가 되는 국가이익
을 어떻게 규정할 것이냐의 문제를 통해서 나타난다. 앞서 살펴본 구조
적 위치론이 주로 밖으로부터 규정되는 중견국의 대외적 역할과 정체
성에 대한 논의였다면, 내부적 차원에서도 구조적 위치론은 중견국이
추구할 국가이익의 인식에도 영향을 미치는 변수이다. 다시 말해, 국
가이익 개념의 재규정 문제는 중견국이 자리 잡은 구조적 위치에 대한
고민을 반영한다. 이러한 시각에서 보면, 중견국은 강대국이 추구하는
것과 같이 확장된 국가이익의 개념을 바탕으로 행동할 수도 없지만, 그
렇다고 개도국의 경우처럼 협소하게 규정된 국가이익의 개념에만 머
물러 있을 수도 없는 처지이다.

　　적어도 현 시점에서 중견국 외교 2.0은 다음과 같이 포괄적으로
이해된 '열린 국가이익론'을 바탕으로 모색되어야 한다. 첫째, 국가이
익을 추구하는 방법이라는 점에서 볼 때, 중견국 외교 2.0은 종전보다

좀 더 '부드럽게' 국가이익을 추구할 수밖에 없다. 이는 지식, 이념, 외교와 같은 비물질적 자원을 바탕으로 하여 상대방을 설득하고 유인하고 회유하여 끌어당기는 힘, 즉 소프트 파워(soft power)의 외교전략에 대한 논의와 통한다. 둘째, 국가이익을 추구하는 원칙이라는 점에서 볼 때, 중견국 외교 2.0은 상호 간의 공동이익을 만족시키는 외교를 추구할 필요가 있다. 이는 개별 국가이익의 일방적 추구를 넘어서 인식의 공유와 연대의 형성을 바탕으로 한 상호이익을 추구하는 문제를 의미한다. 끝으로, 국가이익을 추구하는 목표라는 점에서 볼 때, 중견국 외교 2.0은 국제사회와 인류공동체의 보편적 규범에 부합하는 외교를 추구할 필요가 있다. 이는 이익을 기반으로 작동하는 실리외교를 넘어서 규범적이고 도덕적으로 타당한 국가이익을 추구하는 규범외교의 추구를 의미한다.

　더 나아가 중견국 외교는 미래 국가모델에 대한 고민을 담아야 한다. 중견국의 관점에서 외교적 역할과 국익 개념을 새로이 설정하는 과정은 국내정치적 과정이며 동시에 담론적 실천의 과정이다. 그런데 앞서 언급한 바와 같이 우리의 국익을 양보하고 인류에 기여하는 외교를 추진하는 여정에 우리 국민들은 얼마나 참여할 준비가 되어 있을까? 한국인에게 중견국 기질이 얼마나 있으며, '중견지(中堅智)'는 얼마나 있고, 더 중요하게는 국민들은 한국이 '중견국 외교'를 추진하는 것 자체에는 동의할까? 이러한 맥락에서 볼 때, 새로운 중견국 외교를 구현하기 위해서는 단순한 대국민 홍보의 차원을 넘어서 관련 민간 이해당사자들을 대상으로 이익을 조율하는 이른바 '중견국 내교(內交)'의 과정이 필요하다. 또한 외교부 및 정부부처, 중앙-지방정부의 중견국 외교 추진체계 정비도 수반되어야 할 것이며, 더 나아가 민간부문, 시민사회, 학계, 언론 등의 네트워크도 구축해야 한다. 궁극적으로는 중견국 외교가 지향해야 하는 21세기 미래국가의 시스템 전반과 관련된 새로운 모델에 대한 고민이 필요하다.

2. 중견국의 네트워크 전략론

이상의 구조적 위치와 정체성 및 국익에 대한 논의를 바탕으로 중견국 외교 연구 2.0은 중견국이 추구할 외교전략에 대한 구체적인 고민을 담아야 한다. 중견국 외교 연구 2.0이 염두에 두어야 할 전략의 내용은 세 가지 차원의 네트워크 전략, 즉 중개외교, 연대외교, 규범외교의 전략으로 요약된다. 이러한 세 가지 전략은 각기 따로 작동하는 것이 아니라 구조적 상황에 따라서 복합적으로 연계되어 추진되어야 한다. 또한 이러한 네트워크 전략의 세 가지 아이템은 전통무대에서도 필요하지만, 복합적인 구조와 동학을 특징으로 하는 신흥무대에서 더욱 요구된다. 특히 이러한 전략은 글로벌 공간과 지정학적 공간의 복합공간을 헤쳐 나가는 중견국 외교전략의 의미를 지님을 명심할 필요가 있다(김상배 2014).

첫째, 중개외교는 중견국이 지향하는 네트워크 전략의 대표적인 아이템이다. 오늘날 한국에 요구되는 것은 통상적으로 말하는 중개, 즉 기존 관계구도를 변화시키지 않으면서 그 관계의 상호 작동성을 원활하게 하는 '거래적(transactional) 중개'의 범위를 넘어선다. 지금 관건이 되는 것은 '구조적 공백'을 메움으로써 네트워크상의 흐름을 변화시키고 더 나아가 행위자들 간의 관계구도에 변화를 가져오는 중개외교이다. 이는 단순한 '정보의 흐름'이 아닌 '의미의 흐름'까지도 중개할 뿐만 아니라 각 행위자들의 이익구도를 넘어서 새로운 비전을 제시하는 중개라는 의미에서 '변환적(transformative) 중개'로 개념화된다. 이러한 변환적 중개의 과정에서는 앞서 언급한 '구조적 위치'를 잘 잡는 것은 매우 중요하다. 그런데 구체적인 이슈구조 하에서 국가이익과 리더십을 반영한 '위치잡기'를 한다는 것은 쉬운 일이 아니다. 이는 이론적 직관으로만 알 수 있는 문제가 아니라 구체적인 경험적 연구를 통해서 밝혀야 하는 이른바 '지식외교'의 문제이다.

둘째, 중견국의 중개외교가 효과적으로 추진되기 위해서 병행해야 할 중요한 아이템 중의 하나는 연대외교이다. 전통적으로 외교의 장에서 생각을 공유하고 행동을 같이하는 동지국가들(同志國家, like-minded countries)과 공조하는 연대외교는 중견국 외교의 단골메뉴였다. 한국의 입장에서 볼 때, 동북아 차원에서 제기되는 지정학적 딜레마를 풀기 위해서라도 글로벌 차원에서 연대외교의 모색은 중요하다. 이는 특히 '약한 연대의 힘'(power of weak ties)을 활용하는 효과가 크다. '약한 연대'의 이론에 의하면, '예수의 탄생을 알고 방문한 동방박사들'처럼 나를 알아주는 사람은 멀리서 찾아오는 경우가 많고, '마당발 친구'는 오히려 평소에 친분이 없는 사람 중에 찾는 것이 실질적으로 도움이 된다. 마찬가지로 한국의 중견국 외교도 글로벌 거버넌스의 장에서 그러한 동지국가들을 찾아서 연대하는 전략을 모색할 필요가 있다. 그 과정에서 연대의 효과를 가시화할 수 있는 공동의제의 발굴은 매우 중요한 관건이 된다. 이러한 동지국가 외교는 기본적으로 개방 네트워크를 지향해야 할 것이며, 이러한 점에서 특정 그룹을 넘어서는 아웃리치(outreach) 활동의 중요성이 강조된다.

끝으로, 중개외교나 연대외교와 병행되어야 할 또 다른 중견국 외교의 아이템은 규범외교이다. 아무리 중견국이라고 할지라도 국제규범 형성 과정에 참여하여 보완적 표준을 제시하는 규범외교를 추진하는 것은 필요하다. 이러한 규범외교는 세계질서의 설계와 운영 과정에 참여하는 중견국 외교의 '프레임 짜기'를 의미한다. 최근 '아메리카 퍼스트'(America First)와 '중국몽(中國夢)'으로 대변되는 미중 두 강대국들의 동상이몽 사이에서 한국은 이른바 '중견국의 꿈'을 제시할 수 있을까? 어떻게 글로벌 또는 동아시아 질서의 프레임을 짜야 미중을 포함한 주변 국가들이 한국이 제시하는 '꿈'에 동의할까? 중견국의 꿈은 강대국들을 제치고 글로벌 및 동아시아 질서를 세우려는 것일 수는 없다. 자국 중심의 질서를 꿈꾸는 강대국의 꿈이 아닌 중견국의 꿈은 기본적으로 '복합의 꿈'이 될 수밖에 없다. 또한 한국이 과거 약소국의 경험에 갇히지 않고 미래를 짚어내는 꿈을 꿀 수 있느냐, 그래서 설득력을 얻어낼 수 있느냐가 관건일 수밖에 없다. 그렇다면 이러한 과정에서 생각해 보는 중견국 꿈의 내용, 또는 한국 규범외교의 브랜드는 무엇일까? 단순히 '중견 국가지'를 발휘하는 차원을 넘어서 좀 더 복합적으로 '중견국 상상력'을 발휘해야 하는 대목이라고 할 수 있다(김상배 2019).

IV. 복합지정학 시각의 원용

1. 새로운 지정학의 시각

중견국 외교 연구 2.0이 말하는 '구조'는 전통 국제정치이론에서 말하는 지정학적 '구조'라기보다는 '관계적 구도'(relational configuration)에서 파생되는 '구조'이다. 물론 그 저변에 강대국들이 형성하는 지정학적 권력구조가 밑그림으로 깔려 있다는 사실을 잊지 말아야 한다. 지정학적 차원에서 한국의 중견국론이 거론되는 것은 미국의 쇠퇴와 중

국의 부상이라는 해륙(海陸)국가 간 세력전이의 가능성 때문이다. 그
런데 이러한 전통 지정학의 구도에서는 한국의 중견국 외교가 운신할
공간에 대한 답이 나오지 않는다. 새로운 시각에서 한국의 중견국 외
교를 논하기 위해서는 동북아의 지정학적 공간에 고착된 기존의 발상
을 넘어서야 한다. 또한 물질적 권력 기반의 전통안보 게임에만 주목
하는 발상도 넘어서야 한다. 결국 중견국 외교 연구 2.0은 글로벌한 비
지정학적 공간과 비물질적 권력 기반의 신흥권력 게임을 포괄하는 발
상을 적극적으로 원용해야 할 것이다. 이러한 맥락에서 이 글은 지정
학적 시각과 함께 탈지정학인 요소도 포괄하는 복합지정학(complex
geopolitics)의 시각을 제안한다.

　　최근 부쩍 지정학(地政學, geo-politics)에 대한 관심이 커지고 있
다. 지정학은 지리와 정치의 밀접한 상관관계에 착안한다. 사실 정치
가 지리의 영향을 받고 있음을 강조하여 지리적 맥락에서 정치를 이해
하려는 사고는 오랫동안 있어왔던 일이지만, 정치의 지리적 차원에 대
해서 특별히 관심을 기울이고 이를 체계적인 학(學)으로 세우려는 노
력이 벌어진 것은 19세기 후반과 20세기 초반의 일이다. 지정학이라는
용어 자체도 1890년대에 만들어졌다. 그 이후 지정학은 2차 대전 종전
까지 많은 정치가와 관료 및 학자들에게 영향을 미쳤다. 한때 지정학
은 제국주의의 이데올로기라는 비판을 받으며 역사의 뒤안길로 사라
진 듯이 보였다. 그런데 1980년대부터 지정학 혹은 정치지리학의 주요
논의를 받아들이면서 고전지정학의 굴레를 벗어던지려는 새로운 시도
가 등장했다. 일군의 학자들은 비판지정학이라는 이름을 내걸고 지정
학의 근본적 가정을 새롭게 재검토하는 작업을 펼쳤다(김상배 2015).

　　이러한 학술적 담론의 진화의 과정은 2010년대에 들어서면서 현
실 국제정치의 변화와 맞물리면서 그 세를 넓혀 가고 있다. 특히 러시

아의 크림반도 점령, 중국의 공격적 해상활동, 중동 지역의 고질적인 분쟁 등을 배경으로 하여 국제정치학에서 지정학에 대한 논의가 부활하는 조짐을 보이고 있다. 미국이 주도해온 탈냉전 이후의 세계질서에 대한 지정학적 합의를 뒤집으려는 러시아, 중국, 이란 등의 문제제기가 출현하면서 그야말로 지정학이 부활하는 조건이 마련되고 있는 듯하다. 미·중·일·러의 틈바구니에서 생존과 번영의 길을 모색해야 하는 한반도도 이러한 지정학 부활의 연구관심으로부터 자유로울 수 없다. 특히 최근 북한이 벌이고 있는 행보는, 아무리 탈냉전과 지구화, 정보화, 민주화의 시대가 되었다 해도 한반도 국제정치는 여전히 지정학적 분석의 굴레에서 벗어날 수 없음을 보여주는 듯하다(김상배 2015).

시대가 아무리 변하더라도 국제정치의 분석에 있어서 지정학적 시각은 사라지지 않고 꾸준히 남아 있을 것이다. 특히 동아시아와 한반도 주변 국제정치에서는 더욱 그러할지도 모른다. 그러나 21세기 국제정치를 이해하기 위해서 지정학의 시각을 다시 소환한다고 할지라도, 19세기 후반과 20세기 전반의 국제정치 현실에서 잉태된 고전지정학의 시각을 그대로 복원하여 적용하려는 시도는 경계해야 한다. 글로벌화와 정보화를 배경으로 탈영토공간적인 활동이 부쩍 늘어나고 있는 오늘날의 사정을 돌아볼 때, '영토 발상'에 기반을 두고 이를 부분적으로만 개작하려는 현재의 시도로도 부족하다. 오늘날 세계와 한반도의 상황이 변화한 만큼, 이를 보는 지정학의 시각도 변화한 국제정치의 현실에 걸맞게 변용하는 방향으로 새로워질 필요가 있다. 이러한 문제의식을 바탕으로 이 글은 고전지정학, 비지정학, 비판지정학, 탈지정학 등을 동시에 품는 개념으로서 복합지정학의 시각을 제안한다(김상배 2018).

2. 복합지정학의 이해

첫째, 고전지정학은 권력의 원천을 자원의 분포와 접근성이라는 물질적 또는 지리적 요소로 이해하고 이러한 자원을 확보하기 위한 경쟁이라는 차원에서 국가전략을 이해하는 시각이다. 이는 자원권력의 지표를 활용하여 국가 행위자 간의 패권경쟁과 세력전이를 설명하는 현실주의 국제정치이론과 통한다(Gilpin 1981; Organski and Kugler 1980). 최근 미국, 중국, 러시아 등 강대국 세계전략의 변화라는 맥락에서 '지정학의 귀환'(the return of geopolitics)이 거론된다(Mead 2014). 고전지정학의 시각에서 본 신흥무대의 세계정치는 기본적으로 자원권력을 놓고 열강들이 각축을 벌이는 차원에서 이해된다. 이러한 고전지정학적 경쟁이 생성하는 물질구조 하에서 상대적으로 자원권력의 역량이 열세인 약소국 또는 중견국이 독자적인 외교적 행보를 펼치기란 쉽지 않은 일이다.

둘째, 비지정학의 시각은 냉전의 종식 이후 영토의 발상을 넘어서는 초국적 활동과 국제협력 및 제도화를 강조하는 자유주의자들의 글로벌화 담론과 통한다. 영토국가의 경계를 넘어서 이루어지는 자본과 정보 및 데이터의 흐름을 통해서 발생하는 '상호의존'과 글로벌 거버넌스의 담론과도 일맥상통한다. 최근 들어 탈냉전 이후의 평화를 가능하게 했던 물질적 기반이 흔들리면서 '지정학의 부활'이 거론되기도 하지만, 자유주의적 성향의 미국 학자들은 여전히 '지정학의 환상'(the illusion of geopolitics)을 경계하는 논지를 펴고 있다(Ikenberry 2014). 이러한 시각에서 본 신흥무대의 세계정치는 영토국가의 공간에 기반을 둔 갈등의 메커니즘보다는 글로벌 공간에서 협력 메커니즘을 통해서 전개된다. 머리말에서 언급한 중견국 외교 1.0은 이러한 글로벌 공간의 이슈구조를 전제로 한 중견국 외교의 가능성을 탐색했다.

셋째, 1980년대에 등장한 비판지정학의 시각은 구성주의와 포스트모더니즘의 영향을 받아 기존의 지정학이 원용하는 담론을 해체하는 데서 시작한다. 비판지정학의 시각에서 지정학적 현실은 단순히 존재하는 것이 아니라 재현되고 해석되는 대상으로 이해된다(ÓTuathai 1996). 이러한 시각에서 보면 지정학적 현상은 담론적 실천으로 재규정을 시도하는 권력투사의 과정이다. 아직까지 신흥무대의 위협은 객관적으로 '실재하는 위험'이라기보다는 안보 행위자에 의해서 '구성되는 위험'의 성격이 강하다. 코펜하겐 학파로 불리는 국제안보 학자들은 이러한 과정을 '안보화'(securitization)라는 개념으로 설명하였다(Hansen and Nissenbaum 2009). 중견국 외교 2.0은 (고전)지정학적 공간과 비지정학적 공간이 상호 복합되면서 구성하는 관념구조를 적극 활용하려는 경향이 강하다.

끝으로, 탈지정학의 시각은 지리적 차원을 초월해서 형성하는 탈영토적 '흐름의 공간'(space as flows)을 탐구한다. 탈지정학의 논의가 주목하는 공간의 대표적 사례는 사이버 공간의 등장이다(Steinberg and McDowell 2003). 그야말로 그 공간의 형성 자체가 지리적 차원을 초월해서 이루어진다. 이러한 사이버 공간이 중요한 이유는 위험발생의 주체로서 인간 행위자 이외에도, 행위자-네트워크 이론에서 말하는 비인간 행위자들의 행위능력(agency)이 작동하는 공간이기 때문이다. 정보통신의 물리적 인프라와 기술, 정보, 지식, 문화 등의 변수가 복합되어 만들어내는 신흥무대의 공간은 탈지정학적 공간으로서 사이버 공간을 매개로 하는 경우가 많다. 이러한 사이버 공간의 '탈물질구조'를 배경으로 하여 (고전)지정학적 공간과 글로벌 공간을 복합하는 중견국 외교 2.0은 더 많은 기회를 얻게 될 것이다.

이상에서 살펴본 바와 같이, 신흥무대에서 벌어지는 세계정치 현상은 고전지정학의 단순계적 발상을 넘어서는 복합지정학의 특성을 지닌다. 이러한 복합지정학의 시각이 주는 유용성은 앞서 제시한 신흥무대의 구조적 복합성을 체계적으로 이해하는 분석틀을 제시한다는 데 있다. 복합지정학의 시각에서 본 중견국 외교 2.0은 세계정치의 무대라는 공간의 구조를 복합적으로 이해하는 발상의 변화에서부터 시작한다. 이러한 시각에서 보는 신흥무대의 구조는 고전지정학의 '물질구조,' 비지정학의 '이슈구조,' 비판지정학의 '관념구조,' 탈지정학의 '탈물질구조'로 구성되는 다층적 복합구조이다. 이러한 복합구조의 작동방식은 신흥무대의 비지정학적이고 탈지정학적 현상들이 양적으로 늘어나고 이슈연계가 심화되면서 (고전)지정학적 임계점에 도달하게 되어 전통무대만큼의 주목을 받는 국제정치 이슈로 창발하는 과정을 밟는다.

V. 신흥무대의 중견국 외교

이 책은 복합지정학의 시각에서 본 신흥무대의 중견국 외교를 보여주는 여덟 개의 주제를 네 부로 나누어 다루었다. 첫째, 전통무대의 어젠다이지만 최근 새로이 변환을 겪고 있는 세계정치의 쟁점으로 주목받고 있는 동맹외교와 통상외교를 다루었다. 둘째, 기술시스템을 배경으로 하여 부상하는 신흥무대의 세계정치 문제로서 글로벌 인터넷 거버넌스와 우주안보를 다루었다. 셋째, 환경시스템을 배경으로 하여 부상하는 신흥무대의 이슈로서 환경 분야의 기후·산림외교와 보건외교의 사례를 살펴보았다. 끝으로, 사회시스템을 배경으로 발생하는 신흥무대의 이슈로서 인권과 난민 문제를 검토하였다.

제1부 '전통무대의 변환과 중견국 외교'는 동맹외교와 통상외교의 사례를 다룬 두 편의 논문을 실었다. 제2장 "자유주의 세계질서의 쇠퇴?: 미국 패권의 약화와 민주주의 중견국의 규칙기반 질서 추구"(정성철)는 쇠퇴하는 미국의 패권과 부상하는 중국의 도전 사이에서 형성되는 동맹외교의 복합지정학적 구조와 동학을 분석하였다. 탈냉전기에 형성된 미국 중심의 '단극체제'가 약화되고 중국의 부상으로 인해서 이른바 'G2시대'의 도래가 전망되는 가운데 미국과 중국은 각기 인도태평양 전략과 일대일로 전략을 내세우며 복합적인 패권경쟁을 벌이고 있다. 제2장은 이러한 복합구조 속에서 민주국가로서 호주와 인도가 취하는 중견국 외교전략의 성격과 내용을 분석하고, 그 사례들이 한국의 중견국 외교에 주는 함의를 살펴보았다.

제3장 "신흥무대의 중견국 외교: 통상"(이승주)은 21세기 세계정치의 다양한 이슈들과의 연계가 점차 확대·강화되면서 변화의 면모를 보이고 있는 통상무대의 중견국 외교를 분석하였다. 새로운 이슈의 양적 증대와 표준경쟁의 전개, 그리고 새로운 질서형성 등을 겪으면서 전통무대의 이슈이지만 새로이 신흥무대의 성격을 띠고 있는 통상무대의 복합구조에 주목하였다. 특히 제3장은 통상무대의 구조변환 과정을 1980년대 탈냉전기 중견국 외교의 사례로서 케언즈 그룹에서의 호주의 역할, 1990년대-2000년대 자유무역협정(FTA) 네트워크의 형성 과정에서 한국의 역할, 2010년대 이후 미중이 벌이는 무역질서의 표준경쟁 과정에서 일본의 역할 등에서 나타난 중견국 외교의 요소를 추출하여 분석하였다.

제2부 "기술안보 무대의 중견국 외교"는 글로벌 인터넷 거버넌스와 우주안보 국제규범 분야의 중견국 외교를 다룬 두 논문을 실었

다. 제4장 "글로벌 인터넷 거버넌스에서의 스윙국가 중견국 외교: 브
라질, 인도, 한국의 사례"(유인태)는 글로벌 인터넷 거버넌스 과정에서
나타나는 복합구조 속에서 각기 다른 정체성을 가지고 중견국 외교를
추구한 브라질, 인도, 한국의 사례를 다루었다. 제4장이 글로벌 인터
넷 거버넌스 분야 복합구조의 사례로서 주목한 것은 넷몬디얼, 브릭스
(BRICS), 그리고 사이버공간총회이다. 이러한 세 가지 국제협력의 프
레임이 지니는 구조적 성격의 차이는 세 나라에게 상이한 '구조적 위
치'를 제공했으며, '스윙국가'의 역할을 추구했던 세 나라의 중견국 외
교가 드러낸 차이로 이어졌다.

　　제5장 "우주안보 국제규범 형성의 쟁점과 한국의 중견국 외교"(유
준구)는 냉전기부터 강대국 외교가 지배해 온 전통무대의 대표적 사례
중의 하나인 우주공간이, 최근 새로운 이슈들의 양적 증대와 그 상호
연계성의 강화 등을 바탕으로 신흥무대의 세계정치 이슈로 부상하는
과정에 주목하였다. 역사적으로 우주안보의 국제규범 형성 과정에는
지정학적 메커니즘이 투영되어 왔는데, 미국을 비롯한 서방 진영과 러
시아와 중국으로 대변되는 비서방 진영이 우주 분야의 국제규범의 내
용구성과 접근방식 등을 놓고 대립해 왔다. 그럼에도 제5장은 최근 우
주 분야에서 나타나고 있는 복합지정학적 변화에 주목하여 중견국으
로서 한국이 담당할 외교적 역할을 탐색하려는 시도를 벌였다.

　　제3부 "환경안보 무대의 중견국 외교"는 기후·산림외교와 보건외
교의 사례를 다룬 두 편의 논문을 담았다. 제6장 "REDD+ 설립을 위한
중견국 기후·산림외교 연구"(김성진)는 신흥무대로서 환경 분야에서
기후변화와 산림흡수원 문제가 연계되어 생성되는 복합지정학적 구조
와 그 틈새를 공략하는 중견국 외교를 다루었다. 특히 UNFCCC에서의
오랜 논의 끝에 도출된 'REDD+'이라는 제도의 수립 과정에서 나타난

중견국 외교의 가능성에 주목하였다. 특히 제6장이 주목한 사례는 촉
매자이자 촉진자의 역할을 한 우림국연합과 거부권자의 역할을 넘어
서 관리자 역할을 발휘한 브라질, 가교건설자이자 관리자 역할을 한 노
르웨이 등의 중견국 외교였다.

제7장 "신흥무대의 중견국 보건외교"(조한승)는 21세기 세계정치
의 신흥무대로서 자리매김해 가고 있는 보건 분야의 글로벌 거버넌스
사례를 다루었다. 특히 국가 행위자들뿐만 아니라 다양한 민간 및 비국
가 행위자들이 나서서 형성하고 있는 보건과 안보 및 개발협력의 복합
구조에 주목했다. 이 분야에서 중견국 외교를 발휘한 국가들 중에서 함
의가 큰 사례로서 제7장이 주목한 나라들은, 정부 간 보건외교정책의
제도화를 시도한 스위스, 지속가능개발과 보건을 결합한 스웨덴, 인권
으로서의 보건과 남남협력 리더십을 보여준 브라질 등이었다.

제4부 "사회안보 무대의 중견국 외교"는 인권 및 난민 문제를 다
룬 두 편의 논문을 실었다. 제8장 "미중관계와 인권: 동아시아 국가의
대응전략과 가능성"(김헌준)은 최근 글로벌 패권경쟁을 벌이고 있는
미중 사이에서 첨예한 쟁점으로 부상한 인권문제가 지닌 복합지정학
적 성격을 분석하였다. 미중관계에서 인권 문제는 양국이 벌이는 안보,
무역, 기술, 문화 분야 갈등과의 연계해서 이해해야 하는 복합적인 문
제로서, 천안문 사태 30주년을 맞은 2019년 홍콩에서 일어난 대규모
범죄인 인도 반대 시위를 계기로 뜨거운 현안이 되었다. 제8장은 이러
한 미중 인권갈등의 와중에서 나타나는 동아시아 국가들의 반응을 양
자 및 다자 외교의 관점에서 살펴보았는데, 이를 통해서 이들의 중견국
외교로서의 가능성을 타진하였다.

제9장 "난민문제와 중견국 외교: 의의와 한계"(이신화)는 21세기
신흥무대에서 벌어지는 대표적인 신흥안보 이슈로서 난민 문제가 지

니는 복합지정학적 성격을 탐구하였다. 최근 유럽 지역에서 나타나듯
이 양적으로 증가하고 있는 난민 문제는 여타 정치사회적 이슈들과 연
계되면서 그 위협이 증폭되면서 지정학적 현상으로 창발하고 있다. 제
9장은 이러한 난민 문제의 복합구조에 대응하는 캐나다, 호주, 스웨덴,
일본의 사례를 비교·검토하고 한국에 주는 함의를 도출하였다. 호주와
일본이 실리 위주로 정부가 주도하는 난민외교를 펼치고 있다면, 캐나
다의 경우는 정부가 주도하는 모델이기는 하지만 상대적으로 보편적
인권보장의 발상으로 난민 문제에 접근하고 있으며, 스웨덴은 정부의
일방적 주도가 아닌 국민적 동의를 바탕으로 하여 난민 문제의 보편성
을 강조하는 중견국 외교를 펼치고 있다.

VI. 맺음말

이 글은 복합지정학의 시각에서 신흥무대의 중견국 외교를 보는 분석
틀을 모색하였다. 신흥무대는, 단순히 새로운 무대라는 의미를 넘어서,
양질전화-이슈연계-지정학적 임계점으로 창발하는 단계를 거쳐서 전
통무대와 만나는 복합무대의 성격을 띠고 있다. 이러한 신흥무대 위의
세계정치는 자원권력으로부터 네트워크 권력으로 권력게임의 변환을
겪고 있다. 아울러 신흥무대의 권력게임에는 다양한 비국가 행위자들
이 참여하는 가운데 기존의 국가모델 자체가 새로운 형태로 변모하는
양상도 내보이고 있다. 이를 바탕으로 출현하는 신흥무대의 미래 세계
질서는 예전에 전통무대의 국제정치가 상정했던 모습보다는 좀 더 복
잡한 형태를 드러낼 가능성이 높다.

　　이렇게 파악된 신흥무대의 세계질서는 복합지정학 시각에서 그리

고 있는 물질구조-이슈구조-관념구조의 복합구조로 개념화된다. 이러한 복합구조 속에서 자국이 차지하는 '구조적 위치'를 파악하고 적절한 대응전략을 모색하는 것은 앞서 제기한 '중견국 외교 2.0'의 중요한 과제가 아닐 수 없다. 사실 신흥무대의 중견국 외교가 부여하는 과제는, 예전의 개도국 시절에는 국가적 관건이 아니었을지라도, 새로이 중견국의 위상을 점하게 되면서 쟁점이 되는 문제라고 할 수 있다. 이러한 과정에서 변화하는 구조적 환경을 제대로 인식하는 '상황지성'과 그러한 구조 속에서 자국의 위치를 판단하는 '위치지성'을 구비하는 것이 매우 중요하다.

특히 이러한 과정에서 중견국 외교의 환경이 지정학적 단순구조를 넘어서 좀 더 복잡한 구조와 질서의 모습을 띠고 있다는 점을 인식하는 것이 무엇보다도 중요하다. 다시 말해 한국의 중견국 외교가 안고 있는 과제는 단지 동북아의 지정학적 공간에서 미중 사이 또는 북미 사이에서 중개자 또는 중재자의 역할을 찾는 데에만 국한된 것이 아니라, 좀 더 넓은 시야에서 글로벌 공간에서 벌어지는 비지정학적 경쟁과 사이버 공간의 탈지정학적 경쟁 속에서 문제를 새롭게 보는 발상을 필요로 한다. 이런 점에서 신흥무대에서 펼쳐지는 한국의 중견국 외교는 글로벌 공간과 지정학적 공간을 동시에 품는 중견국 외교 2.0으로 업그레이드되어야 할 것이다.

한편 이러한 복합구조를 헤쳐 나가는 전략을 모색함에 있어서도, 중견국 외교 2.0은 기존의 지정학 이론이 제시했던 단면적인 역량강화나 국내적인 제도정비 일변도의 발상을 넘어설 필요가 있다. 다시 한번 강조컨대, 신흥무대를 둘러싸고 벌어지고 있는 신흥권력 게임의 양상은 기성 국제정치의 전제가 되었던 권력의 성격이 자원권력으로부터 네트워크 권력으로 변화하고 있음을 보여준다. 실제로 최근 미중이 벌이는 패권경쟁을 보면 자원권력에 기반을 둔 단순한 '세력전이'가 아닌 복합구조 변환을 전제로 한 '세력망'(Network of Powers)의 재편을 떠올리게 한다. 이러한 맥락에서 볼 때, 한국이 추구할 중견국 외교는 '중개지성'과 '집합지성' 및 '설계지성'을 구비한 복합적인 네트워크 전략이어야 할 것이다.

더 나아가 중견국 외교 2.0은 기존의 중견국 외교론이 상정하고 있던 '국민국가 중심의 접근'을 넘어서는 새로운 미래 국가모델 또는 미래국가 시스템 전반에 대한 고민을 담아야 한다. 이른바 '네트워크 국가'(network state) 모델로 명명할 수 있는 미래 국가모델은 기존의 국가 행위자와 새로이 부상하는 비국가 행위자들 간의 새로운 관계설정의 메커니즘을 담아야 한다. 또한 미래 국가모델은 예전 개도국 시절의 좁은 의미의 국익론을 넘어서 국익에 대한 새로운 개념을 개발해야 할 것이다. 이렇게 중견국의 외교적 정체성과 국익의 개념을 새로이 설정하는 과정이 국내정치적 동의와 지지를 바탕으로 함은 물론이다.

이러한 맥락에서 볼 때, 새로운 중견국 외교를 구현하기 위해서는 단순한 대국민 홍보의 차원을 넘어서 관련 민간 이해당사자들을 대상으로 소통하고 공감하며 이익을 조율하는 정치외교 리더십의 존재가 필수적이다. 아울러 중견국 외교의 추진 과정에서는 관련 정부 부처들의 추진체계를 정비하는 문제나 더 나아가 민간부문, 시민사회, 학계, 언론 등의 정책 네트워크도 큰 변수가 된다. 이러한 국내정치적 요소들을 포괄하는 정치체제의 성격도 중견국 외교를 고민하는 과정에서 빼놓을 수 없는 중요한 변수이다. 이러한 문제의식을 바탕으로 이 글은 중견국 외교의 국내적 기원에 대한 연구 또는 중견국의 미래국가 모델에 대한 연구로서 '중견국 외교 연구 3.0'을 제안해 본다.

참고문헌

김상배. 2014. 『아라크네의 국제정치학: 네트워크 세계정치이론의 도전』. 한울.
_____. 2015. "사이버 안보의 복합 지정학: 비대칭 전쟁의 국가전략과 과잉 안보담론의 경계." 『국제지역연구』 24(3): 1-40.
_____. 2016. "제3세대 중견국 외교론의 모색: 네트워크 이론의 시각." 손열·김상배·이승주 편. 『한국의 중견국 외교』. 명인문화사. 29-63.
_____. 2018. 『버추얼 창과 그물망 방패: 사이버 안보의 세계정치와 한국』. 한울.
_____. 2019. "사이버 안보와 중견국 규범외교: 네 가지 모델의 국제정치학적 성찰. 『국제정치논총』 59(2): 51-90.
김상배 편. 2016. 『신흥안보의 미래전략: 비전통 안보론을 넘어서』. 사회평론아카데미.
하영선·김상배 편. 2018. 『신흥무대의 미중경쟁: 정보세계정치학의 시각』. 한울엠플러스.

Burt, Ronald S. 1992. *Structural Holes: The Social Structure of Competition*. Cambridge, MA: Harvard University Press.
Gilpin, Robert. 1981. *War and Change in World Politics*. Cambridge: Cambridge University Press.
Hansen, Lene and Helen Nissenbaum. 2009. "Digital Disaster, Cyber Security, and the Copenhagen School." *International Studies Quarterly* 53(4): 1155-1175.
Ikenberry, G John. 2014. "The Illusion of Geopolitics: The Enduring Power of the Liberal Order." *Foreign Affairs* 93(3): 80-90.
Mead, Walter Russell. 2014. "The Return of Geopolitics: The Revenge of the Revisionist Powers." *Foreign Affairs* 93(3): 69-79.
ÓTuathail, Gearóid. 1996. *Critical Geopolitics*. Minneapolis, MN: University of Minnesota Press.
Organski, A.F.K. and Jack Kugler. 1980. *The War Ledger*. Chicago: University of Chicago Press.
Steinberg, Philip E., and Stephen D. McDowell. 2003. "Global Communication and the Post-Statism of Cyberspace: A Spatial Constructivist View." *Review of International Political Economy* 10(2): 196-221.

제1부   전통무대의 변환과 중견국 외교

제2장   자유주의 세계질서의 쇠퇴?: 미국
           패권의 약화와 민주주의 중견국의
           규칙기반 질서 추구

정성철(명지대학교)

* 이 글은 정성철. 2020. "자유주의 세계질서의 쇠퇴? 글로벌 패권의 약화와 민주주의 중견국
의 규칙기반질서 추구." 『정치.정보연구』 23(1)의 결론 일부를 수정했음을 밝힌다.

I. 들어가는 글

21세기 중견국 외교의 역할과 영향은 무엇인가? 두 차례 참혹한 세계 대전의 충격 속에 등장한 국제정치학은 강대국이 주도하는 권력정치라는 현실에 주목하였다. 비강대국은 냉혹한 국제정치 현실에서 삼아남기도 버거운 존재로 그려졌다. 하지만 21세기에 들어서 중견국의 역할과 외교에 대한 관심은 꾸준히 증가하고 있다. 최근 한국과 호주를 비롯한 중견국이 제시하는 외교 비전은 로컬 수준에서 벗어나 지역 수준을 무대로 상정하고 있으며, 이웃국 혹은 강대국과 펼치는 양자외교와 더불어 다자외교를 추동하여 지역 안정과 변화를 꾀하고 있다.

그렇다면 21세기 국제정치에서 중견국 외교가 차지하는 비중과 역할은 어떠할 것인가? 본 글은 미중 전략적 경쟁 상황에서 펼치는 아시아 중견국의 외교에 초점을 맞추어 중견국 외교의 역할과 한계를 가늠하고자 한다. 우선 21세기 국제정치의 무대를 중국의 부상과 복합지정학의 등장이라는 관점에서 조명한 후, 냉전 종식 이후 부상한 단극체제가 약화되었지만 미국이 주도하는 동맹체제는 내부적 결속을 유지하고 있다는 사실에 주목한다. 이후 아시아 중견국인 호주와 일본의 인도태평양 비전을 살펴보면서 21세기 민주주의 중견국 외교의 의미와 영향을 논의하고 한국 외교에 제공하는 시사점을 도출하고자 한다.

흔히 강대국의 이해가 충돌하는 지역에 위치한 비강대국은 희생양에 비유된다. 따라서 미중 두 강대국의 전략적 이해가 충돌하고 있는 아시아에서 중견국의 외교와 전략이 유의미한 독립변수가 될 가능성에 대해서는 회의적인 시각이 많다. 그러나 21세기 아시아에서 한국과 호주, 일본과 인도의 외교·안보 전략이 국제관계의 안정과 변화를 일정 정도 추동한다면, 국제정치 전문가의 일반적 생각보다 국제정치에서 중견국 외교가 차지하는 비중은 크다고 할 수 있을 것이다.[1] 본 글은 지정학·비지정학·탈지정학 접근을 비교하면서 국제정치 신흥무대가 21세기에 들어 등장했다는 입장을 제시한 후, 중국의 부상과 미국의 쇠퇴 속에서 자유주의 세계질서가 후퇴하고 있는 아시아 국제관계를 살펴볼 것이다. 이후 아시아 민주주의 중견국(middle power democracies)이 제시하는 지역 구상이 미국의 아시아 전략과 아시아 국제관계 전반에 미치는 영향을 전망하고자 한다.

II. 지정학의 귀환? 중국의 부상과 신흥무대

21세기 국제정치의 화두는 중국이다. 비록 9·11테러 이후 테러가 세계정치의 새로운 핵심 주제로 등장했지만, 이슬람국가(ISIS)가 쇠퇴하고 미국의 자국우선주의가 강화되자 미중 관계의 중요성은 더욱 부각되고 있다. 이렇듯 글로벌 강대국의 쇠퇴와 아시아 강대국의 부상이라는 현실은 지정학에 대한 관심을 고조시키고 있다. 최근 러시아의 크림반도 병합과 중국의 남중국해 인공섬 건설과 같은 사건은 국가가 지정학적 이해를 둘러싼 갈등이 우리의 일상임을 일깨워 주었다 (Mead 2014). 사실 국제분쟁의 근본 원인으로 다수 학자들은 오랫동안 영토를 둘러싼 갈등을 지목하였다(Diehl 1996; Huth 1996; Senese & Vasquez 2003). 만약 자국 방어에 중요한 전략적 영토를 타국에 내어줄 경우 국가 안보를 지키는 작업은 어려워질 수밖에 없다. 따라서 이러한 "전략적 영토"를 빼앗고 내주는 역사 속에서 다수의 "영토 라

---

1   미중 경쟁이 심화되는 상황에서 호주와 일본, 인도가 추진하는 인도·태평양전략(혹은 비전)은 중견국 외교의 영향력을 입증하기 "어려운 사례"(hard case)로 파악할 수 있다.

이벌"(territorial rivalry)은 형성되었던 것이다(Reiter 2009; Wiegand 2011).

흔히 영토분쟁은 경제적 이익과 상징적 의미와 연계되어 있다고 인식된다. 특정 지역에 자원이 매장되어 있고 다수 국가가 사용하는 교통의 요지가 존재할 경우 그곳을 차지하려는 제로섬 게임은 불가피하다. 1990년 이라크의 후세인은 쿠웨이트의 원유 매장지를 차지하고자 전쟁을 일으켰고, 현재 남중국해 분쟁의 본질도 에너지 수송로의 통제를 둘러싼 중국과 다른 국가들 사이의 갈등이다. 또한, 뚜렷한 경제적 이익을 보장해주지 않지만 민족적, 종교적 의미를 지닌 영토도 존재한다. 포클랜드섬 영유권을 둘러싼 영국과 아르헨티나의 전쟁, 예루살렘을 둘러싼 이스라엘과 주변국의 잦은 충돌, 중국이 대만을 포기할 수 없는 이유는 특정 영토가 상징적 가치를 지닌 사례이다. 따라서 다수 학자들은 국경의 공유와 지리적 근접성이 국제분쟁을 일으키는 주요 원인이며, 지역 차원에서 국가 간 세력균형이 유지되고 회복되는 것이 일반적이라고 설명하였다(Morgenthau 1948; Waltz 1979).

하지만 20세기 후반부터 비(非)지정학적 요인의 중요성이 점차 부각되기 시작하였다. 이른바 세계화의 바람이 거세지면서 근대 국가는 서로 경제적 이익을 공유하는 상호의존망을 구축하고 "영토국가"(territorial state)에서 "무역국가"(trading state)로 거듭났다(Rosecrance 1986). 영토를 획득하기 위한 전쟁은 이익이 아닌 손해를 안겨다준다는 인식이 확산되었다(Angell 2012[1910]). 무역과 투자뿐 아니라 규범과 기구와 같은 국제제도가 확산되면서 이웃국은 영토와 자원을 둘러싼 경쟁자이기보다 국제제도를 통해 협력하는 파트너로서 바라보는 관점이 지지를 얻기 시작하였다(Keohane 1984; Krasner 1983). 특히 민주국가들은 서로에 대한 신뢰와 존중을 유지하고 투명성과 권력견제라는 제도적 특성을 공유하면서 높은 수준의 국제협력을 이루었다. 단순히 전쟁이 부재할 뿐 아니라 협력이 일상인 평화지대가 민주화를 통해 건설될 수 있다는 믿음까지 등장하기에 이르렀다 (Oneal & Russett 2001).[2]

더불어 국가의 이념과 정체성에 대한 연구 역시 국제정치에서 행위자에 대한 관심을 강조한다. 국가를 영토와 자원의 배분을 둘러싸고 경쟁하도록 동일하게 사회화된 존재로 보지 않고 다양한 이념과 종교에 기반을 둔 차별화된 존재로 보는 것이다. 민주평화라는 현상도 결국 자유주의 이념을 공유하는 정치체제 간 협력이며, 상이한 이념 간 갈등과 체제전파 노력은 근대 국제체제가 형성된 이후 끊임없이 지속되어 온 것이다(Owen 1997; 2010). 자유주의와 공산주의 이념 간 냉전이 종식되자 헌팅턴은 상이한 문명 간 세계관 충돌이 이념 충돌을 대체할 것으로 예견했다(Huntington 1996). 최근 들어 서구의 세속화 (secularization)에도 불구하고 글로벌 차원에서 종교의 영향력이 줄어들지 않았다는 사실에 주목하면서 종교와 국제정치의 상관관계에 대한 체계적 연구는 증가하고 있다(Snyder 2011).

한편, 과학기술의 발달로 인하여 사이버 및 우주 공간, 무인기와 로봇의 활용이 본격화되면서 탈지정학에 대한 논의도 활발해지고 있다. 인터넷망을 활용한 다양한 작업이 일상화되면서 사이버 안보는 국제사회의 주요 의제로 자리 잡고 있다. 더불어 무인기를 활용한 군사작전이 강대국을 중심으로 현실화되고 인공지능의 활용이 눈앞에 다가오면서 전장의 개념이 모호해지고 작전 수행의 윤리적 책임에 대한 우려의 목소리가 커져가고 있다. 더불어 정보통신의 혁명으로 한 사건이

---

2   민주평화론의 기본 주장을 받아들이지만 민주화에 대한 긍정적 전망에 대한 비판적 입장으로 Mansfield & Snyder(2005) 참조.

순식간에 전 지구적 관심을 받는 일이 가능해지면서 장소의 의미가 퇴색되고 있다. 이는 세계시민의 정체성과 결부되어 난민과 기아, 학살과 내전에 대한 국제여론의 영향력을 증대시키고 있다. 특히 민주국가의 경우 이른바 CNN효과로 인하여 현재 지구 반대편에 일어난 사건이 국내 지도자에 일정한 압박을 낳으면서 국제규범과 미디어의 중요성이 더욱 부각되고 있다(Tannenwald 1999; Baum & Potter 2008).

이처럼 21세기 국제정치는 지정학·비지정학·탈지정학이 결합된 신흥무대에서 펼쳐지고 있다(김상배 2016). 따라서 중국의 부상에 대한 각국의 대응도 다양한 모습으로 전개되고 있다. 특히 소련의 붕괴 이후 글로벌 패권국으로 단극체제를 주도한 미국의 대외정책은 복합지정학의 관점에서 이해할 수 있다. 우선 지정학적 관점에서 현실주의 학자는 중국에 대한 미국의 강경한 대응을 선호한다. 글로벌 선도국은 기본적으로 세력균형을 통해 지역 패권국의 등장을 가로막는 전략을 선호한다(Mearsheimer 2001; Montgomery 2016). 21세기 아시아는 어느 지역보다 군사적·경제적 중요성이 크기 때문에 미국이 군사력과 외교력을 활용한 아시아 대응전략은 필수적이다. 다만 압도적 힘의 우위(primacy)를 통한 중국 압박을 채택할 것인지, 아니면 역외 세력균형자로 동맹 네트워크 구축을 통한 중국 견제가 바람직한지에 대해서는 이견이 지속된 바 있다.

반면, 지정학 관점에서 벗어난 이들은 미국 주도의 질서를 활용한 중국 관여정책을 선호하였다. 냉전 종식 이후 다수의 자유주의 학자들은 냉전기 소련에 대한 봉쇄정책을 반복하지 말고 민주주의와 자본주의에 기초한 국제질서에 중국을 편입시킬 것을 제안하였다(Shambaugh 1996). 중국의 경제성장을 돕는 것을 시작으로 정치체제의 이행을 추동하여 "책임 있는 이해당사자"로 변환시킨다는 구상을 제시한 것이다. 하지만 근대화이론과 민주평화론이 결합된 자유주의 비전은 2008년 금융위기 이후 미국 내 비판에 직면하였다. 자국 시스템과 불평등에 대한 불만이 높아지는 상황에서 중국이 주변국을 대상으로 "공세적" 외교를 선보이자 미국 주도 자유주의 세계질서에 대한 의문과 회의가 커진 것이다. 이러한 국내 불만에 주목한 트럼프는 자국 우선주의를 전면에 내세우며 대통령에 당선되었고, 이후 미국의 대외정책과 국제질서의 불확실성은 급속도로 증가하였다.

한편, 최근 미중 무역분쟁은 기술개발과 사이버 안보를 둘러싼 갈등과 연계되어 탈지정학 이슈의 중요성을 부각시키고 있다. 달리 말해, 미국과 중국은 남중국해 인공섬 건설과 항해의 자유를 둘러싼 지정학 이슈와 남중국해와 관세 부과와 홍콩 사태와 같은 비지정학 이슈뿐 아니라 인터넷과 가상공간에서도 탈지정학 이슈를 두고 충돌하고 있다. 물론 이러한 다양한 충돌의 양상은 양국이 국력 우위를 점하기 위한 노력으로 귀결되면서 복합적으로 연계되어 진행되고 있다. 미국의 기술보호를 둘러싼 노력은 중국 상품의 경쟁력을 제한하여 미국의 경제적 우위를 지키면서 중국 군사력의 급속한 증강을 원천적으로 봉쇄하는 효과를 가져올 수 있다. 달리 말해, 지정학 경쟁에서 이기기 위해서 비지정학과 탈지정학 이슈에서 상대를 압박하고 자국의 이익을 관철시키고 있는 상황인 것이다.

III. 미국의 국력 약화와 동맹정책 변화

미국은 이라크전과 금융위기를 거치면서 동맹 세력을 활용한 대외전략에 초점을 맞추었다. 냉전의 종식 이후 미중 세력전이 혹은 양극체제에 대한 전망이 더욱 제기되는 상황에서 단극체제의 지속과 속성에 대한 관심은 고조되었다(Monteiro 2014). 역사 속에서 쇠퇴하는 강대국이 취했던 전략은 세 가지—(1) 예방전쟁, (2) 방어적 동맹, (3) 전략적 축소—로 압축될 수 있다(Levy 1987; Schweller 1992). 결국 미국은 중국에 대한 힘의 우위를 활용해 더 늦기 전에 전쟁을 통해 패권을 유지하거나, 동맹 세력을 규합하여 중국이 주도하는 세력을 압박하거나, 글로벌 패권국으로 누린 지위와 영향을 일정 부분 포기할 수 있다. 이러한 상황에서 오바마 행정부는 동맹 네트워크를 구성 및 확장하는 작업에 집중하여 아시아 지역의 영향력을 유지하는 모습을 보였다. 냉전기 미국은 유럽에서 다자동맹 체제를 구축한 반면, 아시아 지역에서는 양자동맹을 중심으로 지역질서를 수립하였다(Cha 2010). 하지만 미국은 탈냉전기에 접어들자 아시아 양자동맹을 연계하면서 (소)다자협력을 지향하는 '아시아의 유럽화'를 선보였다. 비록 중국의 국력이 빠르게 미국의 국력을 따라잡고 있지만, 양국의 동맹세력의 격차는 심대하다는 점에서 미국의 동맹에 대한 관심은 자연스러운 것이다(그림 1 참조).[3]

하지만 트럼프 행정부 이후 미국은 자국우선주의를 천명하면서 경쟁국뿐 아니라 동맹국의 우려를 자아내고 있다. 금융위기가 발생하기 이전까지 미국이 주도하는 자유주의 세계질서의 위협은 외부에 있다고 판단했다. 중국과 러시아, 테러집단과 같은 현상변경 세력이 미국이 구축한 세계질서에 도전할 수 있다는 전망이 종종 제기되었다. 그러나 미국의 세계 선도국 역할과 활동에 대해 반발을 하고 나선 것은 바로 미국 대중이었다. 비록 미국 내 외교정책 전문가들은 동의하지 않을

---

3   미중의 국력을 경제규모에 기초하여 비교하는 접근에 대한 비판적 논의와 새로운 국력 측정에 대한 최근의 연구로는 Beckley(2011/12: 2018) 참조.

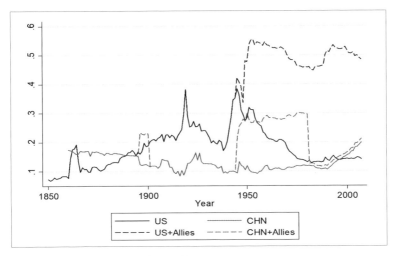

그림 1 미국과 중국의 종합국력지수(CINC), 1850-2007
출처: Jung(2018, 267), Figure 1.

지라도, 미(美)중산층은 글로벌 공공재를 제공하여 세계질서를 유지하려는 자국의 노력에 반대하고 있다. 실제로 2010년 이후 GDP 대비 미국 국방비 비율은 꾸준히 감소하고 있어 20세기 중반 이후 역대 최저수준에 이르고 있다(그림 2 참조). 더구나 셰일혁명으로 에너지 자급자족이 가능해진 미국이 세계질서를 유지할 이유가 사라졌다는 전망까지 등장하고 있다(피터 자이한 2019).

　이러한 우려에도 불구하고 미국이 전방위 축소전략(retrenchment)으로 아시아를 떠날 것을 전망하는 이들은 많지 않다. 다만 과거 2차 대전 이후 세계질서를 주도하고 확산시켰던 미국을 기대하는 목소리는 줄어들고 있다. 그 대신 미국의 주요 동맹국의 선택과 역할에 주목하기 시작하였다. 작년 초 하스(Richard Haass) 미 외교협회 회장은 향후 국제질서의 미래와 관련된 세 가지 시나리오—(1) 중국이 주도하는 질서(a Chinese-led order), (2) 유럽과 아시아 중견국이 제

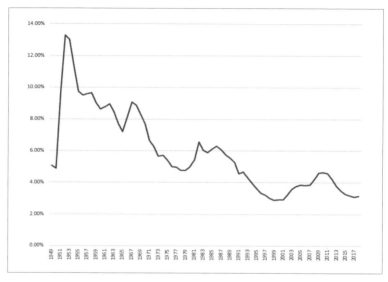

그림 2 미국의 GDP 대비 국방지 지출 (단위: %), 1949-2018
출처: SIPRI Databses (https://www.sipri.org/databases/milex)

시하고 주도하는 새롭고 민주적인 규칙기반 질서(a new democratic, rules-based order fashioned and led by medium powers in Europe and Asia), (3) 질서가 사라진 세계(a world with little order – a world of deeper disarray)—를 제시하였다(Haass 2019). 하스는 미국이 세계 질서를 주도할 의지를 더 이상 보이지 않고 중국이 자유주의 세계질서를 승계할 가능성이 낮다고 보는 가운데 미국의 동맹들은 연합하여 현존 질서를 수호할 노력을 경주할 수 있다고 보고 있다.

향후 (1) 세력균형과 국제질서의 현상유지를 추구하는 민주주의 중견국, (2) 세력균형을 유지하기 위해 국제질서의 일부 변경을 취하는 미국, (3) 세력균형과 국제질서 모두의 변경을 추구하는 중국의 상호작용이 가시화될 것이다. 쿨리·넥슨·워드는 군사력에 기초한 세력 균형(Balance of Power, BoP)과 비군사적 요인과 관련된 국제질서

에 대한 입장을 토대로 4개의 국가군—(1) 현상변경국(Revolutionary,
Anti-order; Oppose current BoP), (2) 질서변경국(Reformist, Anti-
order; Support current BoP), (3) 세력변경국(Positionalist, Pro-order;
Oppose current BoP), (4) 현상유지국(Status-quo, Pro-order; Support
current BoP)—으로 나누고 있다(Cooley, Nexon, and Ward 2019). 한
국과 호주, 일본 등 아시아 민주주의 중견국은 '현상유지국'으로 자유
주의 세계질서의 유지와 미국 우위의 세력균형을 선호하고, 중국과 러
시아는 미국 우위의 세력균형을 깨기 위하여 적극적으로 국제질서의
재편을 추진할 것이다(그림 3 참조). 한편, 미국은 힘의 우위를 지속하
기 위한 방편으로 자국의 자원과 의지를 요구하는 국제질서를 수정하
면서 패권을 유지하는 노력을 경주할 것이다. 따라서 향후 자유주의 세
계질서의 수호에 적극적인 민주주의 중견국과 소극적인 미국이 어떠

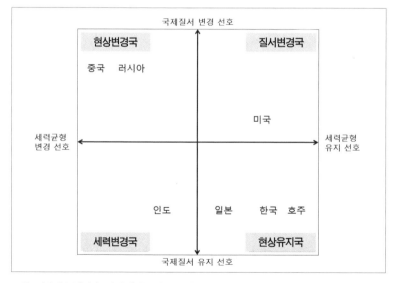

그림 3 '세력균형'과 '국제질서'의 유지와 변경 선호에 따른 네 가지 국가군
출처: Cooley, Nexon, and Ward(2019)의 Figure 1(p.8)를 기초로 필자가 재구성.

한 관계를 형성하며 세계정치를 선도할지를 주목해야 한다.

IV. 아시아 민주주의 중견국의 규칙기반 질서 추구

미중 경쟁이 심화되는 상황에서 아시아 민주 중견국은 규칙기반 질서를 강조하고 있다. 향후 미국(패권국)이 불충분한 안보 공약을 제시하고 중국(도전국)이 매력적인 비전을 선보이지 못한다면 민주 중견국의 영향과 역할은 더욱 중요해질 것이다. 미국은 앞서 언급한 패권국이 취할 수 있는 세 가지 전략 중 '예방전쟁'과 '축소전략'을 변형하여 구사하고 있다. 미중 무역분쟁을 통하여 중국의 경제부상을 억제하고 군사 강국화를 차단하려고 하는 한편, 군사비 증액을 자제하면서 시리아 철수를 통하여 "자유패권"(liberal hegemony) 전략에서 벗어나고 있다.[4] 한편, 미국은 '방어적 동맹'을 활용하는 전략에서 어려움을 겪고 있다. 일반적으로 쇠퇴하는 강대국은 동맹이 가용한 경우 축소전략을 구사하기 쉽다고 알려져 있다(MacDonald and Parent 2018). 하지만 미국의 일방적인 부담분담(burden-sharing) 요구는 한국과 독일, 일본 등의 우려를 자아내면서 미국의 리더십에 대한 신뢰를 약화시키고 있는 상황이다.

아시아 민주 중견국은 국제질서의 유지와 수호를 기반으로 지역 안정과 번영을 꾀하고 있다. 이러한 접근은 2017년 〈국가안보전략(National Security Strategy)〉에서 중국과 러시아를 현상변경국으로 명시한 미국과 일정한 차별성을 보여준다. 또한 2019년 미 국방부

---

4   미국의 탈냉전기 외교정책을 "자유패권"(liberal hegemony) 전략으로 설명한 최근 연구로는 Mearsheimer(2018)을 참조.

는 〈인도태평양전략보고서(Indo-Pacific Strategic Report)〉에서 규칙 기반 질서(rules-based order)의 수호에 대해 언급하면서 중국을 "현상변경국가"(revisionist power), 러시아를 "활기를 되찾은 악성국가"(revitalized malign actor)로 명시하고 있다. 하지만 호주와 일본의 인도태평양전략에서 중국과 러시아를 배제하려는 의도는 찾아보기 힘들다. 호주의 2017 〈외교백서(Foreign Policy White Paper)〉는 중국의 부상과 세력이동에 대해 주목하고 있지만 기회와 협력 가능성에 많은 분량을 할애하고 있다.[5] 2018년 호주는 화웨이와 ZTE장비 도입을 금지하면서 중국과 갈등을 야기했지만 중국을 지정학적 위협으로 단정하고 있지 않다. 그보다 미국과 중국을 자국의 가장 중요한 파트너로 규정하면서 아시아 안보와 번영을 위한 공동노력을 강조한다.

일본 역시 "규칙기반 국제질서"(rules-based international order)를 통해 "자유롭고 개방된"(free and open) 인도태평양을 "국제 공공재"(international public goods)로 제공하고자 한다.[6] 이를 위한 세 가지 기둥으로 (1) 법에 의한 지배, 항해의 자유, 자유무역의 증진과 확립(promotion and establishment of the rule of law, freedom of navigation, free trade, etc.), (2) 경제 번영의 추구(pursuit of economic prosperity), (3) 평화와 안정에 대한 의지(commitment for peace and stability)로 제시하였다. 이러한 비전 제시에서 해상 안보뿐

5　Australian Government, Department of Foreign Affairs and Trade, "2017 Foriegn Policy White Paper." https://dfat.gov.au/about-us/publications/Pages/2017-foreign-policy-white-paper.aspx (검색일: 2019/10/21)

6　Ministry of Foreign Affairs of Japan, "Free and Open Indo-Pacific." https://www.mofa.go.jp/files/000430632.pdf (접근일: 2019년/10/21); Ministry of Foreign Affairs of Japan, "Towards Free and Open Indo-Pacific." June 2019 https://www.mofa.go.jp/files/000407643.pdf (접근일: 2019/10/21)

아니라 인프라 건설, 보건과 환경, 에너지 문제를 위한 협력이 중요한 내용을 차지하고 있다. 일본 정부의 인도태평양 구상에서 중국을 고립시키려는 의도는 찾기 어렵다.

이처럼 호주와 일본은 미국과 더불어 인도태평양 전략(혹은 비전)을 제시하고 있지만 뚜렷한 시각차를 보여준다. 미국은 상승하는 중국을 '도전국'으로 규정하지만, 호주와 일본은 중국을 '파트너'로 바라본다. 물론 아시아 국가의 상당수가 중국을 위협으로 느끼고 있는 것은 사실이지만 호주와 일본이 제시하는 지역 전략은 분명 미국의 아시아 전략과 구분된다. 미국이 '힘을 통한 평화'를 추구한다면, 민주 중견국은 '질서를 통한 평화'를 추구하고 있다. 미국은 중국을 지정학적 위협으로 인식하고 하드파워에 기초한 우위의 역전을 예방하고자 노력하기 시작하였다. 트럼프 행정부는 중국의 경제성장을 둔화하고자 관세를 부과하고 기술이전을 가로막는 정책을 실행에 옮겼다. 과거 오바마 행정부는 아시아 동맹의 네트워크화를 추진하였으나 현재 미국은 동맹과 우방이 선호하는 국제질서의 유지 비용을 부담스러워 하고 있다. 이렇듯 미국은 최근 들어 일부 축소전략을 실시하고 있지만 아시아 지역에서 미국의 영향력을 양보하거나 리더십을 포기할 의사는 없다고 판단된다.

반면, 아시아 민주 중견국은 미국과 중국 사이에서 이른바 헤징전략을 통해 위험부담을 최소화하려고 노력하였다. 하지만 두 강대국의 경쟁이 심화되면서 양자택일을 강요받는 상황이 도래하자 규칙기반 질서를 통한 문제해결에 목소리를 높이고 있다. 미국과 중국을 모두 포함할 수 있는 역내 규칙을 제정하면서 군사 충돌과 경제 악화를 가로막을 수 있는 길을 제시하려는 것이다. 이렇듯 국제질서의 유지와 강화를 주장하는 민주주의 중견국에게 비지정학과 탈지정학 이슈는 단순히 지정학 이슈에 종속되어 있지 않다. 자유무역의 유지와 초국경 이슈의 해결을 위한 노력을 경주하는 가운데 국제 파트너십을 공고히 하면서 지역 안정, 나아가 안보협력을 꾀하자는 것이 민주 중견국의 주장인 것이다. 현존하는 국제 제도의 상당 부분은 영국과 미국이라는 글로벌 패권국의 주도 하에 형성되었다. 하지만 미국의 쇠퇴와 자국 우선주의의 등장으로 국제 제도는 민주 중견국의 손에 놓인 것이다.

V. 나가는 글

자유주의 세계질서의 미래는 불투명하다. 미국은 자국우선주의를 통하여 국력 쇠퇴를 가로막고 글로벌 영향력을 유지하고자 한다. 하지만 당분간 제2차 대전 이후 형성된 자유주의 세계질서를 유지하고 확장하는 비용을 부담하고자 하지 않을 것이다. 이에 민주주의 중견국은 자유주의 국제질서의 유지를 위해 연합할 가능성이 높다. 특히 아시아 지역의 경우 미중 경쟁이 심화되고 양국 충돌 가능성이 고조되는 상황에서 호주와 일본 등은 규칙기반 질서를 강조하면서 안정과 번영에 이르는 길을 제시하고 있다. 따라서 미국은 중국을 지정학적 위협을 규정하고 있는 반면 민주주의 중견국은 중국을 여전히 협력의 파트너로 바라보고 있는 것이다. 양차 대전 이후 글로벌 패권국이 주도하고 확산한 자유주의 국제질서를 활용하는 민주 중견국의 외교는 앞으로 구체화될 것이다.

　최근 한국 정부는 '한반도 운전자론'과 '신남방정책'을 통하여 한반도의 평화와 동북아 번영을 위한 청사진을 제시하고 있다. 하지만 역대 정부와 마찬가지로 한반도와 지역 비전을 연계하여 주변국을 설득할 만한 외교전략을 구체화하고 있지 않다. 물론 남북분단과 북한 핵 문제의 엄중성으로 모든 대외 정책이 한반도 문제로 귀결된다고 볼 수 있다. 하지만 북한 문제와 남북 통일이 국제사회의 지원과 협력 없이 이루어질 수 없다는 점을 고려할 때, 한국의 대외 문제 접근과 해결에 있어서 추구하는 방향과 원칙을 고민하는 것이 필요하다. 특히 코로나 19의 충격으로 미국의 글로벌 리더십이 빠르게 축소되는 상황에서 아시아와 유럽 중견국과의 연대는 무엇보다도 중요하다. 과연 아시아, 나아가 글로벌 민주주의 중견국과 연대하여 제시해야 할 국제질서의 내용은 어떠해야 하는가? 우리의 대북·통일정책이 안보와 경제, 환경과 보건 같은 글로벌 공공재의 증진에 어떻게 기여할 수 있는가? 글로벌 팬데믹으로 세계 주요국이 충격에 빠진 지금이야말로 우리의 비전과 목표를 글로벌 관점에서 제시하고 공유하는 것이 더욱 필요하다.

참고문헌

김상배. 2016. "신흥안보와 미래전략: 개념적·이론적 이해." 김상배 편. 『신흥안보의
　　미래전략』. 서울: 사회평론아카데미.
피터 자이한. 2019. 홍지수 역.『셰일혁명과 미국없는 세계』. 서울: 김앤김북스.

Angell, Norman. 2012[1910]. *The Great Illusion: A Study of the Relation of Military
　　Power to National Advantage.* fourth revised and enlarged edition. New York: G.P.
　　Putnam's Sons.
Baum, Matthew A. and Philip B.K. Potter. 2008. "The Relationship between Mass Media,
　　Public Opinion, and Foreign Policy: Toward a Theoretical Synthesis." *Annual
　　Review of Political Science* 11: 39-65.
Beckley, Michael. 2011/12. "China's Century? Why America's Edge Will Endure."
　　International Security 36(3): 41-78.
_____. 2018. "The Power of Nations: Measuring What Matters." *International Security*
　　43(2): 7-44.
Cooley, Alexander, Daniel Nexon, and Steven Ward. 2019. "Revising Order or
　　Challenging the Balance of Military Power? An Alternative Typology of Revisionist
　　and Status-quo States." *Review of International Studies* 45(4): 689-708.
Diehl, Paul F. 1996. "Territorial Dimensions of International Conflict: An Introduction."
　　Conflict Management and Peace Science 15(1): 1-5.
Huth, Paul K. 1996. *Standing Your Ground: Territorial Disputes and International
　　Conflict.* Ann Arbor: University of Michigan Press.
Jung, Sung Chul. 2018. "Lonely China, Popular United States: Power Transition and
　　Alliance Politics in Asia." *Pacific Focus* 33(2): 260-283.
Keohane, Robert O. 2005[1984]. *After Hegemony: Cooperation and Discord in the
　　World Political Economy.* Princeton: Princeton University Press.
Krasner, Stephen D. 1983. *International Regimes.* Ithaca: Cornell University Press.
Huntington, Samuel P. 1996. *The Clash of Civilizations and the Remaking of World
　　Order.* New York: Simon & Schuster.
Levy, Jack S. 1987. "Declining Power and the Preventive Motivation for War." *World
　　Politics* 40(1): 82-107.
MacDonald, Paul K. and Joseph M. Parent. 2018. *Twilight of the Titans: Great Power
　　Decline and Retrenchment.* Ithaca: Cornell University Press.
Mansfield, Edward D. and Jack Snyder. 2005. *Electing to Fight: Why Democracies Go to
　　War.* Cambridge: MIT Press.
Mead, Walter Russell. 2014. "The Return of Geopolitics: The Revenge of the Revisionist

Powers." *Foreign Affairs* 93(3): 69-79.

Mearsheimer, John J. 2001. *The Tragedy of Great Power Politics.* New York: Norton.

_____. 2018. *The Great Delusion: Liberal Dreams and International Relations.* New Haven and London: Yale University Press.

Monteiro, Nuno P. 2014. *Theory of Unipolar Politics.* New York: Cambridge University Press.

Montgomery, Evan Braden. 2016. *In the Hegemon's Shadow: Leading States and the Rise of Regional Powers.* Ithaca: Cornell University Press.

Morgenthau, Hans J. 1960[1948]. *Politics among Nations: The Struggle for Power and Peace.* New York: Knopf.

Oneal, John R., and Bruce Russett. 2001. *Triangulating Peace: Democracy, Interdependence, and International Organizations.* New York: Norton.

Owen, John M. 1997. *Liberal Peace, Liberal War.* Ithaca: Cornell University Press.

_____. 2010. *The Clash of Ideas in World Politics: Transnational Networks, States, and Regime Change, 1510-2010.* Princeton University Press.

Reiter, Dan. 2009. *How Wars End.* Princeton University Press.

_____. 2018. "Unifying the Study of the Causes and Duration of Wars." *Polity* 50(2): 168-177.

Rosecrance, Richard N. 1986. *The Rise of the Trading State: Commerce and Conquest in the Modern World.* New York: Basic Books.

Schweller, Randall L. 1992. "Domestic Structure and Preventive War: Are Democracies More Pacific?" *World Politics* 44(2): 235-269.

Senese, Paul D., and John A. Vasquez. 2003. "A Unified Explanation of Territorial Conflict: Testing the Impact of Sampling Bias, 1919-1992." *International Studies Quarterly* 47(2): 275-298.

Shambaugh, David. 1996. "Containment or Engagement of China? Calculating Beijing's Responses." *International Security* 21(2): 180-209.

Snyder, Jack (Ed.). 2011. *Religion and International Relations Theory.* Columbia University Press.

Tannenwald, Nina. 1999. "The Nuclear Taboo: The United States and the Normative Basis of Nuclear Non-use." *International Organization* 53(3): 433-468.

Waltz, Kenneth N. 1979. *Theory of International Politics.* Reading: Addison-Wesley.

Walzer, Michael. 2006[1977]. *Just and Unjust Wars: A Moral Argument with Historical Illustrations.* New York: Basic Books.

White, Hugh. 2011. "Power Shift: Rethinking Australia's Place in the Asian Century." *Australian Journal of International Affairs* 65(1): 81-93.

Wiegand, Krista E. 2011. *Enduring Territorial Disputes Athens.* University of Georgia Press.

제3장   신흥무대의 중견국 외교: 통상

이승주(중앙대학교)

I. 서론: 통상과 중견국

이 연구는 통상 분야에서 나타난 중견국 외교의 다양한 유형을 검토하고, 이에 기반하여 동아시아 국가들이 행사한 중견국 외교를 검토하는데 목적이 있다. 다른 분야와 비교할 때, 통상 분야에서 중견국 외교는두 가지 특징을 갖는다. 첫째, 한 국가의 통상정책은 자국의 경제적 이익을 추구하는 가운데 세계경제의 안정과 발전을 함께 도모해야 하는양면성을 갖는다. 통상정책에서 자국의 이익을 우선으로 추구할 필요성이 있는 것은 사실이나, 그렇다고 해서 자국의 이익을 배타적으로 추구할 경우 세계경제 질서가 불안정해지거나 심지어 붕괴할 위험성이있기 때문이다. 주목할 점은 세계경제 질서의 운영 또는 관리에 소요되는 물질적 비용과 지적 리더십을 주로 전통 강대국들이 담당했는데, 탈냉전 시대에 진입하면서 중견국들이 리더십을 행사하는 변화가 대두되고 있다는 점이다.[1]

둘째, 중견국의 행태의 측면에서도 통상 분야의 중견국 외교에 주목할 만한 특징이 있다. 통상 분야에서 중견국 외교의 역사는 상대적으로 긴 편인데, 이 과정에서 중견국 외교의 성격이 동태적으로 변화해왔다. 연합형성 전략, 허브 전략, 지적 선도자, 연결자, 중재자 등이 통상 분야에서 나타나는 중견국 외교의 행태이다(Cooper 2013; Cooper and Mo 2013; Goddard 2009). 일반적으로 중견국 외교는 몇 차례의변화 트렌드를 보인 것으로 평가되고 있다. 제2차 세계대전 직후 유엔 등의 국제기구를 통한 행동주의, 특정 쟁점 영역에서 리더십 행사, G20 등 비공식 장을 통한 리더십 등이 중견국 외교의 변화 양상을 설

1   패권 부재 상태에서 세계경제 체제의 유지를 둘러싼 경쟁과 협력의 동학에 대해서는 Lake(1988) 참조.

명하는 하나의 견해이다(Cooper and Dal 2017). 일반적인 중견국 외교의 변화 트렌드와는 다소 차이가 있기는 하지만, 통상 분야에서도 중견국 외교의 행태적 특성이 동태적으로 변화해왔다. 단일 쟁점 영역에서 리더십, 세계경제의 네트워크적 성격을 활용한 리더십, 신흥 이슈 분야의 표준 설정과 이슈 복합을 위한 리더십으로 변화해 온 것이 통상 분야 중견국 외교의 특징이라고 할 수 있다(이승주 2016).

이 연구는 이와 같은 문제의식을 갖고 통상 분야의 중견국 외교의 진화를 검토한다. 이 글은 다음과 같이 구성된다. 2절에서는 통상 분야의 중견국 외교를 유형화하고, 이에 대한 이론적 검토를 수행한다. 3절에서는 중견국 외교의 세 가지 유형이 실행되는 과정을 호주, 한국, 일본의 통상 외교를 중심으로 고찰한다. 4절에서는 디지털 경제 시대의 본격화 등 세계경제 질서의 급격한 변화 속에서 대두될 수 있는 중견국 외교의 가능성을 검토한다. 마지막으로 5절에서는 이 연구에서 고찰한 사항들로부터 도출될 수 있는 이론적, 실천적 함의를 논의한다.

II. 통상과 중견국 외교의 유형

통상 분야에서 중견국 외교의 첫 번째 차원은 연합형성에 기반한 중재 역할이다(Lee 2012). GATT 중심으로 진행되던 다자무역협상이 1970년대까지 선진국 대 선진국의 구도를 형성하였으나, 1980년대 우루과이 라운드 협상이 진행되는 과정에서 점차 선진국 대 개도국의 구도로 변화하였다. 다자무역협상에 참가하는 국가의 수가 이전에 비해 획기적으로 증가하였을 뿐 아니라, 협상 의제 면에서도 농산물과 서비스 자유화, 지적재산권 보호 등 선진국과 개도국 사이, 심지어 선진국 사이

에도 이해관계가 첨예하게 엇갈리는 의제로 확대되면서 협상의 복잡
성이 증대되었다. 통상 분야에서 중견국 외교에 대한 논의가 본격적으
로 이루어지기 시작한 것은 이 무렵이다. 특히 호주는 케언스 그룹 내
에서 리더십을 행사하여 미국과 유럽 간의 갈등 구도 속에서 연합의
형성과 유지를 바탕으로 제3의 중재자 역할을 성공적으로 수행함으로
써 중견국 외교의 가능성을 보여주었다.[2]

한편, 전통적인 장과 달리 신흥무대에서 통상의 의미와 중견국의
역할은 상이하다. 전통적인 장에서 통상은 좁은 의미의 무역 자유화
로 초점이 맞추어졌으나, 신흥무대에서 통상은 다양한 이슈들과의 연
계가 점차 확대, 강화되는 변화를 보이고 있다. 전통적인 다자무역협상
은 공산품 중심의 무역 자유화에 우선순위를 부여하였으나, 점차 서비
스, 지적재산권, 정부 조달, 국영기업, 노동, 환경 등 다양한 쟁점들이
통상과 직간접적으로 연계됨에 따라 쟁점 복합성(issue complexity)
이 급증하고 있다. 다자무역협상의 전통적인 대립 축인 선진국 대 개
도국의 구도가 유지되는 가운데, 행위자 간 이합집산이 매우 유동적으
로 변화함에 따라 중견국이 리더십을 발휘할 수 있는 기회의 창이 존
재한다. 새로운 이슈의 편입과 복합성의 증대로 인해 비록 제한이 있기
는 하지만 '중견국의 순간'(middle powers' moment)이 주어진 것이다
(Beeson and Lee 2015; Tiberghien 2013).

둘째, 통상 분야에서 중견국 외교는 국가 간 경제 통합의 현실과
전략의 변화를 반영한 네트워크 및 허브 전략과 관련이 있다. 1990년
대 중반 이후 주요국들이 FTA를 경쟁적으로 추진하는 과정에서 FTA
네트워크 내에서 허브 위치를 차지함으로써 '네트워크 파워'를 행사하

---

2   이는 탈냉전 시대가 도래하면서 세계화 등으로 인해 국제정치에서 요구되는 리더십의
     성격이 변화한 것과도 관련이 있다. Young(1989).

려는 중견국 외교의 새로운 변화가 시작되었다.[3] 동아시아도 예외는 아
닌데, 한국과 싱가포르가 특히 역내는 물론 역외 국가들과의 네트워크
형성을 적극적으로 시도하고, 이 과정에서 허브 위치를 확보하는 전략
을 적극 추구하였다.

셋째, 무역 자유화에 초점을 맞춘 전통적 통상 전략과 차별화된 표
준 경쟁 역시 중견국 외교의 새로운 영역으로 부상하고 있다. 이는 21
세기 경제가 디지털화 또는 플랫폼화되는 현실을 고려할 때, 개별 품목
의 자유화도 중요하지만, 표준 경쟁에서 선발 효과를 확보하려는 시도
라고 할 수 있다. 이러한 시도는 주로 메가 FTA의 사례에서 나타나는
데, 그 이유는 양자 FTA와 달리 다수 국가들이 FTA를 체결함으로써 더
큰 외부효과가 발생하고, 표준 설정의 가능성 또한 높아지기 때문이다.
특히, 두 개 이상의 메가 FTA를 동시에 타결함으로써 메가 FTA 간 연
계를 주도할 경우, 표준 설정 과정에서 리더십을 행사할 수 있는 기반
을 확보할 수 있게 된다. 2010년대 일본은 이 유형의 중견국 외교의 모
습을 보여준 사례이다.

III. 중견국 외교의 유형과 변화의 동학

1. 연합형성 전략: 호주

냉전기 세계 무역 질서는 미국과 소련이 주도하여 수립한 세계 안보
질서의 틀 속에서 형성되었다(Gowa and Mansfield 1993). 냉전기에

---

3   세계경제 네트워크의 구조적 변화가 국가들에 초래하는 차별적 영향에 대해서는
    Hafner-Burton(2009) 참조.

미국과 소련은 기본적으로 체제 경쟁을 전개하였기 때문에, 국가 간 경제 관계가 안보 체제와 긴밀하게 연계될 수밖에 없었다. 그렇다고 해서 국가 간 무역 관계에서 체제 내 갈등이 없었던 것은 아니다. 자유주의 진영의 세계 무역 질서의 주축은 미국과 유럽의 선진국이 때로는 경쟁을, 때로는 대립하는 특징을 보였다. 1980년대 중반 이후 무역 갈등이 미국과 일본으로 확대되고 무역 협상에 다수의 개도국들이 참여하기는 하였으나, GATT를 기반으로 한 다자무역협상의 기본 구도는 미국 대 유럽의 구도에서 크게 벗어나지 않았다(Anania, Carter, and McCalla 2018). GATT 차원의 다자무역협상에서 미국과 유럽이 사전 협상을 통해 협상 의제와 내용을 사실상 결정짓는 경우가 많았기 때문이다. 공식 다자무역협상에서는 미국과 유럽이 어젠다를 주도했고, 양측 사이에 잠정적 합의가 이루어진 후에 개도국들에 협상이 확대되는 방식을 취하였다.

1980년대 중반 이후 냉전 종언의 가능성이 가시화되기 시작하자 세계 무역 질서에도 변화의 조짐이 나타나기 시작하였다. 자유주의 진영 내에서는 미국의 경제적 패권의 상대적 쇠퇴가 진행되기 시작함에 따라, 패권 이후의 세계경제 질서에도 변화가 본격화되기 시작하였다. 다자 무역 자유화 협상의 경우, 미국을 포함한 선진국들이 자국 이익을 우선 추구하고(Bayard and Elliott 1994), 개도국들에게도 무역 자유화를 요구하기 시작하면서 선진국과 개도국 사이의 갈등이 커지는 질적인 변화가 발생하였다(Rodrik 2001). 행위자 및 이슈 측면에서 다자 협상의 복잡성이 증가함에 따라 강대국들이 일방적으로 영향력을 행사하기 어려운 상황으로 변화가 동시에 진행되었다(Cooper, Higgott, and Nossal 2004). 통상 분야에서 중견국 외교의 가능성이 탐색된 것은 이러한 국제정치 환경의 변화와 밀접한 관련이 있다. 안보 면에서는

탈냉전 과정이 진행됨에 따라, 체제 경쟁을 위해 필요했던 위계적 질서
에 기반한 냉전기와 달리 중견국들이 전략적으로 행동할 수 있는 공간
이 조성되었다.

　　중견국으로서 호주가 케언스 그룹(Cairns Group of Fair Trading
Nations)이 통상 분야에서 중대한 변화를 초래하기 위해 연합을 형성
하는 데 리더십을 행사한 것이 중견국 외교의 중요한 사례라고 할 수
있다(Higgott and Cooper 1990).[4] 호주는 통상 분야에 있어서 다자주
의에 대한 전통적인 지지자라고 보기는 어렵다. 호주는 전후 세계 무역
체제를 수립하는 논의에 초대된 18개국 가운데 하나이기는 하나, 스스
로를 개도국으로 인식하였을 뿐 아니라 미국식 다자주의에 대한 유보
적 태도를 갖고 있었다(Capling 2001). 호주가 농산물 자유화와 관련
한 다자무역협상에서 리더십을 행사한 것은 정책적 전환이라는 점에
서 주목할 만하다.

　　케언스 그룹은 비공식 연합(informal coalition)인데, 1980년대 우
루과이 라운드 협상이 진행되는 과정에서 호주가 이른바 '제3의 세
력'(third force)으로 불렸던 케언스 그룹을 성공적으로 구성함으로써
농업 부문의 자유화를 이끌어내는 데 성공하였다. 호주 정부의 이러한
외교적 리더십은 '틈새 외교'(niche diplomacy)로 평가되기도 하였다
(Cooper 1997). 또는 '연합형성(coalition building diplomacy) 외교'
로 평가되었다(Ungerer 2007).[5] 또한 연합형성에 기반한 호주의 리더
십 행사는 행태적 접근(behavioral approach)의 시각에서 중견국 외교
를 설명하려는 시도라고 할 수 있다(Carr 2013).

4　호주를 중견국으로 평가하는 데 대한 체계적인 이론적 검토로는 Carr(2013) 참조.
5　호주 중견국 외교의 가능성과 한계에 대한 체계적인 검토를 위해서는 Beeson(2011) 참
　조.

호주는 단일 쟁점 분야의 연합형성을 통한 리더십(middle power leadership in a single-issue coalition)을 행사하였다는 점에서 이 시기 호주 중견국 리더십의 특성을 찾을 수 있다. 또한 호주는 농산물 자유화라는 규범과 가치에 기반하여 연합형성을 추구하고, 이를 유지하기 위한 지적 리더십을 상당히 성공적으로 행사하였다(이승주 2016). 케언즈 그룹은 전 세계 농산물 교역의 26%를 차지하는 농산물 수출국들로 구성되었다. 또한 이 그룹은 1980년대 농산물 교역에서 커다란 영향력을 행사하고 있던 미국과 유럽이 보호주의를 강화하는 데 대한 강한 우려를 공유하고 있었다. 케언스 그룹은 구체적으로 유럽의 공동농업정책(Common Agricultural Policy, CAP)이 다른 지역으로 확대될 가능성에 대한 우려를 공유하였다. 다른 국가의 정부들이 경쟁적으로 농산물 생산 보조금의 지급 규모를 늘림으로써 지구적 차원의 농산물 교역의 규모가 축소될 것을 우려하였기 때문이다.

한편, 케언스 그룹은 농업이라는 단일 쟁점, 그것도 농산물 교역 자유화라는 매우 협소한 단일 쟁점에 대한 공통 이해관계를 제외하면 매우 이질적인 국가들 간 연합(cross-cutting coalition)이라는 한계를 안고 있었다(Higgott and Cooper 1990). 경제발전 수준 측면에서 선진국과 개도국들이 함께 참여하고 있어서 농산물 무역 자유화에 대한 공통 이해를 제외하면, 제조업 및 서비스 자유화와 지적재산권 보호 등 다른 무역 자유화 의제에 대해서는 본질적으로 상반된 이해관계를 갖고 있었다. 이러한 관점에서 보면, 이해관계의 공통점보다는 이질성이 더 큰 집단이라고 할 수 있다. 지리적 분포 면에서도 인접 국가들로 구성된 집단이 아니기 때문에, 오랜 기간 축적된 협력의 경험과 역사를 갖고 있지 않다는 점에서 자연스러운 협력 상대라고 하기에는 부족한 점들이 많았다.

케언스 그룹을 구성한 국가들은 매우 이질적이었음에도 불구하고, 다자무역협상에서 상당히 동질적인 정책 보조를 취할 수 있었다. 특히 서비스 부문 자유화와 지적재산권 관련 규정의 도입에 대한 상당한 입장 차이에도 불구하고 케언스 그룹 국가들이 연대를 유지할 수 있었던 것은 일차적으로 그들에게 농업 부문 개혁이 더 중요한 의제였기 때문이라는 점을 부인할 수 없다. 케언스 그룹이 미국과 유럽 같은 강대국들을 대상으로 다자 차원의 농산물 무역 자유화 협상을 성공적으로 이끌어 낼 수 있었던 것은 호주의 리더십이 작용한 결과라고 할 수 있다.

구체적으로 농산물 무역 자유화에서 호주가 추구한 중견국 외교 전략은 지적 리더십, 주요 쟁점에 대한 기술적 지원 제공, 그리고 다양한 이해관계를 가진 국가들을 한자리에 소집하여 의견을 조정하는 의장(convener)의 역할을 하는 것이었다(Ravenhill 1998). 호주의 이러한 역할을 통해, 미국과 유럽 사이의 협상이 교착 상태에 빠질 위기에 처했을 때, 케언스 그룹이 '중도'(middle way)를 제시하는 전략적 공간을 확보할 수 있었다(Higgott and Cooper 1990). 호주의 리더십 행사의 결과 케언즈 그룹은 '농업 부문의 공정 무역 그룹'(Group of Fair Traders in Agriculture)이라는 명성을 얻게 되었고(Gallagher 1988), 이는 우루과이 협상을 진행하는 데 있어서 규범적 정당성을 확보하는 데 긍정적 요인으로 작용하였다. 농산물 자유화 협상에서 호주는 '규범 선도자'(norm entrepreneur)의 역할을 한 것이다(Carr 2012). 호주의 이러한 역할에 힘입어 케언즈 그룹은 미국과 유럽이라는 강대국 사이에서 양자택일의 상황으로 내몰린 것이 아니라, 오히려 중간자의 역할을 추구할 수 있게 되었다.

호주는 또한 케언스 그룹이 농산물 무역 자유화라는 공동의 목표를 달성하는 과정에서 케언스 그룹이 여러 이슈보다는 농산물 자유화라는 단일 이슈에 초점을 맞추도록 함으로써 연합형성을 견고하게 유지하는 데 핵심적 역할을 수행하였다. 더 나아가 때로는 문제 해결을 위한 지적 리더십이라는 창조성을 발휘하고, 우루과이 라운드 협상을 진행하는 과정에서 케언스 그룹이 농산물 무역 자유화 관련 어젠다를 설정하는 모습을 보여주기도 하였다(Ravenhill 1998).[6] 이처럼 호주는 다양한 방식의 중견국 외교를 통해 건설적 중개자와 합의 추구자라는 신뢰를 획득함으로써 지속적으로 리더십을 행사할 수 있는 기반을 마련하였다(Higgott and Cooper 1990).

2. 네트워크 전략: 한국

1) 다자 무역 자유화의 난항과 FTA

1990년대 세계 무역 질서는 급격한 변화의 과정을 거치기 시작하였다. 1994년 우루과이 라운드를 비교적 성공리에 마치고, 야심 차게 출범한 WTO가 수차례에 걸쳐 다자무역협상을 추진하고 성과를 도출하기 위해 노력하였으나 선진국과 개도국의 갈등이 격화됨에 따라 협상이 난항을 거듭하게 되었다(Dupont and Elsig 2012). 다자무역협상을 진전시키는 데 어려움이 가중됨에 따라, 1990년대 중반 이후 서구 선진국들이 주도하는 FTA가 급물살을 타게 되었다. WTO 다자무역협상을 대체하는 새로운 대안으로서 양자 FTA의 시대가 도래한 것이다.

〈그림 1〉에서 알 수 있듯이, WTO에 보고된 FTA의 수는 1990년대

---

6 레이븐힐은 외교 역량(capacity), 집중(concentration), 창조성(creativity), 연합형성(coalition building), 신뢰도(credibility)를 중견국이 갖추어야 자질로 지적한다. Ravenhill(1998).

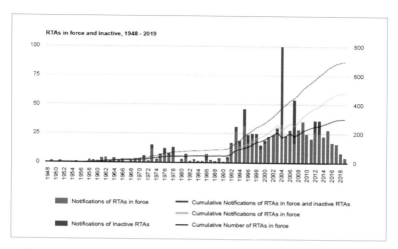

그림 1 FTA 수의 변화 추이, 1948~2019
출처: WTO Regional Trade Agreements Database. http://rtais.wto.org/UI/charts.aspx

중반부터 서서히 증가하기 시작하여, 2000년대 중반부터 2010년대 중반까지 빠르게 증가하는 추세를 보였다. 그 결과 WTO에 보고된 FTA의 숫자는 2019년 현재 695개를 기록하였고, 현재 발효 중인 FTA만을 기준으로 할 경우 그 숫자는 480개에 달한다.[7] 2019년 10월 기준, 지역을 기준으로 FTA를 체결한 숫자를 보면, 유럽 99개, 동아시아 86개, 남아메리카 66개 등이다.[8]

양자 FTA가 다자 무역 자유화의 대안으로 부상할 수 있었던 것은 일차적으로 WTO 수준의 무역 자유화 협상이 난항을 거듭한 것과 밀접한 관련이 있다. 다자 수준의 무역 자유화의 전망이 불투명해지자 다수의 국가들은 대안을 적극 모색하기 시작하였으나, 일방적 자유화가 초래할 국내정치적 어려움 때문에 호혜성에 기반한 양자주의가 자연스럽게 적합한 대안으로 부상하였던 것이다. 동아시아 국가들도 예

---

7   WTO Regional Trade Agreements Database. http://rtais.wto.org/UI/charts.aspx
8   WTO Regional Trade Agreements Database. http://rtais.wto.org/UI/charts.aspx

외는 아니었다. 특히, 역내 국가들과의 경제 통합의 경험이 상대적으로 일천한 동아시아 국가들은 경제 통합을 위한 내재적 동기에서 FTA를 추구하였다기보다는 대외 통상 환경의 변화에 대한 대응 차원에서 FTA 정책으로 일제히 전환하였다(Aggarwal and Urata 2006). 이 때문에 동아시아 국가 간 FTA 경주가 본격화된 것이다(Naoko 2002).

다자무역협상의 교착 상태로 인해 다수의 국가들이 FTA를 추진하는 변화를 동아시아 국가들은 비교적 뒤늦게 수용하기 시작하였다. 일본과 싱가포르의 FTA 협상은 동아시아 국가들 사이의 FTA 경주를 본격화하는 신호탄이 되었다. FTA 경주의 배경에는 역내 국가들과의 경쟁에서 우위를 차지하려는 의도가 작용하였다. 특히, 동아시아 국가들이 일제히 FTA 경주에 뛰어든 것은 체결된 FTA의 수가 많아질수록 네트워크 효과가 발생할 것이라는 판단이 작용하였기 때문이다. 네트워크 효과를 극대화하기 위해서는 '선발 행동'(first move)이 중요하기 때문에, 동아시아 국가들이 FTA 경주를 본격화하였다.

2) 중견국 외교 전략의 변화: 동북아 균형자론에서 네트워크 FTA 전략으로
한국의 초기 FTA 정책에는 위에서 언급한 'FTA 따라잡기'의 동학이 작용하였다(손열 2006). 김대중 정부는 새로운 통상정책 대안으로서 FTA 정책을 추진하기 시작하였다. 그러나 김대중 정부의 FTA 정책은 FTA의 경제적 효과를 적극적으로 실현하려는 동기보다는 경쟁국들의 FTA 체결에 따른 부정적 효과를 관리하겠다는 반응적·수세적 동기가 보다 크게 작용하였다(Ravenhill 2012). 김대중 정부에서 양자 FTA 정책을 수용하는 인식의 전환이 발생하기는 하였으나, FTA 정책이 이익의 극대화보다는 외환위기를 극복하고 무역을 다변화하려는 수단의 의미를 벗어나지 못하였다(삼성경제연구소 2003). 일본과의 FTA 협상

을 초기에 추진하였으나, 협상의 속도를 높이지 못하고, 칠레 등 소규모 경제권 또는 한국과의 교역 규모가 상대적으로 적은 국가들과 FTA를 우선 추진한 것이 김대중 정부 FTA 정책의 반응적·수세적 성격을 보여주는 대표적인 사례이다(이승주 2007).

노무현 정부의 FTA 정책은 김대중 정부의 FTA 정책에 비해 공세적 성격이 가미되었다. 더 나아가 노무현 정부의 FTA 전략은 FTA의 경제적 효과를 증진하는 차원에서만 추진된 것이 아니라, 한국 외교의 새로운 수단으로 부상하였다는 점에서 전략적 성격도 아울러 추가되었다. 이러한 점에서 노무현 정부의 FTA 정책을 중견국 외교의 맥락에서 검토할 필요가 있다. 즉, 노무현 정부의 FTA 전략은 좁은 의미의 통상 정책을 넘어, 한국 외교정책 일반에 있어서 중견국 외교라는 새로운 차원을 추가하려는 시도였다는 해석이 가능하다. 우선, 후자와 관련, 노무현 정부는 동북아의 전략적 경쟁을 상정한 가운데 한국의 적극적 역할을 모색하기 위한 동북아 균형자론을 의욕적으로 추진하고자 하였다.[9] 동북아 균형자론은 전통적인 동맹 외교를 탈피하려는 시도였으나, 미국과 중국 등 역내 강대국들이 미온적 반응을 보이고, 국내적으로도 한미동맹에 우선순위를 부여했던 전통 외교에서 탈피하는 데 따른 위험성에 대한 경고가 제기되는 등 국내외적 우려와 반대에 직면하였다. 동북아 균형자론은 담대한 전략이었으되 강대국 중심의 냉엄한 국제정치의 현실을 다시 한번 부각시키는 결과를 초래하였다. 동북아 균형자론을 둘러싼 논란은 노무현 정부가 한국 외교를 한 차원 높이기 위해서는 비전과 구상 단계에서 진일보한 보다 정교한 추진 전략과 로드맵이 필요하다는 점을 인식하는 계기로 작용하였다. 이러한 배경에서

---

9   동북아균형자론의 적실성에 대한 다양한 시각에 대해서는 배종윤(2008) 참조.

노무현 정부는 동북아 균형자론이 장벽에 부딪치자, 지역 외교의 새로
운 수단으로 FTA 정책을 추진하였다.

한편, 노무현 정부의 FTA 정책은 따라잡기 전략의 일환으로 추진
하였던 김대중 정부의 방어적 또는 반응적 FTA 정책을 확대·발전시킨
것이라고 할 수 있다. 노무현 정부의 FTA 정책은 공세적 FTA 추진으로
변화하였다. 공세적 FTA로 전환하는 과정에서 노무현 정부는 글로벌
FTA 허브를 지향하는 전략을 명확히 하였다(이승주 2007). 이는 양자
FTA로부터 기대할 수 있는 경제적 효과를 넘어서서 중견국 외교와의
연계를 시도한 것이라고 할 수 있다. FTA를 추진하는 데 있어서 중견
국 외교의 요체는 배타적 국익의 추구에서 탈피하여 한국의 국익과 역
내 국가들의 이익, 더 나아가 지역 및 세계경제 질서의 증진이라는 공
공재의 제공을 조화시키는 데 있다.

3) 글로벌 FTA 허브 전략

노무현 정부의 FTA 전략은 동북아 균형자론과 달리 비전을 넘어 로드
맵과 추진 전략을 통해 구체화되는 과정을 거쳤다. 이는 노무현 정부
의 FTA 전략이 중견국 외교의 가능성을 탐색하는 데 그친 것이 아니
라, 비전-전략-이행의 단계를 거쳐 순차적으로 발전하였다는 점에서
중견국 외교를 구체화하는 일정한 성과를 거두었다고 할 수 있다. 노무
현 정부의 글로벌 FTA 허브 전략은 2003년 8월 로드맵의 발표를 통해
공식화되었다. FTA 로드맵은 FTA 상대국의 선정 기준, 추진 전략, FTA
체결의 우선순위를 구체화하였다. 경제적 타당성, 정치외교적 함의, 상
대국의 체결 의사, 거대선진경제와의 체결에 도움이 되는 국가를 기준
으로 상대국을 선정하였다. 그 결과물이 '동시다발적 FTA'와 '거대선
진경제권과의 FTA'이다(이승주 2010).

동시다발적 FTA 추진 전략은 지체된 FTA의 체결을 빠른 시간 내에 만회하여 한국 기업의 해외 시장 확보에 도움을 주고, 전략적인 FTA 네트워크를 구축하여 궁극적으로 동아시아 FTA 허브 국가로 발전하겠다는 것이다.[10] 여기에는 주요국들이 FTA 체결에 적극성을 보임에 따라, 역내뿐 아니라 지구적 차원에서 FTA가 빠르게 확산될 것이라는 전략적 판단이 작용하였다.[11] 이를 위해, 노무현 정부는 FTA 체결의 타당성이 확인되었거나 업계의 지지 등 대내 협상의 여건이 성숙한 상대국을 발굴하여 FTA의 조기 체결을 추진하고자 하였다. 이 전략에 근거하여 한국 정부는 일본, 싱가포르, ASEAN, 캐나다, 유럽자유무역연합(EFTA), 멕시코와 FTA의 우선 체결을 지향하였다.

동시다발적 FTA 추진 전략은 이득과 손실의 관점에서만 평가하면 김대중 정부의 FTA 정책과 차별화된다고 보기 어렵다. 이득을 극대화하기보다는 FTA로부터 파생되는 '경제적 손실'을 최소화하는 데 초점이 맞추어진 것이 사실이기 때문이다. 특히 동시다발적 FTA는 주로 소규모의 경제권이거나, 지리적으로 원거리에 위치해 있으면서 한국과의 경제교류 수준이 높지 않은 국가들과 FTA를 체결하는 데 주력하였다는 점을 고려하면 김대중 정부 FTA와의 연속성이 더욱 두드러진다. 이는 정부가 FTA 체결의 긍정적 효과를 크게 누릴 수 있는 상대보다는 부정적 효과를 최소화할 수 있는 상대국을 선호하였음을 의미하였기 때문이다. 그러나 동시다발적 FTA 추진 전략의 차별성은 FTA 추진에 있어서 경제적 효과만 고려한 것이 아니라, 다수의 국가들과 FTA를 체결함에 따라 발생하는 네트워크 효과를 함께 고려하였다는 점에

---

10   외교통상부 자유무역협정 홈페이지, http://www.fta.go.kr
11   아시아 지역에서 FTA 확산의 다양한 원인에 대해서는 Solis, Stallings, and Katada (2009) 참조.

서 김대중 정부의 FTA 정책과 차별화된다. 즉, 양자 FTA의 연쇄적 체결이 궁극적으로 FTA 네트워크를 형성하게 될 것이라는 점에서(Dent 2003), 이에 대한 전략적 대응의 필요성을 인식한 결과가 동시다발적 FTA 추진 전략이었다. 바로 이 점에서 동시다발적 FTA 추진 전략이 중견국 외교의 성격을 띠는 것이라고 할 수 있다.

그럼에도 동시다발 FTA 추진 전략이 일정한 성과와 함께 한계 또한 드러낸 것은 사실이다. 결국 동시다발적 FTA 추진 전략은 소규모 경제와 FTA를 체결한 까닭에 그 효과를 충분히 현실화하지 못한 가운데, FTA로 인한 손실을 최소화하는 데 급급하게 되었기 때문이다. 노무현 정부는 이러한 한계를 극복하기 위해 거대선진경제권과의 FTA를 추진함으로써 글로벌 FTA 전략의 효과를 극대화하려는 시도를 하였다. 지지층의 반대에도 불구하고, 한미 FTA를 추진한 것이 그 대표적인 사례이다(이승주 2010). 구체적으로 거대선진경제권과의 FTA는 미국, 일본, 중국, 그리고 EU와의 FTA 체결을 목표로 하였다. 노무현 정부가 거대선진경제권과의 FTA를 추진한 것은 FTA의 득과 실을 양자 수준에서만 고려하는 것이 아니라, FTA의 네트워크를 구성함으로써 발생하는 포괄적 이익을 고려하였음을 의미한다. 즉, 개별 FTA로 인한 경제적 득과 실도 중요하지만, FTA 네트워크를 주도적으로 형성하여 허브의 위치를 확보할 때, 실보다는 득이 더 커질 것이라는 전략적 판단이 작용하였다. 더 나아가 글로벌 FTA 네트워크의 형성은 지구적 차원에서 무역 규모를 확대하는 부수적 효과를 기대할 수 있다는 점에서, 그리고 한국의 이익을 지구적 공공재의 생산과 조화시킬 수 있다는 점에서 중견국 외교의 가능성을 담보하였다.

글로벌 FTA 허브 전략이 네트워크적 접근에 기반하여, 허브의 위치를 확보함으로써 한국의 국익을 증진하는 한편, 역내 국가들 사이의 경제 통합을 촉진하고, 지역의 안정과 평화에 기여하겠다는 구상이었다는 점에서 중견국 외교의 한 유형으로 평가할 수 있다. 더 나아가 역외 국가들과의 FTA, 특히 미국과 EU 등 거대선진국가들과의 FTA를 적극 추진함으로써, 1997년 아시아 경제 위기와 2008년 글로벌 경제위기 등 불확실성이 높아지는 가운데, 다자주의를 강화하고, 선진국과 개도국 사이의 교량 역할을 모색하였다는 점 역시 중견국 외교의 가능성을 적극 모색한 것이다.[12]

다만, 글로벌 FTA 허브 전략이 한국의 국익과 지역 및 지구적 차원의 이익의 균형 또는 조화를 기획한 것이라고 하더라도, 중상주의적 성격을 내포하고 있었다는 점을 부인하기는 어렵다. 한국 정부가 글로벌 FTA 전략을 추진하는 과정에서 한국의 경제 영토가 지속적으로 확대되고 있다는 점을 반복적으로 환기시킨 것이 그 대표적인 사례에 해당한다.[13] 글로벌 FTA 허브 전략의 추진 과정에서 경제 영토의 확장이라는 중상주의적 목표의 추구를 숨기지 않았던 것이다. 결국 글로벌 FTA 허브 전략은 한국 중견국 외교의 새로운 시도였던 동시에, 전통적인 한국 통상 외교의 대표적 속성이라고 할 수 있는 중상주의적 요소가 하나의 틀 속에 포함되었다는 점에서 '불편한 동거'의 측면이 있었다.

4) 린치핀(linchpin) 전략

노무현 정부 이후 한국의 FTA 전략은 '린치핀' 전략으로의 전환을 시도하게 된다. 오바마 행정부의 미국이 재균형 정책을 실행하는 수단으로서 TPP를 추진하는 한편, 동아시아 국가들은 경제 통합을 심화·확

12 "Toward East Asian FTA: Korea's Role as FTA Hub." http://www.korea.kr/archive/speechView.do?newsId=132023884

13 "한국 'FTA 경제영토' 세계 3위."『국민일보』 2013/12/12.

대시키기 위해 RCEP을 추진하는 등 메가 FTA 시대가 본격적으로 진행된 데 따른 것이다. 즉, 구체적으로 박근혜 정부는 '신통상 로드맵'을 통하여 미국을 중심으로 한 TPP와 중국이 포함된 RCEP이 상호 경합할 가능성이 있음을 상기하면서, 이는 한국뿐 아니라 아시아 지역의 많은 국가들에게 결코 우호적인 대외 경제 환경이 아니라는 점을 강조한 바 있다(산업통상자원부 2013). 이러한 문제 인식 하에 한국 정부는 TPP와 RCEP을 연결함으로써 동아시아 지역 경제가 양분되는 것을 방지하는 린치핀의 역할을 추구하겠다는 전략적 변화를 시사하였다.

그러나 린치핀 역할의 추구는 글로벌 FTA 허브 전략의 성공에 따른 정책적 관성의 작용과 메가 FTA에 대한 국내적 반대에 대한 우려로 인해 가시화되기 어려웠다. 정책적 관성의 차원에서 보면, 양자 FTA를 중심으로 한 FTA 네트워크 형성과 그 과정에서 허브 위치의 확보가 한국 FTA 정책의 최우선순위에 있었다. 글로벌 FTA 허브 전략의 완성은 한중 FTA로 설정되었기 때문에, TPP 등 메가 FTA로의 조기 전환은 통상 역량의 분산으로 인식되었다.

한편, 한미 FTA 체결 과정에서 한국 정부가 직면한 국내 반대 역시 메가 FTA 정책으로의 전환을 지연시키는 결과를 초래하였다. 노무현, 이명박 정부는 한미 FTA를 의욕적으로 추진하였으나, 국내의 격렬한 반대에 직면한 바 있다(이승주 2008). 한미 FTA가 한국 경제에 초래할 충격에 대한 우려가 광범위하게 공유되었기 때문이다. 경제적 효과가 큰 만큼, 피해 집단의 규모가 클 것으로 예상되는 메가 FTA의 추진은 이러한 관점에서 볼 때, 정치적 리스크가 작지 않은 선택이었기 때문에, 정책 전환이 지연되는 결과가 초래된 것이라고 할 수 있다.

3. 표준과 아키텍처 설계 전략: 일본

1) FTA 추진 현황

일본은 2000년 싱가포르와 FTA 협상을 타결한 이래 다수 국가들과 FTA를 추진하였으나, 아베 정부가 재출범한 2012년까지 그 성과는 상대적으로 미흡하였다. 체결에 성공한 FTA 수가 13개에 불과하였을 뿐 아니라, 미국, 중국, EU 등과 FTA를 체결하지 못함에 따라 전체 무역에서 FTA가 차지하는 비중도 주요 경쟁국에 비해 뒤처지게 되었다. 일본이 FTA 경쟁에서 뒤처지게 된 데는 무엇보다 포괄적 자유화에 대하여 정치적 영향력이 강한 집단들이 저항하였기 때문이다(Mulgan 2008). 일본은 자민당 정부는 물론 민주당 정부 시절에도 국내정치적으로 강력한 영향력을 가진 보호무역 세력의 반대를 고려하느라 수준 높은 FTA를 체결하는 데 상당한 제약이 있었다. 일본 정부가 중소 규모 국가들과 FTA를 체결하고, 그마저도 농수산물 자유화의 수준을 낮추는 데 초점을 맞춘 FTA를 체결하였던 것도 수준 높은 FTA 체결에 대한 국내적 반대 때문이다(이승주 2009).

　　그러나 일본의 FTA 정책은 아베 정부의 재출범과 함께 근본적인 변화를 겪게 되었다(Solís 2017). 2019년 9월 기준 일본이 체결하였거나 발효 중인 FTA는 18개에 달한다.[14] 일본은 이외에도 ASEAN과 서비스 및 투자 챕터 협상을 진행 중이고, 콜롬비아, 한중, 터키와 FTA 협상을 진행 중이다. 일본 FTA 체결 현황에 나타난 특징은 아베 정부가 과거와 달리 매우 적극적인 FTA 협상을 추진하고 있다는 점이다.

　　일본 정부는 FTA를 추진하는 데 있어서 전략적 고려 사항으로 경

14　MOFA. http://www.mofa.go.jp/policy/economy/fta/index.html

제적 기준, 정치적 기준, 정치외교적 기준, 타당성 기준, 시간 기준 등을 제시하고 있다.[15] 이러한 측면에서 보면, 일본 정부는 경제적 이익의 극대화뿐 아니라, 중국 견제라는 이중의 목표를 염두에 두었기 때문에, 메가 FTA를 적극적으로 추진하게 되었다(김양희 2013; Lee 2016). 아베 총리가 재집권하면서 TPP와 일본-EU EPA를 적극적으로 추구할 수 있었던 것은 국내정치적 고려에서 탈피하여 FTA에 대한 접근에 대외 전략적 성격을 부여하였기 때문이다(Guan 2016-2017).[16] 전략적 인식의 변화는 아베 정부가 미국, 캐나다, 호주, 뉴질랜드 등 농산물 수출국과 FTA를 적극적으로 추진하도록 한 계기가 되었다.

아베 정부는 2007년 협상을 개시한 이후 지지부진한 상태에 있던 일본-호주 FTA를 재집권 이후 본격적으로 추진하여 2014년 4월 협상을 타결하고, 이어 2015년 1월에는 발효시키는 데 성공하였다.[17] 아베 정부는 또한 EU와 2013년 3월 협상을 개시한 이래 18차 협상을 거쳐 2017년 12월 협상 타결에 성공하였고, 2019년 2월 발효되는 등 인구 6억 명, 세계 GDP의 30%를 차지하는 세계 최대의 FTA 협상을 비교적 신속하게 추진하였다.[18] 일본과 EU 양측은 이미 2017년 7월에 대체적인 합의를 도출한 바 있는데, 일본의 관세 철폐율은 농수산물 분야 관

---

15 "Japan's FTA Strategy(Summary). https://www.mofa.go.jp/policy/economy/fta/strategy0210.html

16 멀건(Aurelia George Mulgan)은 특히 일본이 TPP 협상에 참여하게 된 원인으로 TPP의 안보화를 지적한다(Mulgan 2016).

17 "Japan-Australia Economic Partnership Agreement." https://dfat.gov.au/trade/agreements/in-force/jaepa/Pages/japan-australia-economic-partnership-agreement.aspx

18 "EU-Japan Economic Partnership." https://ec.europa.eu/trade/policy/in-focus/eu-japan-economic-partnership-agreement/ 아베 총리는 '거대한 경제 지역'(gigantic economic zone)의 탄생이 임박했다고 평가하였다(Japan Times 2017/12/9).

세 82%를 포함하여 94%에 달하는데 이는 일본이 기체결한 FTA들과 비교할 때 상당히 높은 수준이라는 점에서 FTA 정책의 적극성을 알 수 있다.

2) 전략적 다자주의(strategic multilateralism)의 부상

일본의 FTA 전략의 질적인 변화는 아베 총리가 재집권하면서 전략적 다자주의로 이어졌다.[19] 전략적 다자주의의 단초는 아베 정부가 일각의 예상과 달리 21세기 새로운 세계경제 표준이 될 TPP 협상을 과감하게 타결하고, 트럼프 행정부가 TPP를 탈퇴한 이후에도 CPTPP 협상의 개시, 타결, 발효에 이르기까지 전례 없이 신속한 추진을 주도하는 등 역내 지역 경제 질서를 재편하는 과정에서 예외적인 리더십을 보여주었다는 데서 발견된다(Ito 2018). 특히 아베 정부의 TPP 협상 참여 선언은 일본 FTA 정책의 중대 기로가 되었다. TPP 참가로 인해 한중일 FTA와 RCEP 협상의 모멘텀이 부활하고, EU 또한 일본과의 FTA 협상에 임하게 되었기 때문이다. TPP 협상에 참여함으로써 일본은 또한 FTA 정책에 대한 신뢰가 상승되는 부수적인 효과도 얻게 되었다(Solís and Katada 2015).

일본이 과거 역내 무역 질서를 새롭게 형성하는 데 리더십을 행사하기 어려웠던 이유는 능력을 보유하지 못하였기 때문이 아니라, 신뢰를 얻지 못하였기 때문이다.[20] 그러나 일본 정부가 농산물 자유화를 과감하게 수용함으로써 다른 국가들로부터 일본의 전향된 정책에 대한 신뢰를 획득하게 되었다.

---

19   일본의 중견국 외교에 대한 선도적인 연구로는 Cox(1889) 참조.

20   솔리스(Mireya Solís)와 카타다(Saori N. Katada)는 이러한 측면에서 일본을 '예상 외의 추축 국가'(unlikely pivotal state)로 명명하였다(Solís and Katada 2015).

이러한 변화는 CPTPP 협상에서도 지속되었다. 그 결과 일본은 비록 미국이 탈퇴하기는 하였지만 TPP에서 합의된 내용 중 대다수를 유지하는 가운데 CPTPP 협상을 종결지을 수 있었다. 아시아태평양 지역의 규칙 수립을 위한 아베 정부의 새로운 경제 외교가 거둔 성과라고 할 수 있다. 트럼프 행정부가 TPP 탈퇴를 공식 선언함으로써 TPP의 경제적 효과가 당초 기대했던 것보다 반감될 뿐 아니라, 아시아태평양 지역의 경제 질서는 변화의 국면에 진입하게 되었다. 일본은 호주 및 뉴질랜드와 협력하여 트럼프 행정부의 TPP 탈퇴 이후 미국의 리더십 공백을 메우기 위한 노력을 전개하였다. 일본은 비록 경제적 효과가 반감되기는 하였으나 CPTPP의 경제적 효과가 여전히 상당하고 새로운 무역 규칙을 선도적으로 수립한다는 데 커다란 의미를 부여하였다. 비록 트럼프 행정부의 미국이 현 시점에서 보호주의 공세를 펼치고 있으나, 궁극적으로 미국이 TPP에 복귀하여 아시아태평양 지역뿐 아니라 세계경제 질서의 새로운 표준을 설정하는 전략의 변화를 추구할 것이라는 전략적 판단도 작용하였다.

CPTPP의 타결은 2017년 5월 장관급 회담 이후 일본이 고위급 회담을 주최하는 등 적극적인 리더십을 행사한 결과이다. 일본이 적극적으로 리더십을 행사한 결과 CPTPP 협상 참여국들은 50개에 달하는 동결 항목 가운데 상당수 항목을 실질적으로 철회하는 유연한 자세를 보였다(日本農業新聞 2017/11/2). 일본은 CPTPP 협상의 조기 타결을 위해 Annex 1(협상 개요)과 Annex 2(동결 조항 리스트)로 나누어진 이중 구조를 추진하였다. 이는 11개국이 이른바 동결 조항을 제외한 대다수 TPP 규정을 수용하는 한편, 상당한 진전이 이루어졌으나 아직 합의되지 않은 4개 분야를 별도로 표기하는 방식이다.[21]

3) 표준 설정을 위한 게임 체인저(game changer)

아베 정부의 FTA 정책은 FTA 경쟁의 조류 속에서 따라잡기에 급급하였던 이전 정부와 달리, 트럼프 행정부의 양자주의로 인해 발생한 리더십 공백을 메우고, 새로운 지역 경제 질서를 수립하는 데 있어서 규칙 형성(rule-making)을 주도하며, 동류 국가들과의 협력을 추구하였다는 점에서 '일본판' 중견국 외교의 가능성을 보여주었다.[22] 또한 아베 정부는 메가 FTA를 추진함으로써, FTA 경쟁에서 따라잡기에 성공하였다는 점보다 역내 FTA 경쟁의 성격을 변화시켰다는 점에서 일본 중견국 외교가 지역 경제 질서를 재편하는 데 상당한 영향을 미쳤다. 즉, 아베 정부의 FTA 정책 변화가 역내 주요 경쟁국들이 이에 대응하는 경쟁적 적응(competitive adjustment)을 촉발한 것은 일본 자체의 변화를 넘어 지역 경제 질서 차원의 체제적 변화를 수반하였다는 점에서 중견국 외교의 차원에서 검토할 가치가 있다(Solís and Katada 2015).[23]

규칙 형성과 관련, FTA는 WTO 차원에서 아직 미비한 규범과 규칙을 수립함으로써 글로벌 가치사슬(global value chains: GVCs) 내의 무역의 증가 등 변화하는 세계경제의 현실을 발 빠르게 반영할 수 있다는 점에서 지구적 또는 지역 경제 질서를 재편하는 수단으로 활용

---

21 향후 협상이 진행되어야 할 분야로는 국영기업(Annex IV 말레이시아), 서비스 및 투자 미이행 조치(Annex II - 브루나이), 분쟁 해결(무역 제재: Article 28.20), 문화적 예외(캐나다) 등이 있다(內閣官房TPP等政府対策本部 2017).

22 일본을 중견국으로 분류할 수 있는지 여부에 대해서는 이론이 있을 수 있다. 중견국으로서 일본의 이미지에 대한 초기 연구로는 永井陽之助(1979) 참조.

23 요시마츠는 일본 통상정책의 변화가 일본의 역할 개념(role conception)의 변화라는 관점에서 아베 정부의 대외정책을 설명한다. 아베 정부가 미국의 추종자라는 전통적 역할을 유지하는 가운데, 지역 내 자유롭고 개방적인 해양 레짐을 유지해야 할 필요성이 증가함에 따라 보다 주도적 역할을 추구하는 역할 개념의 변화가 발생했다는 것이다 (Yoshimatsu 2018).

되기도 한다.[24] 오바마 행정부가 TPP를 추진하는 과정에서 TPP를 '국가 주도의 중상주의적 모델'과 차별화된 21세기형 무역 규칙이라고 강조한 것도 이러한 맥락이다(Obama 2016). 아베 정부는 FTA가 상당히 광범위한 안보 외부 효과를 발생시킨다는 점에도 주목하였다. 동맹국들 사이의 FTA는 경쟁국 또는 적대국들이 무역으로 인한 추가적 이익을 누리는 것을 차단하는 안보 외부 효과를 확대할 뿐 아니라, 경쟁국이 배타적 FTA 네트워크를 형성하는 것을 선제적으로 방지하는 효과를 발생시키고, 동맹국의 방기 및 연루를 방지하는 효과도 기대할 수 있다(Lee 2016).

　　미국의 TPP 탈퇴 이후 TPP와 CPTPP 추진 과정에서 드러나듯이, 아베 정부의 FTA 정책은 아시아태평양 지역에서 자유롭고 개방적인 질서의 수립을 촉진하는 수단으로서의 의미를 갖는다. 주목할 것은 일본 정부가 아시아 통상 및 지역 질서를 형성하는 규칙 제정자로서 일본의 역할을 확립할 것과 이 과정에서 동류 국가들과의 협력을 강조하였다는 점이다. 즉, 아베 정부는 메가 FTA를 실현함으로써 힘이 아니라 규칙에 기반한 지역 질서를 수립하는 과정에서 리더십을 행사할 수 있었다(Mulgan 2016).

　　통상정책은 경제적 이익만을 목적으로 하는 것은 아니다. 물론 FTA와 같은 통상정책이 자국의 경제적 이익을 훼손하면서 추진되는 것은 아니지만, 외교정책의 수단으로서 의미를 갖기 때문이다. 메가 FTA는 지역 아키텍처를 설계하는 주요 방편이라는 점에서 외교정책 수단으로서 통상정책의 전형적인 사례에 해당한다. 초강대국이 메가 FTA를 지역 아키텍처 설계의 수단으로 활용하는 데 유리한 위치에 있

24　이와 관련 볼드윈(Richard Baldwin)은 지역 수준의 FTA가 21세기 무역과 20세기 무역 규칙 사이의 격차를 채우는 효과를 갖는다고 지적한 바 있다(Baldwin 2011).

는 것이 사실이기 때문에, 중국의 부상에 직면한 일본이 자국에 유리한 지역 아키텍처를 형성하기 위해서는 미국과의 협력이 필수적이다. 이 점에서 아베 정부는 트럼프 행정부의 등장으로 인해 발생한 아시아태평양 지역의 리더십 공백을 잠정적으로나마 메워야 하는 상황에 있다. TPP 및 CPTPP와 같은 메가 FTA는 이러한 목표에 부합한다. 일본의 TPP 협상 참가 결정은 아시아 지역에서 연쇄 반응을 일으키는 '게임 체인저'의 역할을 하기에 충분하였다(Sohn and Pempel 2019). TPP의 무역 전환 효과로 인해 초래되는 중국의 손실은 약 150억 달러에 달할 것으로 예측되었을 뿐 아니라(Petri et al. 2012), 세계경제 규모 1위와 3위인 미국과 일본이 공통의 기준과 규칙에 합의할 경우, 새로운 세계 경제 질서의 표준이 될 잠재력을 갖고 있기 때문이다.

TPP와 RCEP 협상의 동시 진행은 미국과 중국의 지정학적 경쟁을 가속화시키는 요인으로 간주되어, 21세기 동아시아 지역의 경제 질서를 둘러싼 대립 구도가 형성되는 것으로 이해되기도 하였다. 이러한 관점에서 볼 때, 미중 경쟁의 심화는 지역 경제 질서의 통합보다는 분산을 초래하는 요인으로 간주되었다(Solís and Wilson 2017). 유럽의 관점에서도 일본의 TPP 참여는 게임 체인저가 되기에 충분했다. TPP는 일본 시장의 개방을 의미할 뿐 아니라 유럽 국가들이 후발 주자로서 수용해야 할 새로운 표준이 될 가능성이 높기 때문이다(Messerlin 2012, 6).

더욱이 TPP 협상 참여 이후 일본 정부는 RCEP에 대해서도 새로운 접근을 시도하였다. RCEP은 아세안의 주도적 역할로 출범할 수 있었음에도 불구하고, 일본의 TPP 협상 참여로 인해 중국이 대안적 질서를 수립하는 수단으로 인식되기 시작하였다. TPP 협상 타결 이후 아베 정부는 과거의 소극적인 자세에서 벗어나 RCEP이 보다 선진적인 규칙

과 질서를 지향해야 한다는 점을 강조하기 시작하였다. 일본이 RCEP
에 전자상거래와 투자 관련 규칙 등 TPP에 포함되었던 규정들을 포함
하기 위해 노력하는 등 RCEP에 대한 전략적 접근의 자세를 전환한 것
이 일본 정부의 RCEP에 대한 접근이 새로운 단계로 변화하였음을 의
미한다. 이는 관세 철폐에 초점을 맞추어 협상을 진행하고 투자 관련
규칙을 포함시키는 데 신중한 입장을 보이는 대다수 협상 참여국들과
매우 차별화된 전략이다(The Japan Times 2017/9/9). 일본이 이처럼
협상의 타결이 지연되더라도 보다 광범위하고 수준 높은 협상을 위해
공세적인 접근을 한 것은 TPP 협상에 적극적으로 참여하고, TPP11 협
상을 주도하였던 경험을 바탕으로 지역 경제 질서의 새로운 표준을 수
립하려는 전략의 일환이라고 할 수 있다.

IV. 중견국 외교의 새로운 가능성: 이슈의 복합과 장의 복합

최근 세계경제 질서는 급격하게 변화하고 있다(이승주 2017). 변화는
대체로 세 가지 방향에서 진행되고 있다. 첫째, 트럼프 행정부의 '미국
우선주의', 브렉시트, 미중 무역 전쟁 등에서 나타나듯이 세계경제 질
서를 유지하는 제도적, 이념적 근간이었던 자유주의적 국제질서가 위
기에 처했다는 징후가 곳곳에서 나타나고 있다. 둘째, 디지털 경제 시
대가 본격화되고 있으나, 이를 관리할 수 있는 규칙과 규범이 아직 다
자 차원에서 확립되어 있지 못한 문제가 있다. 다자 차원의 디지털 거
버넌스가 수립되지 못하였기 때문에, 세계 주요국들은 이 분야에서도
선발 효과를 누리기 위해 경쟁과 협력의 이중 동학을 보이고 있다. 셋
째, 경제와 안보가 긴밀하게 연계되는 현상이 대두되고 있다. 경제-안

보 연계가 강화됨에 따라, '상호의존의 무기화'되는 현상이 대두되고 있다(Farrell and Newman 2019).

위에서 언급한 세 가지 방향의 변화에서 '이슈의 복합'과 '장의 복합' 현상이 대두되고 있다. 이슈의 복합은 국내 정책의 영역과 대외 정책의 영역이 과거 어느 때보다 빠르고 광범위하게 상호 영향을 주고받는 과정에서 발생하고 있다. 디지털 거버넌스와 관련, 새로운 이슈들이 전통적인 무역 자유화 협상의 의제들과 긴밀하게 연계되는 현상도 역시 확대되고 있다. 경제-안보는 영역 내의 복합을 넘어선 영역 간 복합의 현상이 강화되고 있음을 강력하게 시사한다.

장의 복합은 디지털 거버넌스 분야에서 현저하게 나타난다. 디지털 거버넌스의 수립을 위한 전초 과정으로서 주요국들은 디지털 무역 관련 국제 규범 수립을 위해 양자, 지역, 다자 차원에서 다양한 대안들을 모색하고 있으며, 이 과정에서 유리한 위치를 확보하기 위한 경쟁과 협력의 양면성을 보이고 있다(이승주 2018). 미국과 EU는 디지털 거버넌스 수립을 위한 추진 전략으로서 양자주의를 우선하는 공통점을 갖는다. FTA를 통한 양자적 접근은 상대적으로 높은 수준의 디지털 규범 및 규칙을 지향하는 가운데 디지털 기술의 부정적 영향에 대한 규제 등에 대한 선제적인 논의가 가능하다는 장점이 있다. 반면, 최근 WTO 전자상거래 협상의 개시와 함께 가시화된 WTO 중심의 다자적 접근은 디지털 무역의 국제 규범과 규칙의 수립이라는 목표에는 보다 부합하는 측면이 있으나, 개도국들을 포함한 다수 국가들의 이해관계를 조정하는 것이 용이하지 않다는 어려움이 있다. 주요국들이 양자, 지역, 다자 수준의 장을 배타적으로 추구하기보다는 상호 연계해야 할 필요가 있는 것은 이처럼 장의 특성에 따른 장단점이 명확하기 때문이다.

다자 차원에서 주목할 만한 변화는 세계 주요국들이 디지털 경제

시대를 본격화하는 데 필수적인 지구적 차원의 데이터 거버넌스와 관련하여 다자 차원에서 논의의 물꼬를 트는 데 일정한 성과를 보이기 시작하였다는 점이다. 구체적으로 2019년 1월 76개 회원국들은 WTO 전자 상거래 공동 성명을 통해 가능한 한 많은 국가들이 참여하는 논의의 프레임워크를 수립할 수 있는 계기를 마련하였다(WTO 2019). 2019년 5월에는 미국, EU 등 14개국이 자국의 입장을 담은 의견서를 제출하였는데, 이들이 제시한 주요 의제는 온라인 소비자 보호, 전자 인증, 전자 서명, 전자 거래 프레임워크, 국내 규제, 투명성, 디지털 제품의 비차별 대우 등이다("Governments Actively Engaged at WTO E-Commerce Negotiations").

2019 WTO 전자상거래 협상이 기존 논의에 비해 진일보한 것은 사실이나, 구체적인 합의에 이르기까지 아직 상당한 시간이 소요되는 것은 불가피하다. 공동 선언에 참여한 76개국이 디지털 무역 규범을 형성하는 데 일정 수준의 공통 이해관계를 갖고 있는 것은 사실이다. 그러나 선진국과 개도국으로 구성된 76개국 사이에 디지털 무역 규범의 수준과 국내 데이터 정책 등에서 상당한 격차가 있기 때문에 이견을 조정하는 데 어려움이 수반될 가능성이 높다. 더욱이 최근 트럼프 행정부가 WTO에 대하여 비판하는 과정에서 상소기구가 기능 부전 현상을 보인 데서 드러나듯이, WTO가 선진국과 개도국 사이의 이해관계를 조정하는 효과적인 장으로서 역할을 하기에는 WTO 개혁이 선행되어야 하는 상황이다.

디지털 거버넌스 수립을 위한 양자와 다자 차원의 전략의 한계를 메울 수 있는 대안으로 부상한 것이 G20이다. 현 시점에서 WTO가 한계를 가진 것은 분명하나, 궁극적으로 다자 차원의 디지털 무역 거버넌스가 수립될 필요가 있다는 점은 명확하다. 위에서 언급하였듯이, 미국과 EU가 상이한 접근을 시도하는 것도 궁극적으로 다자 차원의 디지털 무역 거버넌스의 수립 과정에서 유리한 위치를 확보하기 위한 전략의 일환이다. 만일 지구적 차원의 디지털 무역 거버넌스가 수립되지 못하고, 주요국들이 자신의 전략을 고수할 경우, 다양한 시도들이 하나로 수렴되지 못하고 디지털 무역 거버넌스가 파편화되는 결과가 초래될 위험성을 배제할 수 없다.

V. 결론

이 연구에서는 통상 분야에서 중견국 외교가 전개되어 오는 과정에서 발견되는 다양한 유형을 검토하고, 이를 호주, 한국, 일본 등 아시아태평양 지역 중견국들의 사례를 통해 구체적으로 고찰하였다. 이 연구로부터 도출되는 시사점 가운데 하나는 통상 분야의 중견국 외교가 동태적으로 변화해왔는데, 중견국 외교의 범주가 점진적으로 확장되었다는 것이다. 통상 분야의 초기 중견국 외교를 주도했던 호주는 농산물 무역 자유화라는 단일 쟁점에 국한된 중견국 외교를 추진하는 데 주력하였다. 한국의 중견국 외교는 글로벌 FTA 허브 전략을 통해 역내는 물론 역외 국가들과의 네트워크를 형성함으로써 경제 통합의 심화, 확대라는 보다 확장된 중견국 외교를 추진하였다. 일본의 중견국 외교에는 표준 설정이라는 새로운 차원이 더해졌는데, 중견국이 규칙 추종자(rule taker)에서 규칙 제정자(rule maker)로 전환될 수 있음을 보여주는 사례이다(Lee et al. 2015). 중견국 외교의 확장과 상호 연계에 대한 보다 체계적인 검토가 필요하다.

둘째, 중견국 외교는 국내정치의 영향에서 자유롭지 않다. 국내정치적 요인 때문에 중견국 외교의 연속성이 저해되거나, 또는 정책적 관성이 작용하는 사례가 적지 않다. 이 연구는 중견국 외교에 대한 국내 정치의 영향을 연속성과 변화라는 관점에서 검토할 필요가 있다는 점을 시사한다. 대내적 기반에 대한 체계적 검토는 중견국 외교의 가능성과 한계에 대한 이론적 규명뿐 아니라, 중견국 외교의 균형적 추진을 위한 현실적 조건을 탐색한다는 점에서 의미가 있다.

셋째, 실천적 측면에서 위에서 소개한 새로운 현상의 중첩적 대두는 새로운 유형의 중견국 외교의 필요성을 제기한다. 자유주의적 국제질서(liberal international order)에 대한 도전이 증가하고 있는 현실을 감안할 때, 새로운 질서 형성을 위한 리더십이 필요한 시점이다. 문제는 과거와 달리, 선진국 또는 강대국들이 자유주의적 국제질서의 재편을 위한 리더십을 발휘할 것으로 기대하기 어렵다는 데 있다. 일본이 미국의 리더십을 잠정적으로 대신하면서 아시아태평양 지역에 자유주의 국제질서를 유지하는 역할을 모색한 것이라고 할 수 있다. 비록 트럼프 행정부가 자국 우선주의를 추진하고 있으나, 일본 정부가 자유주의 국제질서의 유지자로서 잠정적 리더십을 행사하는 상황에 반대할 이유가 없었기 때문이다. 그러나 일본의 리더십이 미국의 이해관계를 일정 수준 반영하는 것이라고 할 경우, 중견국 외교의 전형으로 보기 어려운 측면도 있다. 자유주의적 국제질서의 발전적 재편에 이해관계를 같이 하는 동지국가들(like-minded countries)과의 협력을 통한 중견국 외교가 필요한 시점이다.

참고문헌

김양희. 2013. "메가 FTA 시대의 도래와 일본의 대응전략." 『동북아경제연구』 25(3): 1-27.

배종윤. 2008. "동북아시아 지역질서의 변화와 한국의 전략적 선택: '동북아 균형자론'을 둘러싼 논쟁의 한계와 세력균형론의 이론적 대안." 『국제정치논총』 48(3): 93-118.

산업통상자원부. 2013. 『새 정부의 新통상 로드맵』 발표 - '통상교섭' 중심에서 '산업과 통상의 연계 강화'로 전환. 6월 14일.

이승주. 2007. "한국 통상정책의 변화와 FTA." 『한국정치외교사논총』 29(1): 103-134.

_____. 2009. "일본 FTA 정책의 형성과 변화: 행위자와 제도의 상호작용을 중심으로." 『한국과 국제정치』 25(3): 65-97.

_____. 2010. "노무현 정부의 FTA 정책과 한·미 FTA 추진 과정." 함택영·남궁곤 편. 『한국의 외교정책: 역사와 쟁점』. 사회평론. 652-683.

_____. 2011. "일본 FTA 네트워크 전략의 형성과 변화." 『일본연구논총』 34: 83-108.

_____. 2016. "연합형성과 중견국 외교: 믹타(MIKTA)의 사례." 『국제·지역연구』 25(2): 91-116.

_____. 2017. "불확실성 시대의 국제정치경제 : 자유주의 국제질서의 위기?" 『국제정치논총』 57(4): 237-271.

_____. 2018. "미중 경쟁과 디지털 무역 거버넌스의 국제정치경제." 하영선·김상배 엮음. 『신흥무대의 미중 경쟁: 정보세계정치학의 시각』. 한울. 179-200.

"한국 'FTA 경제영토' 세계 3위." 『국민일보』 2013/12/12.

Anania, Giovanni, Colin A. Carter, and Alex F. McCalla. 2018. *Agricultural Trade Conflicts and GATT: New Dimensions in U.S.-European Agricultural Trade Relations*. Routledge.

Baldwin, Richard. 2011. 21st Century Regionalism: Filling the gap between 21st century trade and 20th century trade rules. World Trade Organization. Economic Research and Statistics Division. Staff Working Paper ERSD-2011-08.

Bayard, Thomas O. and Kimberly Ann Elliott. 1994. *Reciprocity and Retaliation in U.S. Trade Policy*. Peterson Institute for International Economics.

Beeson, Mark. 2011. "Can Australia save the world? The limits and possibilities of middle power diplomacy." *Australian Journal of International Affairs* 65(5): 563-577.

Beeson, Mark and Richard Higgott. 2014. "The changing architecture of politics in the Asia-Pacific: Australia's middle power moment?" *International Relations of the Asia-Pacific* 14: 215-237.

Beeson, Mark and Will Lee. 2015. "The Middle Power Moment: A New Basis for Cooperation between Indonesia and Australia." Christopher B. Roberts, Ahmad D.

Habir, and Leonard C. Sebastian, eds. *Indonesia's Ascent: Power, Leadership, and the Regional Order.* Palgrave Macmillan: 224-243.

"Canada's 11th-hour revolt gums up TPP talks." 2017. *Nikkei Asian Review.* November 11.

Carr, Andrew Ossie. 2012. Australia as a Middle Power Norm Entrepreneur in the Asia-Pacific 1983-2010. Ph.d. Dissertation. University of Canberra.

Capling, Ann. 2001. *Australia and the Global Trade System: From Havana to Seattle.* Cambridge University Press.

Cooper, Andrew, ed. 1997. *Niche Diplomacy: Middle Powers after the Cold War.* St Martin's Press.

Cooper, Andrew and Emel Parlar Dal. 2017. "Positioning the third wave of middle power diplomacy: Institutional elevation, practice limitations." *International Journal* 71(4): 516-528.

Cox, Robert W. 1989. "Middlepowermanship, Japan, and Future World Order." *International Journal* 44: 823-861.

Dent, Christopher. 2003. "Networking the region? The emergence and impact of Asia-Pacific bilateral free trade agreement projects." *The Pacific Review* 16(1): 1-28.

Dupont, Cédric and Manfred Elsig. 2012. "Persistent Deadlock In Multilateral Trade Negotiations: The Case Of Doha." Martin Daunton, Amrita Narlikar, and Robert M. Stern, eds. *The Oxford Handbook on The World Trade Organization.* Oxford University Press.

Gallagher, Peter W. 1988. "Setting the agenda for trade negotiations: Australia and the Cairns group." *Australian Outlook* 42(1): 3-8.

Goddard, Stacie E. 2009. "Brokering Change: Networks and Entrepreneurs in International Politics." *International Theory* 1(2): 249-281.

Gowa, Joanne and Edward D. Mansfield. 1993. "Power Politics and International Trade." *American Political Science Review* 87(2): 408-420.

Guan, Benny Teh Cheng. 2016-2017. "Japan, China and the Trans-Pacific Partnership (TPP) as a Strategic Tool of Choice." *Ritsumeikan Journal of Asia Pacific Studies* 35: 48-60.

Hafnter-Burton, Emilie and Alexander Montgomery. 2006. "Power Positions: International Organizations, Social Networks, and Conflict." *Journal of Conflict Resolution* 50(1): 3-27.

_____. 2009. "Globalization and the Power Politics of International Economic Networks." Miles Kahler, ed. *Networked Politics: Agency, Power, and Government.* Cornell University Press.

Ito, Shin. 2018. Japan's Critical Leadership Role on Free and Fair Trade. https://www.csis.org/analysis/japans-critical-leadership-role-free-and-fair-tradeZ

Lake, David A. 1988. *Power, Protection, and Free Trade: International Sources of U.S.*

Commercial Strategy, 1887-1939. Cornell University Press.

Lee, Seungjoo. 2005. "Singapore Trade Bilateralism: A Two-Track Strategy." Vinod
K. Aggarwal and Shujiro Urata, eds. *Bilateral Trade Arrangements in the Asia-Pacific: Origins, Evolution, and Implications*. New York: Routledge: 184-205.

_____. 2016. "2016. "Institutional Balancing and the Politics of Mega FTAs in East Asia."
Asian Survey 56(6): 1055-1077.

Lee, Sook-Jong, Chaesung Chun, HyeeJung Suh, and Patrick Thomsen. 2015. "Middle
Power in Action: The Evolving Nature of Diplomacy in the Age of Multilateralism."
East Asia Institute. April.

Mulgan, Aurelia George. 2008. "Japan's FTA politics and the problem of agricultural
trade liberalisation." *Australian Journal of International Affairs* 62(2): 164-178.

_____. 2016. "Securitizing the TPP in Japan: Policymaking Structure and Discourse."
Asia Policy 22: 193-221.

Naoko, Munakata. 2002. Talking Regional, Acting Bilateral – Reality of "FTA Race" in
East Asia. https://www.rieti.go.jp/en/papers/contribution/munakata/01.html

Rodrik, Dani. 2001. Developing Countries after the Uruguay Round. CEPR Discussion
Paper No. 1084. https://ssrn.com/abstract=286634

Solís, Mireya. 2017. *Dilemmas of a Trading Nation: Japan and the United States in the
Evolving Asia-Pacific Order*. The Brookings Institution.

Solís, Mireya and Saoir Katada. 2015. "Unlikely Pivotal States in Competitive Free Trade
Agreement Diffusion: The Effect of Japan's Trans-Pacific Partnership Participation
on Asia-Pacific Regional Integration." *New Political Economy* 20(2): 155-177.

Solís, Mireya and Jeffrey D. Wilson. 2017. "From APEC to mega-regionals: the evolution
of the Asia-Pacific trade architecture." *The Pacific Review* 30(6): 923-937.

Sohn, Yul and T. J. Pempel. 2019. *Japan and Asia's Contested Order: The Interplay of
Security, Economics, and Identity*. PalgraveMacmillan.

Solis, Mireya and Saori N. Katada. 2015. "Unlikely Pivotal States in Competitive Free
Trade Agreement Diffusion: The Effect of Japan's Trans-Pacific Partnership
Participation on Asia-Pacific Regional Integration." *New Political Economy* 20(2):
155-177.

Tiberghien, Yves. 2013. *Leadership in Global Institution Building: Minerva's Rule*.
PalgraveMacmillan.

Ungerer, Carl. 2007. "The "Middle Power" Concept in Australian Foreign Policy."
Australian Journal of Politics and History 53(4): 538-551.

Wilson, Jeffrey D. 2015. "Mega-Regional Trade Deals in the Asia-Pacific: Choosing
Between the TPP and RCEP?" *Journal of Contemporary Asia* 45(2) 345-353.

日本農業新聞. 2017/11/2.

제2부   기술안보 무대의 중견국 외교

제4장   글로벌 인터넷 거버넌스에서의
          스윙국가 중견국 외교: 브라질,
          인도, 한국의 사례

유인태(단국대학교)

* 이 글은 유인태. 2019. "글로벌 인터넷 거버넌스에서의 스윙국가 중견국 외교: 브라질, 인
  도, 한국의 사례."『국가전략』25(4): 39-65을 수정, 보완하였음.

I. 문제 제기

본 논문은 강대국 간의 갈등이 심화되는 국제 구조 가운데, 중견국의 성공적 외교를 위한 조건을 탐색하는 것을 목적으로 하며 특히 국내적 요인을 밝히고자 한다. 기존 연구에 의하면, 중견국의 성공적 외교는 강대국 간의 갈등이 약화될수록, 즉 국제적 합의가 쉬운 사안일수록, 그 가능성은 높아진다. 또한 중견국의 외교 네트워크 구성 능력이 높을수록 성공 가능성은 증가한다. 그러나 성공 가능성을 높이는 또 하나의 요인인 국내 요인, 특히 국가 가치의 형성에 대해서는, 기존의 중견국 외교 연구에서 충분히 다루어지지 않았다. 따라서 본 연구는 중견국 외교력의 국내 요인이 형성되는 메커니즘을 글로벌 인터넷 거버넌스 영역의 사례를 통해 살펴본다.

  자국이 추구해야 할 가치는 어떠한 가치가 되어야 할 것인가. 이 문제는 강대국도 아닌 약소국도 아닌 소위 '중견국' 외교에 있어 자율성(autonomy)을 극대화시키기 위한 핵심 문제이다.[1] 자율성의 극대화는 모든 국가들의 외교적 목표이다. 이때 중견국이 강대국과 같은 가치를 지향하면 강대국이 제공하는 안보와 경제적 이익의 수혜를 얻을 수 있지만, 강대국 중심의 이니셔티브에 이끌려가는 단점도 있다. 약소국과 가치를 함께 할 경우, 다수의 약소국과의 정치적 연합을 형성할 수

---

1   '중견국'이라는 개념적 범주에 대한 논쟁은 현재 진행형이나, 본 연구의 목적은 '중견국' 용어 자체의 개념적 범주를 명확히 하는 것에 있지 않다. 오히려, 널리 쓰이는 '강대국' 그리고 '약소국'이라는 개념의 중간에 위치한 국가군이라는 '잠정적 정의와 개념 (working definition and concept)'을 기반으로 연구를 수행한다. 비록 넓은 학문적 합의를 이루지 못한 개념임에도, 이미 다수의 연구가 축적되었으며, 합의가 이루어지기 전에는 그 개념을 사용할 수 없다면, 학문적 발전은 어렵다. 무엇보다, '중견국 외교'의 필요성 그리고 존재에 대한 인식은 학자들 사이에서 공감대를 얻어 왔다.

있으며, 그들과의 거래에서 경제적 이익을 추출해 낼 수 있지만, 강대국들과의 대치 국면은 큰 비용을 발생시키며, 강대국과의 관계에서 비롯되는 혜택들을 포기해야 한다. 무엇보다, 현실적으로 중견국은 강대국 및 약소국들과 다른 위상에 있으므로 그들과 다른 가치를 지향하고자 한다. 그러나 그 가치가 어떻게 발견 및 발현해야 하는지는 매우 어려운 문제이다. 즉, 이러한 발견 및 발현은 중견국이 자리 잡은 구조적 위치에 대한 고민과 연결된다. 브라질, 인도, 한국은 모두, 서방과 비서방 권위주의 강대국 사이에서, 인터넷 거버넌스 관련 국가외교의 방향성을 두고 고민한 국가들이다.

이하는 선행연구, 분석틀, 사례 분석 그리고 결론의 구성을 갖는다. 선행연구에서는, 기존의 중견국 외교 관련 연구와 글로벌 인터넷 거버넌스 관련 연구를 살핀다. 이를 통해, 중견국 외교의 관점에서 인터넷 거버넌스를 다루는 연구가 미흡했을 뿐 아니라, 성공적 중견국 외교를 위한 국내적 가치 형성에 대한 연구가 거의 없었음을 보인다. 분석틀에서는 갈등하는 구조 속에서 국내 정체성의 발견이 왜 중요한가와, 성공적 중견국 외교의 기반이 되는 국내 정체성 형성에 필요한 조건들을 논한다. 사례 분석에서는 상기의 조건들을 중심으로 브라질, 인도, 그리고 한국의 사례를 분석한다. 결론에서는 본 연구의 문제의식, 학문적 발견, 그리고 정책적 기여와 한계를 언급한다.

II. 인터넷 거버넌스에서의 중견국 외교

본 절은 두 개의 다른 선행연구 집단을 다루고, 그들의 기여와 한계점을 밝힌다. 두 개의 선행연구 집단은 중견국 외교 관련 연구와 글로벌 인터넷 거버넌스 관련 연구로 이루어진다. 두 집단은 이미 어느 정도의 연구가 축적되어 있으므로, 개별적인 논문에 대한 깊은 분석은 인용을 통해서 생략하고, 광범위한 선행연구를 나열하기보다, 큰 그림에서 기존의 연구 프로그램들이 간과해온 연구 영역을 밝힌다.

중견국 외교 연구는 중견국 외교가 적극적으로 펼쳐지는 사안 영역에 영향을 많이 받았다. 국제 구조 특성상, 군사·안보 사안에서는 강대국의 영향력이 강하게 작용하고 있으므로, 주도적인 안보 외교의 행보를 다루는 논문은 매우 드물며, 많은 경우 강대국과의 동맹 속에서 이루어지거나, 혹은 비전통안보나 평화유지 관련 역할을 강조한다.[2] 반면, 경제 사안에 관한 연구가 다수를 차지하는데, 무역, 금융 등은 대표적인 사안들이다. 더하여, 국제개발, 인권, 환경, 공공외교 또한 중견국들이 이니셔티브를 발휘할 수 있는 대표적인 사안 영역으로 주목받았다.[3]

그러나 최근 1990년대부터 인터넷의 상업화로 인한 대중적 보급과 함께, 2000년대에 폭발적 관심을 받게 된 인터넷 거버넌스 영역은 그 연구 영역이 비교적 새로우며, 따라서 해당 영역에서의 중견국 외교 연구도 상대적으로 적다. 더구나 인터넷 거버넌스 사안을 중견국 외교론의 입장에서 다룬 논문은 더욱 드물다.[4] 따라서 인터넷이 모든 생활에 침투해 온 시대에, 이 분야에 대한 중견국 연구는 더욱 절실하다. 그리고 인터넷 거버넌스라는 새로운 영역에 대한 연구를 중견국 외교론 관점에서 살펴보며, 비판 및 보완할 수 있다.

2　손열·김상배·이승주(2016)의 6장, 7장, 8장 그리고 김우상(2007)을 들 수 있다.

3　Lee, Sook-Jong(2016)의 6장, 7장 그리고 Lee, Seungjoo(2014)를 참조하라.

4　사이버 안보 관련 연구는 최근 국내에서도 다수 출간되고 있으나, 인터넷 거버넌스 연구는 그렇지 못하다. 예외적으로 배영자(2013), 서지희(2015)가 존재한다.

다른 한편, 인터넷 거버넌스에 대한 연구는 전통적으로 '누가 운전석에 있는가'라는 질문이 큰 화두였다. 이러한 질문이 주목받게 된 이유로는, 2003년 정보사회세계정상회의(World Summit on the Information Society, WSIS)에서 글로벌 인터넷 관리를 둘러싼 국가들을 포함한 다양한 이해관계자들 간의 갈등이 불거진 것이 크다. 1990년대 인터넷의 대중적 보급에 따라, 기존에는 기술자 중심으로 운영되어 왔던 글로벌 인터넷 관리가, 2000년대부터는 국가나 국제기구뿐 아니라(Drezner 2004; Nye 2014), 사회세력(Muller 2010), 기업(Franda 2001), 인식공동체(An and Yoo 2019; Cogburn 2005)에게까지도 적극적 관심의 대상이 되었다.

그럼에도 불구하고, 새롭게 인공적으로 만들어진 공간에서의 행위자들의 정치적 역학은 중요한 분석대상이기 때문에, 그 정치적 역학에 영향을 미치는, 지금까지 주목받지 못했던 행위자 중심의 분석 연구는 여전히 필요하다. 그런데, 인터넷 거버넌스 연구에서 중견국은 상대적으로 소홀히 취급되었다. 인터넷 거버넌스 사안에 대한 연구층도 상대적으로 적지만, 논란이 많은 중견국 개념을 생각한다면, 이러한 연구 경향은 놀랍지 않다. 그러나 그에 비해 강대국 중심의 분석은 다수를 이룬다. 강대국들이 인터넷 거버넌스에 미치는 영향력을 고려할 때 이는 당연하다. 주요 논지는, 미국의 글로벌 거버넌스에 대한 영향력이 쇠퇴함에 따라, 갈등 전선이 많아졌다는 점이나(Bradshaw et al. 2016; Nye 2014), 인터넷 거버넌스의 이슈들은 선진국과 개도국 간의 대립뿐 아니라 강대국 간의 이해 대립에 결정된다는 것이다(Drezner 2004).[5]

글로벌 인터넷 거버넌스를 중견국 외교의 관점에서 분석하는 것

---

5 이러한 강대국 중심의 분석은 사이버 안보 이슈 영역에도 유사하다. 그러나 중견국 외교의 역할에 초점을 맞춘 새로운 연구경향도 부상하고 있다(김상배 2019a; 유인태 2019c).

의 의의가 단순히 선행연구가 적다는 사실 때문에만 있는 것은 아니다. 중견국 외교의 관점에서의 분석은 근본적으로 강대국 중심의 분석과는 다른 질문을 던지기 때문이다. 그리고 관련 연구가 부족하다는 것은, 그러한 질문에 대한 대답이 학문적으로 충분히 제공되지 않았다는 것을 의미한다. 이는 중견국 외교를 고민하는 정책가들뿐 아니라 국제정치학 전반적인 관점에서도 큰 손실이 아닐 수 없다.

중견국 외교 관점에서의 분석은 강대국 중심의 관점과는 다른 절실한 상황 인식에 기반하기 때문에 다른 문제의식을 가질 수밖에 없다. 중견국들이 위치한 절박한 상황은 종종 강대국 그룹들 간의 갈등 고조이며, 어느 한쪽을 택하더라도 그에 따른 국익의 피해가 상당한 경우이다. 더욱이 비록 강대국 간의 어떠한 대립적 구조를 언급하더라도, 종종 제3세계의 발전도상국들은 논의의 범위 밖에 존재한다.

이러한 상황 인식에서 많은 기존 중견국 외교 연구들은 외교 전술에 집중했다. 즉, 국제 구조상의 대립 가운데 중견국 외교 전술은 양자택일이라는 단순한 선택보다는 두 진영 간에 "중개인(brokerage)"이 되거나, 중·소국을 포함하는 "공동설계자(co-architect or complementary programmer)", 혹은 "네트워크 구축자"가 되는 것이다(Kim 2014; Lee et al. 2015). 다른 이들은 이를 촉매자(catalysts), 촉진자(facilitators), 관리자(managers)로 분류하기도 하였다(Cooper et al. 1993). 즉, 기존의 연구들은 국제 구조에 대한 인식과 갈등하는 강대국 사이에서 어떻게 네트워크를 형성, 확장, 유지하는가에 중점을 두어 왔다.

그러나 외교를 함에 있어 어떤 가치를 중심으로 연합을 형성해 나갈 것인가에 대한, 즉 가치 발견의 측면은 비교적 덜 다루어졌다. 그리고 어떻게 그 가치가 형성되는가에 대한 분석은 더더욱 적다. 이는 중견국 외교의 내용을 채우는 의미에서, 중견국 외교를 하기 위한 핵심적인 작업임에도 불구하고, 그간 소홀히 취급되었다는 점은 중견국 외교 연구 및 실천에 큰 부채로 남아 있다.

따라서 기존 연구의 공백은 어떻게 보편적 가치를 지닌 어젠다를 발굴하고 발현시킬 것인가에 있다. 즉, 대립되는 강대국 사이에서 진영 논리의 함정에 빠지지 않으면서도, 다수의 유사 입장 국과의 연결을 모색할 때에, 내걸 수 있는 국가 가치는 어떻게 생성될 수 있는가. 동시에 그 국가 가치는 국익과도 긴밀히 연결되어 있어야 한다. 그러나 구체적인 이슈 구조 하에서 중견국의 이익을 실현하고, 자율성을 증강시킬 이니셔티브를 잡을 수 있는 보편적 가치를 발견한다는 것은 쉬운 것이 아니다. 이런 보편적 가치를 발견하는 작업은, 네트워크 구조상에서 '위치잡기'를 하는 것과 유사하다(김상배 2015).

어떻게 네트워크상에서 그러한 가치를 발견할 것인가라는 문제의식에서, 본 논문은 그러한 발견과 발현의 단초가 국내 경험에 있다고 본다. 즉, 국내적으로 보편적 가치를 발견할 역량이 어떻게 갖추어지는가를 다음 절에서 보인다. 이하에서는 국제시스템과 국내 이해관계 집단들의 상호작용을 통해 그러한 가치가 배태될 수 있는 조건과 그 과정을 논한다.

III. 가치 형성의 국내 동학과 글로벌 스윙 국가

중견국이 위기를 느끼고 중견국 외교의 필요성을 절박하게 느끼는 상황은, '구조적 공백'의 발견이 크게 요구되고, 그것을 채울 필요가 절실할 때이다. 이러한 국제 구조(international structure)에 대한 인식은 외교 전략·전술을 구상하기 전의 전제 조건이 된다. 따라서 학자들은 국제 구조의 변화에 따라 중견국 외교 연구 프로그램의 경향을 파악한다. 예를 들어, '세대론'에 따르면(김상배 2015), 제1세대는 주로 냉전 시기의 국제 구조를 상정하지만, 탈냉전 시기에도 미국과 소련 혹은 러시아와의 양 대립 진영을 상정하면서, 서구 선진국들 중심의 연구가 주류를 이룬다.[6] 대상이 되는 국가들도 호주, 스웨덴, 노르웨이이며, 비교적 미국에 가까운 자유·민주적 가치와 '보편적' 규범을 지지해 온 국가들이 주로 해당된다. 제2세대 중견국으로 분류되는 1990년대와 2000년대 초는 미국의 패권이 도드라지면서 상대적으로 러시아의 영향력은 낮아졌지만, 동시에 여러 지역 강국들이 부상하는 시기를 전제로 한다. 중견국들은 미국 또는 러시아나 중국과 같은 적대하는 그룹에 들어가지 않으면서도, 종종 개발도상국을 이끄는 위치에 서기도 하고, 서방 및 비서방 진영과 사안에 따라 연합하는 행태를 보였다. 주로 브라질, 인도, 남아공과 같은 국가들이 이에 해당된다. 제3세대 중견국 외교는 기존과 다른 국제정세 속에서 거론되고 있다. 미국의 패권이 상대적으로 줄어들고, 자국 중심주의적 기조가 확산되고, 군사·안보 외에도 다양한 사안에 대한 이해관계가 첨예하게 대립되고 있다. 새로운 사안들, 예를 들어, 환경, 이민, 사이버 공간 관련 사안들이 창발하며 기존의 국제관계를 복잡하게 한다. 이에 따라, 국가별 정책 선호가 전통적인 구분선(fault line)과는 정확히 맞아 떨어지지 않게 된다. 결국, 다양한 사안들의 부상과 그들 간의 복잡한 연계성, 실존적 생존에 관한 군사·안보 문제의 상대화, 행위자들의 증가에 따른 다양성, 그리고 자국 이익 추구의 중요성 증대는 제3세대 중견국 외교가 펼쳐지는 국제정세의

---

6   물론, 학자에 따라 다른 분류를 시도한다(Cooper 1997; Jordaan 2003). 이러한 차이에도 불구하고, 모든 부류가 공통적으로 국제 구조의 영향력을 포함하여 고려한다.

특징들이다.

본 연구가 다루는 인터넷 거버넌스 이슈 영역도, 전통적인 자유민주주의 서방 진영과 권위주의 비서방 진영 그리고 선진국과 개도국 사이의 갈등 대립선이 존재한다. 특히, 이러한 대립층은 종종 강대국을 중심으로 전개된다. 더 복잡하게는 각 진영도 인터넷 산업과 관련 국내 규제의 발전에 따라, 서로 추구하는 바가 다르다. 비록 세세한 사안에서의 이해관계의 대립이 있지만, 크게 보았을 때, 인터넷 거버넌스상에서의 국제정치의 지형은 다중이해당사자주의와 국가(정부) 중심 다자간주의 지지로 나누어진다.[7]

중견국 외교론에서의 국제 구조의 파악이 중요한 이유는, '구조적 공백'을 찾기 위함이다. '구조적 공백'은, 구조를 구성하는 당사자들 사이에 존재하는 잠재적인 공통이익의 사안 영역을 채우는 행위자가 부재함을 의미한다. 이러한 구조적 공백을 채우는 것은, 국가 간 관계에서 이니셔티브를 발휘할 수 있는 기회를 준다. 그리고 이는 어느 한 그룹에 전적으로 가담해서, 군사안보 사안에서의 대가로 다른 사안들에서의 불이익을 감수하는 전통적 외교와 차별된다.

상기했다시피, 이런 상황인식에서 기존의 중견국 외교 연구의 방점은 어떤 방식으로 네트워크를 형성, 확장, 유지하는가에 있었다. 선행연구에서 보이듯, 중견국의 연대, 중개, 그리고 규범 외교는 그 대표적 유형화이다. 그런데, 어떤 가치를 내걸고, 무엇을 기치로 네트워크를 형성할 것인가에 대한 논의는 선행연구가 소홀히해 왔다. 그리고 그러한 가치의 생성 메커니즘에 대한 논의는 거의 없다. 본 연구는 그러한 중견국 외교를 채울 내용이 국내에서 발달하는 과정에 집중한다.

---

7 다중이해당사자주의와 다자간주의 간의 분류는 인터넷 거버넌스 관련 학계와 실무자 간에 이미 널리 받아들여져 있다(유인태 외, 2017).

사실, 이러한 주장은 새로운 것이 아니며, 국제정치의 자유주의 전통은 외교정책의 국내 기원의 측면을 다양한 이슈 영역에서 보여 왔다. 지역 통합(Moravcsik 1997), 지역 협력(Solingen 1998), 민주주의 평화론(Oneal and Russett 2001), 자유주의 국제질서(Deudney and Ikenberry 1999)를 설명한 연구들은, 국내 정치의 변화로 대외 정책의 변화를 설명하고 있다(Gourevitch 1978). 다만, 본 연구는 민주주의 국가들에 초점을 둔 기존의 연구들과 차별되는데, 기존의 많은 연구들이 민주주의 국가들 간의 차이점과, 그 차이점이 가져오는 외교 전략적 함의에 대해서 간과하고 있다는 점이다. 오히려, 본 연구는 권위주의의 제도적 관성과 민주주의 실험의 혼재가 낳는 특유한 외교적 자산에 대해 초점을 맞추고, 이것이 가져다주는 중견국 외교에의 영향력을 주장한다.

그렇다면 권위주의 제도적 관성과 민주주의 실험이 혼재하는 정체에서는 어떠한 외교적 자산이 배태될 수 있는가. 국내에서 상반되는 가치를 중재하고 조화시키는 경험이다. 또한 그러한 경험 끝에 창출되는 합의일 것이다. 이런 경험은 그리고 국제사회에서도 보편적으로 통용될 수 있는 가치를 창출해 낼 수 있는 역량을 키우며, 창출된 합의는 외교적 네트워크를 형성할 기반이 될 수 있다. 또한 창출된 합의는 그때그때 사안에 따라, 사회적 요구에 따라 변할 수 있기 때문에, 기본적인 원칙은 유연하고 개방되어 있어야 한다는 것이다. 그래야 변화하는 사회에 적응하며, 많은 이들의 목소리를 수용하고, 대립되는 이해를 조화시킬 수 있다. 이런 맥락에서, '글로벌 스윙 국가(swing state)' 중견국들은 중견국 외교의 토대가 될 보편적 가치를 창출해 낼 수 있는 국내적 환경을 지니고 있는 경우가 많다. 원래 '스윙 스테이트' 개념은 미국 정치 맥락에서 혼재된 정치적 지향성을 가진 주들을 지칭하는데 쓰

였다. 이러한 주들은 미국 대선에 큰 결과를 미칠 수 있기 때문에, 한
정된 시간과 자원을 배분할 때 주요한 참고기준이 된다. 이와 같은 맥
락에서, 브라질, 인도, 인도네시아, 터키와 같은 나라들이 '글로벌 스윙
국가(global swing states)'가 되는데, 이들 국가들의 국제질서 형성에
의 접근은 더욱 유동적이며, 변화에 개방적이다(Kliman and Fontaine
2012).

'글로벌 스윙 국가' 개념은 글로벌 인터넷 거버넌스 관련 정책 입
장에도 적용된다. 글로벌 인터넷 거버넌스 관련 정책 입장에도 두 이
념적 위치가 있는데, 이 상반된 두 입장을 대표하는 두 개념은 '다중이
해당사자주의(multistakeholderism)'와 '국가 중심 다자간주의(state-
centered multilateralism)'이다. 국제정치의 장에서 정부는 종종 국가
를 대표하기 때문이다. '글로벌 스윙 국가'란 이 둘 간에 계속해서 이동
이 있었거나 이동 가능성이 있는 국가를 의미하며, 동시에 글로벌 인
터넷 거버넌스 질서 형성에 중요한 영향력을 행사할 수 있는 국가들을
지칭한다.

이러한 '글로벌 스윙 국가'는 상반된 가치들을 국제적으로뿐 아니
라 국내적으로도 경험해 본 국가들이다. 따라서 이들의 가치 지향이 반
드시 고정된 것은 아니라고 할 수 있으며, 유동적이고 개방적인 정체
성을 가질 수 있는 가능성이 크다. 그리고 이들 중에는, 중견국 외교를
시행할 수 있는 국내 정치경제적 그리고 외교적 자원을 보유하고 있는
경우가 있다. 게다가, 이러한 글로벌 스윙 국가들 중에서도 '열린 국가
가치'를 견지하는 국가들은 민주정체를 운영한다.

전 지구적 단위로 갈등되는 가치에서 합의를 이끌어 내기 위해서
는, '열린 국가 가치'를 외교 기조로 담지하고 있는 것이 중요하다. 즉,
'열린 국가 가치'는 국제사회에서 다양한 가치를 포용하고, 숙고하여,

보편적인 가치 혹은 규범을 창출하는 데 기초가 되는, 사회의 태도라 할 수 있다. 그런데, 민주주의는 체제 특성상 다양한 가치를 용납하고, 사회의 가치가 정부의 외교 정책에 투영될 수 있는 시스템을 보장하는 경향성이 있다. 그리고 사회의 다양한 가치는 제도를 통해 수렴을 하며, 수렴된 요구는 사회의 합의로서 정부가 대외적으로 행동할 때 정당성의 기반이 된다. 민주주의 사회이기에 경험할 수 있는 다양한 가치들의 병존과 이러한 가치들을 수렴하고 합의로 승화시키는 역량은 민주 사회의 경험을 바탕으로 키워질 수 있다.

그러나 민주주의 정체가 충분조건은 아니다. 민주주의 역사가 오래된 선진국에서는 다중이해당사자주의에 대한 폭넓은 사회적 합의가 뿌리 내린 경우가 많고, 오히려 다자간주의에 대한 이해와 필요는 다른 국가들에 비해 떨어질 수 있다. 그러나 브라질, 인도, 한국과 같은 비교적 신생 민주주의 국가는 정부 주도의 역사적 경험과 제도적 관성으로 다자간주의에 대한 선호도 다중이해당사자주의에 대한 선호와 동시에 존재한다. 이러한 정체성의 성격 차이는 국내에서 다양한 가치의 존재가 경합하며 특수한 정치적 역동성을 만들어 낸다. 그 결과, 특유의 중견국의 가치가 창출될 수 있다.

덧붙여 한 가지 중요한 요인은, 구조적 상황이다.[8] 비록 본 연구의 초점은 아니지만, 계속되어 전제되어 온 것은 중견국이 위치한 특수한 상황적 절박함이다. 이 절박함은 한편으로는 강대국 간의 갈등에서, 자국의 자율성이 심하게 침해받는 상황을 회피해야 하면서도, 다른 한편으로는 대다수를 이루는 제3세계 발전도상국으로부터도 동떨어져 외

---

8   퍼트남의 '양면 게임 모델'을 보더라도 구조적 상황에 대한 인식은, 국내 게임에 대한 인식 못지않게 중요하다(Putnam 1988). 자유주의적 전통에서도 국내의 상충된 선호의 갈등과 합의뿐 아니라, 국가 간 거래(bargain)의 중요함이 역설된다(Moravcsik 1997).

교적 고립을 초래하는 상황을 피해야 하는 데서 비롯된다. 결국 대립되는 이해관계의 단층들 사이에서 어떻게 구조적 공백을 찾아내고, 그 공백을 중개외교, 연대외교, 규범외교로 채우는가가 중견국 외교의 여부를 결정 짓게 된다.

요약하자면, 글로벌 스윙 국가라고 해서 반드시 구조적 공백을 찾고, 이를 채우기 위한 적절한 가치를 찾으며, 이를 추진하기 위한 외교 네트워크를 형성하는 것은 아니다. 우선, 강대국 간 대립하는 국제 구조 하에서, 어느 한쪽으로 가담할 경우 전체적인 국가 이익보다는 손실이 큰, 딜레마와 같은 상황이 전제된다. 그렇지 않고서는 굳이 구조적 공백을 찾으려는 노력을 하지 않게 된다. 둘째, 국내에서의 다양한 가치의 충돌을 경험하였을 뿐 아니라, 합의의 메커니즘을 제도화한 경험을 할 필요가 있다. 이러한 경험을 바탕으로 도출된 대립되는 가치의 조화는, 국제사회에서의 성공적 합의의 가능성을 높여주는 토대가 된다. 이러한 경험은 권위주의적 역사를 지닌 민주주의 국가에서 종종 나타난다. 마지막으로, 이를 바탕으로 한 정책결정자의 결정과 외교적 역량이 필요하다. 본 논문은 특히 두 번째 조건에 대해 초점을 맞춘다. 이하 사례 연구 절에서는 인터넷 거버넌스 논쟁에 있어 '글로벌 스윙 국가'였으며, 중견국으로 인식되는 브라질, 인도, 한국의 사례를 고찰한다.

IV. 사례 분석

1. 넷문디알에서의 브라질

2013년 6월 에드워드 스노우든(Edward J. Snowden)의 폭로는 브라질로 하여금 당시 인터넷 거버넌스 상황에 대한 경각심을 느끼게 하였고, 브라질 정책결정자들의 선호를 특정 방향으로 움직였다. 루세프 대통령도 미국의 국가안보국(NSA)의 감청과 감시의 대상이었다는 것을 안 브라질 여론은 이를 주권의 침해로 받아들였으며, 군사독재 시기의 첩보활동이라는 어두운 기억을 상기시켰다.[9] 이에 루세프 대통령은 오래 전부터 계획된 방미 예정을 취소하고 브라질의 방어를 강화하는 수단들을 발표했다. 스노우든 폭로는 브라질이 미국과 선을 긋고 독자적인 인터넷 거버넌스 정책 방향을 수립하게 된 계기가 된 것이다.

충격적 폭로에 대한 브라질의 즉각적인 반응은 인터넷 거버넌스 정책 영역에 있어 중국 및 러시아와 유사한 정책 노선을 취하는 것이었다. 스노우든 폭로를 통해 들어난 미국의 사이버 공간의 사용은 NSA를 통한 타국의 기밀 정보 탈취였기 때문에, 브라질 정부의 최초 반응은 자연스럽게 디지털 보호주의의 방향으로 흘렀다. 루세프 대통령은 미국을 경유하는 네트워크를 대신할 해저 통신망의 완성, 자체적인 암호화된 이메일 시스템, 그리고 데이터 국지화를 주문하였다(Trinkunas and Wallace 2015). 그리고 국가의 데이터에 대한 통제를 강화하기 위해 대내적으로는 국가 중심의 인터넷 통제를 그리고 국제적으로는 다자주의에 대한 지지로 기울고 있었다.

그러나 대통령의 이러한 초기의 정책 선호는 국내 행위자들과의 상호작용 가운데 변화한다. 특히 시민사회와 CGI.br에 영향을 받으며, 자유롭고, 개방되며 보편적인 인터넷을 지지하는 방향으로 선회한다.

---

9   Harold Trinkunas, "U.S.-Brazil Relations and NSA Electronic Surveillance," Brookings Up Front (blog), September 18, 2013. http://www.brookings.edu/blogs/up-front/posts/2013/09/18-us-brazil-nsa-surveillance-trinkunas. (accessed 09.20.2019)

CGI.br은 이미 2009년도에 결의(Resolution CGI.br/RES/2009/003/P)를 통해 시민적 자유, 프라이버시, 망중립성 등의 민주적이고 보편적인 인터넷을 위한 원칙을 정리한 바 있으며, 시민사회와도 긴밀한 관계를 구축해 왔다. 이들의 압력은 결과적으로 2013년 9월 24일에 있을 루세프 대통령의 유엔 총회 연설 노선을, 미국의 불법적 감시를 규탄하면서도, 자신들의 원칙에 부합되게 수정하는 데 성공한다(Knight 2014).

국내 행위자들뿐 아니라, 국외 행위자들도 브라질의 인터넷 거버넌스 정책의 방향성에 영향을 미쳤다. 특히, ICANN의 당시 CEO 파디 체하디(Fadi Chehadé)가 중요한 역할을 했다. 2013년 9월까지만 해도 루세프가 준비한 유엔 총회 연설 원고에는 다중이해당사자주의의 원칙을 지지했지만, 여전히 국가 중심적인 입장이 존재했다. 그런데 2013년 10월 루세프는 체하디를 만나며 다중이해당사자주의 원칙으로 더욱 기운다. 그리고 체하디는 전 지구적 컨퍼런스를 개최할 것과 그 행사가 다중이해당사자주의에 정초될 필요가 있음을 설득한다(Lemos 2014).

이러한 정책의 변화는 또한 최고정책결정자인 대통령이 넷문디알(NETmundial)의 개최가 자신의 정치적 생명에 유리하게 작용할 수 있음을 인식했다는 것으로 보인다. 실제, 브라질은 2007 IGF 개최 이후로 계속해서 인터넷 거버넌스 영역에서 국제적 리더십을 발휘할 수 있기를 열망해왔으며(Trinkunas and Wallace 2015, 28), 루세프는 대선을 앞두고 대중 앞에서 스노우든 사태에 적절히 대처한 것으로 보일 수 있었다. 즉, 체하디의 제안은 브라질의 국제적 리더십을 위해서, 그리고 다중이해당사자주의의 수용은 국내 세력들의 요구를 반영하여 자신의 정당성을 늘리는 데에 도움이 되었다고 판단한 것으로 보인다.

이와 같이 국내외 압력과 대통령의 정책 선호의 변화 끝에 개최

된 것이 2014년 4월 넷문디알 국제회의이다. 그리고 여기서 다중이
해당사자 원칙에 기반한 인터넷 거버넌스 방침이 채택되었다. 넷문디
알 '결과 문서(Outcome Document)'는 다자간주의에 대한 한 차례 언
급 없이 다중이해당사자주의에 대한 많은 언급이 존재한다. 이러한 결
과가 주목받는 이유는 애초에 브라질 대통령의 정책 선호도 아니었으
며, 국내에도 외교부(Ministry of Foreign Affairs)나 국가전기통신청
(National Telecommunications Agency, ANATEL)은 여전히 다자간주
의를 선호했었기 때문이다. 이러한 사실은, 그만큼 국내외 행위자들이
대통령의 정책선호 변화에 강하게 작용했음을 의미한다.

넷문디알 개최 확정과 함께 브라질은 기존 외교와는 다른 노선을
택한다. 우선 미국과의 화해이다. 브라질은 미국과 당 행사를 공동주최
할 것을 제안하고, 미국은 이를 받아들임으로써 스노우든 사태 이후 냉
각되었던 양국 관계가 호전된다. 브라질은 중국과 러시아의 다중이해
당사자주의 비판과는 거리를 두었고, 당시 전 지구적으로 요구된 미국
의 인터넷 글로벌 거버넌스의 방향 전환과 뜻을 같이하기로 한다.

넷문디알은 국제적 파급력뿐 아니라 국내적으로도 영향을 미쳐,
국회에서는 오랫동안 지연되었던 국내 인터넷 권리 법, the Marco
Civil이 통과된다. 이는 토착적인 다중이해당사자주의가 인터넷 공공
정책의 여러 문제에 해결을 줄 수 있다는 것을 의미한다. 이러한 브라
질 내의 변화는 국제사회로 순환되어 국제적인 분위기에 영향을 미치
는데, 특히 미국이 IANA 기능을 양도하는 결심을 하는 데에 긍정적 영
향을 끼쳤다(Trinkunas and Wallace 2015, 25). IANA 관리체제 전환
실현은, 글로벌 주소관리 체제의 개방성, 참여성, 투명성의 증진을 통
해, 다중이해당사자주의 원칙을 재확인한 사건이었다. 이는 당시 미국
의 진실성을 의심하던 분위기가 팽배했던 국제사회에, 그리고 미국의

정당성에 대한 의문의 반작용으로 강화되는 국가 중심 다자간주의의
확산 가운데, 다중이해당사자주의 원칙 기반의 인터넷 거버넌스 관련
국제질서로 힘을 더 실어준 사건이기도 하다(유인태 외 2017).

　이런 브라질의 외교적 행보는 전 지구적 인터넷 거버넌스 질서 수
립에 있어 중대한 의미를 가진다. 글로벌 인터넷 거버넌스는 스노우든
사태 이후 미증유의 글로벌 인터넷의 분열 위기를 맞고 있었다. 미국의
감시, 감청 행위 폭로 때문에 많은 서방 및 비서방 국가들이 다 같이 인
터넷 규제를 위한 국가의 통제를 주창하고 있었고, 특히 러시아나 중
국의 입장은 비서방 국가들 사이에서 더욱 지지를 얻어 가는 상황이었
다. 이런 상황에서 넷문디알의 개최는 미국의 인터넷 거버넌스 관련 정
책의 변화를 지지하고, 미국에 의해 훼손된 다중이해당사자주의를 다
시 한 번 전 지구적 인터넷 거버넌스 질서의 핵심 가치로 불러들였기
때문이다.

　따라서 넷문디알 개최는 브라질 인터넷 거버넌스 외교의 성공적
사례로 평가된다. 이는 브라질의 행보가 전통적 강대국들, 즉 미국, 영
국, 유럽, 러시아, 중국과 같은 나라들의 입김에 좌우되지 않고 독자적
인 다중이해당사자주의에 기초한 인터넷 거버넌스 노선을 추구하였기
때문이며, 이로 인해 많은 국가들의 지지를 얻을 수 있었기 때문이다.
그리고 그러한 가치는 국내 행위자들 간의 사회적 합의에 기초한 것이
었기 때문에, 국가 차원에서도 지속적으로 추구할 수 있는 정책의 기반
이 되었다.

2. 브릭스(BRICS)에서의 인도

인도의 인터넷 거버넌스 외교는 최근 서방세계와 유사한 노선을 취하

기 시작했지만, 인도 정부는 한때 인터넷 거버넌스 논의에 있어서 정부 중심의 다자간주의 접근을 지지했다(FDFA 2014). 그리고 정부 내에는 이러한 접근을 선호하는 집단들이 존재했다. 그에 반해 인도의 비즈니스 영역은 비정부적인 접근을 꾸준히 선호해 왔는데, 이는 미국 ICT 산업과의 긴밀한 관계 때문이다. 인도의 인터넷 거버넌스 외교에 있어 국내 집단들의 양분된 선호는, 인도의 인터넷 거버넌스 외교 행태에 종종 예상치 못한 전환을 야기했다.

인도의 자국의 인터넷 거버넌스 정책 방향이 처음으로 표명된 것은 2011년 10월 66차 유엔총회 세션에서이다. 여기서 인도는 사이버 공간을 관리하기 위한 다자간 기구를 만들 필요가 있음을 주장하였다. 즉, 다중이해당사자주의의 축소와 정부 중심으로 운영하는 다자간기구를 의미하는 프로포절을 제시하였는데, '인터넷 정책 관련 UN 위원회(the UN Committee for Internet-related Policies, CIRP)' 추진이 대표적인 사안이다.[10] 이 위원회를 통해 핵심 인터넷 자원에 대한 정부 간 국제기구 감독이 행해질 수 있게끔 주장하였다. 그리고 2012년의 유엔 총회에서도 CIRP 창설 주장을 반복한다. 다자간주의 입장은 사실 2011년 9월에 개최된 글로벌 인터넷 거버넌스에 관한 인도-브라질-남아프리카(India-Brazil-South Africa, IBSA) 다중이해당사자주의 회의에서부터 일관되며, 이와 같은 정책적 입장 때문에 인도는 인터넷 자유를 침해하려는 중국과 유사한 입장에 서 있다는 비판을 받기도 하였다.[11]

10　https://www.thehindu.com/news/national/indias-proposal-for-government-control-of-internet-to-be-discussed-in-geneva/article3423018.ece (accessed 09.20.2019)

11　https://www.orfonline.org/research/cyber-diplomacy-indias-march/ (accessed 09.20.2019)

그러나 인도의 다자간주의를 지지하는 입장은 인터넷 정책 스펙트럼에서 정반대의 입장으로 바뀌는데, 2012년에 12월에 개최된 국제전기통신세계회의(World Conference on International Telecommunications, WCIT-12)에서 극명하게 나타난다. 인도는 WCIT-12에서 IBSA 나라들 중에서 수정된 국제전기통신규칙(International Telecommunications Regulations, ITRs)에 사인하지 않은 유일한 나라가 된다. 사인하지 않은 미국 및 서방 선진국들과 노선을 같이 하는 한편, G-77 국가들과는 거리를 둔다.

이러한 변화의 전조는 WCIT-12보다 조금 전인 2012년 10월 부다페스트에서 열린 사이버스페이스 총회(Global Conference on Cyberspace, GCCS)에서 이미 보이기 시작했다. 이 회의에서 인도는 사이버 안보에 관해 기존에 취했던 입장과 다른 미묘한 변화를 보이며 국제 협력을 강조한 바 있다. 즉, 인도는 공식적인 정부 간 양자·다자 협력뿐 아니라 비공식적인 시민사회와 사적 영역 행위자들의 참여를 인정한다. 그리고 이러한 인도의 입장은 2013년 서울 GCCS에서도 지속된다.

인도의 2012년 입장 전환이 주목할 만한 이유는, 바로 한 해 전에 2011년 러시아, 중국, 우즈베키스탄 그리고 카자흐스탄, 즉 소위 상하이협력기구(Shanghai Cooperation Organization, SCO) 국가들이 정부의 인터넷 통제를 주창하며, 글로벌 인터넷 거버넌스상의 다자간주의에 힘을 실었기 때문이다. SCO는 2011년 9월 '정보안전을 위한 국제행동규약 드래프트(Draft International Code of Conduct for Information Security)'를 유엔 사무총장에게 보내며 유엔 총회 66회 세션을 위한 공식 문서로 회부할 것을 요청한 바 있다. 따라서 2012년에 보인 인도의 변화는 이들과 같은 극단적인 사이버 공간에서의 정책적 입장과 다름을 나타낸 것으로 볼 수 있다.

인도의 2011년에서 2012년 사이의 놀라운 외교 정책의 변화에는 비정부 영역에서의 압력이 작용한 바가 크며, 특히 이들의 압력은 2012년의 WCIT를 준비하는 과정에서 중요하게 작용하였다. 인터넷 거버넌스 영역에 비정부 영역 행위자들의 영향력이 증가한 것은 2011년 10월 26일의 66회 유엔 총회에 제출된 CIRP 설립 프로포절 때부터라 할 수 있다.[12] 이 프로포절 때문에 인터넷 거버넌스라는 사안이 인도 국내에서 주목을 받기 시작하였으며, 국내 이익 단체들이 정부는 시민사회, 산업 그리고 학계와 논의 없이 독단적으로 결정을 내렸었다고 비판하며 대대적인 압력을 가하기 시작했기 때문이다.[13]

시민사회나 ICT 산업 부문은 동일하게 정부에 의한 콘텐츠 통제에 대한 우려를 공유하였다.[14] 특히, 인도의 입장 전환에는 인도 ICT 산업의 영향력이 컸다. 인도 ICT 산업의 로비 파워는 거대하며, 이들의 선호가 정부의 인터넷 거버넌스 관련 외교적 행태에 큰 영향을 미친다 (Ebert and Maurer 2013; FDFA 2014). 인도는 개발도상국 중에서도 브라질, 중국과 함께 ICT가 발달된 나라이지만, 특히 인터넷 및 ICT 산업의 부흥은 시장의 자유화에 힘입은 바가 크다(Kurbalija 2016). 따라서 자연스럽게도 인도의 ICT 산업 영역은 자유로운 정보의 흐름 그리고 정부의 규제가 적은 시장질서에 친화적이며, 이에 동조하는 국제질서

---

12 https://www.dailymail.co.uk/indiahome/indianews/article-2220692/How-India-helped-bunch-bureaucrats-custodians-Internet.html (accessed 10 October 2019)

13 https://wap.business-standard.com/article-amp/economy-policy/india-inc-opposes-global-internet-monitoring-body-112092002011_1.html (accessed 09.20.2019)

14 https://www.thehindu.com/news/national/civil-society-industry-oppose-indias-plans-to-modify-itrs/article4124046.ece (accessed 09.20.2019)

의 수립을 선호한다. 인도 정부로서도 사이버 영역에서의 전반적인 관심뿐 아니라 ICT 교역에서 큰 이익을 얻고 있기 때문에, ICT 산업 부문의 목소리에 귀를 기울일 수밖에 없다. 이런 맥락에서 2012년 10월의 GCCS를 앞두고, 정부의 다중이해당사자주의 지지 선언은 비정부 영역에서의 압력의 결과인 것이다.[15] 그리고 그 이후의 WCIT에서의 외교 노선의 전환과 GCCS 개최 모두 연장선상에 있다고 볼 수 있다.

인도의 외교 정책 변화를 설명하기 위해서는 인도 정부 내 부서 간 역학에 대한 이해도 필요하다. 인도 정부 부처 간 인터넷 거버넌스 관련 입장은 양분된다. 인터넷 거버넌스 대외 정책을 담당하는 부처는 크게 두 부처가 있는데, 외교부(Ministry of External Affairs)와 정보기술부(Department of Information Technology)이다. 그런데 정보기술부는 국내 ICT 산업의 로비에 영향을 많이 받고 있으며, 그 연장선상에서 다중이해당사자주의를 선호한다. 따라서 정부 내 정치적 역학에 의해 정보기술부가 국가의 인터넷 거버넌스 관련 정책적 기조를 운영할 수 있을 경우, 인도는 다중이해당사자주의로 가는 경향을 보인다. 2012년도가 대표적이며 이 당시 결정권은 외교부가 아닌 정보기술부에 있었다.[16] 반면에 정부 간 다자간주의를 강조하는 경우, 외교부가 전면에 나서고 있었음을 볼 수 있다. 2015년 BRICS회의에서는 특히 러시아나 중국으로부터의 압력을 받았던 것으로 보이며, 이로 인해 기존의 변환하려는 입장의 고수가 어려웠던 것으로 생각된다. 그러나 2015년부터는 이러한 정부 내 부서 간 차이도 당시 나렌드라 모디(Narendra

---

15　https://www.thehindu.com/news/national/world-divided-india-undecided-as-193-nations-gear-up-to-decide-the-future-of-net-mobile/article3904680.ece (accessed 09.20.2019)

16　https://www.thehindu.com/news/national/indias-proposal-for-government-control-of-internet-to-be-discussed-in-geneva/article3423018.ece

Mod) 정부의 국내적으로 튼튼한 지지를 기반으로 점차 없어져 갔으며, 미국과의 전략적 관계 선호가 인도의 정책 방향성에 영향을 미친 것으로 보인다.

WCIT에서의 외교 노선의 전환과 GCCS 개최 때문에 인도 인터넷 거버넌스 정책이 단순히 서방세계의 가치에 치중했다고 섣부르게 판단할 수 없다. 인도의 국제 구조상의 입장은 BRICS 구성국인 데서도 드러나듯이, 러시아나 중국과 같은 권위주의 강대국들과 GCCS 주도국인 영국과 미국과 같은 서방 민주주의 선진 강대국 사이에 위치한다. 이러한 자리 잡기는 인도의 BRICS 맥락에서 인터넷 거버넌스 외교를 보아도 알 수 있다. 2015년 7월 러시아에서 열린 BRICS 수뇌회동에서 나온 '우파선언(Ufa Declaration)'을 보면, 인도는 다른 BRICS 구성국들과 함께 정부의 역할 강조와 정부 주도의 국제기구가 인터넷 정책에 있어 중요한 역할을 해야 함에 찬동하고 있다. 그러나 다른 한편으론 러시아와 같은 극단적인 다자주의적 국제기구의 설립 창설에 동조하지는 않는다. 러시아가 "다자주의적 인터넷 거버넌스(multilateral Internet governance)"라는 문구를 선언에 넣으려고 했을 당시에 인도의 주장에 따라 "관련 이해당사자들의 참여(relevant stakeholders in their respective roles and responsibilities)"라는 문구로 대체되었다.[17] 그 이후 BRICS는 계속해서 미국과 러시아 입장의 중간 어딘가에 위치한 이 어구를 사용하는데, 이는 일종의 인도 외교의 성과로 볼 수 있다.

또한 인도는 G-77의 지도자 역할에 대한 인식을 지속적으로 가지고 있으며, 서방 민주주의나 비서방 권위주의와는 다른 제3의 이익을 대변하기도 한다. 인도가 우파선언에 삽입을 주장한 문구가 WSIS

---

17   https://www.cfr.org/blog/indias-internet-diplomacy-reading-tea-leaves

의 튀니스 어젠다(Tunis Agenda)에서 채택된 문구라는 점은, 인도가 튀니스 어젠다에서의 ICT를 통한 경제개발 Mandate가 이행되지 않은 것에 불만을 품고 있다는 것을 보여준다. 또한 인도는 2017년 GCCS를 자국에서 개최하는데, 여기서는 서방 선진국의 다중이해당사자주의를 지지하면서도 ICT를 통한 경제개발 어젠다에도 집중하였다.

종합적으로 보았을 때, 인도는 GCCS, BRICS, WSIS, G-77과 같은 다양한 네트워크에 참여하며, 서방과 비서방 그리고 선진국과 개발도 상국 간의 중견국 외교를 펼치고 있는 것으로 보인다. 비록 인도는 한 때 다자간주의와 다중이해당사자주의 사이에서 국내의 다양한 이행당 사자들의 존재로 인해 흔들리는 모습을 보였지만, 2015년 이후에는 나 렌드라 모디(Narendra Modi) 정부의 튼튼한 국내 지지기반과 사회적 합의를 바탕으로, 서로 다른 그룹 사이에서 중견국 외교의 모습을 보 인다.

3. 사이버스페이스총회에서의 한국

앞서 WCIT-12의 ITRs에 대해서 경제협력기구(OECD)의 34개국이 반 대하는 응집성을 보였지만, 오직 3개국만이 찬성했다. 멕시코, 터키, 그 리고 한국이다. 이에 이들 삼국은 글로벌 스윙 국가로 분류된 바 있다 (Maurer and Morgus 2014). 특히 경제개발과 민주주의를 이룩한 한국 의 찬성은 미국, 영국, 캐나다를 포함한 유럽 국가들의 서방 선진 민주 주의 국가들이 반대하고 있었던 상황을 볼 때, 선뜻 이해가 되지 않는 다. 이는 한국이 글로벌 인터넷 거버넌스 질서 형성에 있어, 전통적 정 치·군사·전략 동맹국들과는 다른 노선을 택했다는 것을 의미하기 때 문이다.

한국의 WCIT-12의 찬성표에 대한 국내 비판도 적지 않았다. 왜 냐하면, 첫째, WCIT-12에서의 찬성표는 곧 방송통신위원회(방통위)가 전기통신에 대한 정부 통제권을 강화하는 규칙에 서명했다는 사실을 의미하기 때문이었다. 이 비판에 대해 방통위는, 인터넷 규제 관련 문 구들이 선언적으로만 삽입되어 있으며, 국제기구 공조에 대한 내용은 포함되어 있지 않다는 해명을 내놓았다. 또한 선언적 문구로 들어간, 정보보호, 스팸 방지, 네트워크 침해와 같은 이슈들은 ITU뿐 아니라, OECD, ICANN 등 모든 국제기구와 국제사회에서 다양한 형태로 다루 어져야 한다는 입장을 표명하였다. 즉, ITU의 WCIT-12에서의 규칙개 정 작업이 변화된 환경을 반영하기 위한 선언적 수준에 불과하므로, 찬 성표를 던진 것이 인터넷 규제에 동참한다는 의미가 아님을 해명한 것 이다. 그럼에도 불구하고, 국제적으로 한국은 다자간 국제기구인 ITU 의 권한 범위 확장에 찬동을 보인 모양이 되었다. 둘째, 정부 특히 방송 통신위원회의 의견만 일방적으로 반영되었을 뿐, 정부 내 다른 부처 및 민간의 의견은 충분히 반영되지 않았기 때문이다. 이러한 비판은, 2013 년 서울 사이버스페이스총회(GCCS)나 2014년 부산 ITU 전권회의를 개최하면서도, 지속적으로 제기되었다.

한국이 인터넷 거버넌스 글로벌 스윙 국가로 보여진 이유는 WCIT-12에서의 전적과 GCCS의 성격과 관련이 있다. GCCS는 2011 년 영국에 의해 설립되며, 런던프로세스라 불릴 정도로 당초에 서방 선 진국의 클럽과 같은 성격으로 설립되었으며, 정부, 기업, 시민사회 등 사이버 공간의 이해당사자들 모두가 참여하는 다중이해당사자 모델을 표방했다. 그리고 GCCS 설립은 러시아와 중국에 의한 글로벌 인터넷 거버넌스 질서 수립에 대항하는 국제정치적 함의도 존재했다.[18] 2011 년 당시 SCO 국가를 중심으로 유엔 총회에 '정보 보안을 위한 행동 규약(Code of Conduct for Information Security)'을 회부한 바 있기 때문이다. 그런데 한국은 WCIT-12에서 서방 선진국과 다른 입장에서 표를 던졌었고, 바로 다음해에 GCCS를 개최하고자 했기 때문이다.

그럼에도 불구하고 한국의 2013년 GCCS 개최 성과를 한국 정부는 성공적으로 평가하는 분위기이다. 첫째, 1차 런던과 2차 부다페스트 총회에서는 60여 개국이 참가했던 것에 비해, 서울 총회에는 총 87개국 그리고 18개 국제기구 및 지역기구, 그밖에 연구소, 민간기업 그리고 시민대표 등을 포함해서 모두 1600명이 참여하는 유례없는 관심을 받은 대규모 회의였기 때문이다. 둘째, 단순한 양적인 증대뿐 아니라, 참여국 범위도 확대되었다. 이전 총회 때보다 아프리카, 중남미 등 개도국의 참여가 증가하였다. 그뿐 아니라, 서방선진국 주도의 국제회의에 러시아와 중국이 참여하였다. 셋째, 의제의 범위도 기존의 사이버 안보 중심의 5개 이슈뿐 아니라, 경제개발과 연계된 역량 강화를 별개의 제6의 주제로 포함시켰다는 것이 주요 성과로 내세워진다. 이러한 성과들은 최종적으로 '개방되고 안전한 사이버 공간을 위한 서울 프레임워크(Seoul Framework for and Commitment to Open and Security Cyberspace)'의 채택으로 귀결되었다.

서방과 비서방 국가들 그리고 선진국과 개발도상국들을 폭넓게 아우른 참여국의 확대는 한국의 외교적 성과다. 물론 이에는 당시 국제 구조의 변화 추이가 미치는 영향력도 있었다. 2004년부터 시작된 UN 정부전문가그룹(GGE)은 제3차인 2013년에서야 처음으로 합의 보고서를 내놓았다. 이 합의는 국제사회에서 사이버 공간에 대한 국가 간, 특히 영국, 미국을 비롯한 서방 민주주의 국가들 그리고 러시아,

---

18 GCCS에 대한 전반적 설명이나 구체적인 합의 내용에 대해서는 배영자(2017); 유인태 (2019a; 2019b)를 참조하라.

중국이 대표하는 권위주의 국가들 간의 화해 가능성을 내비쳤다. 이는 전년도의 제2차 GCCS나 WCIT-12에서 표출된 대립 관계로부터의 큰 변화다. 따라서 제3차 UNGGE에서의 합의라는 긍정적 기류는 제3차 GCCS에의 참여국 범위에도 영향을 미쳤고, GCCS에서의 보다 발전된 논의에 대한 기대가 있었다.

그러나 이러한 기대가 있었더라도 그것을 실현시키는 외교적 능력은 별개이다. 서방과 비서방 국가들은 사이버 안보 관련 규범과 관련하여 완전한 합의를 이룬 것은 아니었기 때문에, 러시아와 중국의 GCCS 참여는 여전히 불투명한 것이었다. 그런 상황에서 이들 국가들이 결국 서울 GCCS에 참여한 것이었으며, 이는 한국 중견국 외교의 성과로 볼 수 있다. 또한 기존의 서방과 비서방 국가들로 양분되는 사이버 공간에서의 위협 및 갈등 이슈가 어느 정도 갈등 조정 단계에 들어서는 것 같아지자, 사이버 공간에서의 혜택 및 기회 측면이 상대적으로 부각된 것은 사실이다. 그럼에도 불구하고, 다른 많은 어젠다가 가능했지만, 선진국들과 개발도상국들 간의 관심이 중첩되는 영역인 역량개발을 부각시킨 것도 중견국 외교의 이니셔티브로 볼 수 있다. 한국이 지향하던 중견국 어젠다인 개발원조 관련 외교 노선과도 부합하였다.

즉, 서울 GCCS는 국제사회 여러 갈등 단층들에 다리를 놓는 계기를 제공하는 데에 기여했다고 할 수 있다. 사이버 상의 위협 및 갈등 이슈가 UNGGE를 통해 어느 정도 관리 단계에 들어갔다고 보였던 국면은, 한국의 고질적인 안보 딜레마, 즉 미국과의 전통적 안보 동맹과 경제적 의존도가 높은 지역 강대국 중국 사이에서의 선택을 강요당하는 상황을 어느 정도 완화시켰다. 그뿐 아니라, 기존 인터넷 거버넌스 그리고 사이버 안보 관련 국제논의에서 개발도상국들의 이익이 진전되

지 않아, 개발도상국들 사이에서는 불만이 작지 않았었는데, 선진국들
이 대거 참여하는 서울 GCCS는 두 집단 간의 가교 역할을 하였다.

물론 서울 GCCS에 대한 비판도 있다. 첫째, '서울 프레임워크'의
내용에 대한 비판이다. 기본원칙만을 포함하고 새로운 입장과 구체적
내용이 추가되지 않았다(남상열·이진 2013; 유인태 2019a). 둘째, 지속
적인 인터넷 거버넌스 외교 정책을 위한 한국적 어젠다의 부재다. 이
는 서울 GCCS 이후 후속 외교적 노력의 부족에도 기인한다. 비록 외
교부 장관이 2015년 GCCS 총회에서 개도국에 사이버 보안 조치 관
련 정책조언과 컨설팅, 훈련 등을 제공할 글로벌정보보호센터(Global
Cybersecurity Center for Development, GCCD)의 설립을 언급한 바
있고, 이에 한국 인터넷진흥원 정책협력본부 다자협력팀에서 출범하
여 계속해서 활동 중이다. 이러한 기술 협력의 강화는 평가되어야 하
지만, 한국의 국가·외교적 어젠다로서의 사이버 역량 강화는 희미해
졌다고 볼 수 있다. WSIS라는 국제기구와는 차별되는, 개발도상국을
위한 사이버 공간 역량 강화를 위한 지속적인 국제회의 개최가 필요
하며, 그럴 때에 포럼쇼핑의 대상이 될 가능성을 피할 수 있다. 마지
막으로 셋째, 국내 정치·사회적 합의의 부재이다. 서울 GCCS는 다양
한 이해당사자의 참여를 표방해 왔지만, 결과적으로 정부 중심으로 진
행되었다.[19] 특히 이에 대한 시민사회의 불만은 컸었으며, 이러한 불만
은 다음 회의인 2015년 제4차 네덜란드 헤이그에서의 GCCS에서 적
극적으로 수용되어, 세계 시민사회의 의견이 도드라졌던 것과는 비교
된다. 당초 서울 GCCS는 기획 단계에서는 시민사회와의 협력 강화를
강조하였다. 그러나 결론적으로는 장관급 회의 성격의 의사결정 방식

---

19 https://cyberdialogue.ca/2013/10/2013-seoul-conference-on-cyberspace-by-tim-
maurer-and-camino-kavanagh/ (accessed 09.20.2019)

에서 크게 벗어나지 못하였고, 시민사회에 폭넓은 참여 기회도 제공되지 못하였다. 이는 한국이 가지는 다중이해당사자주의의 지향점과 현실과의 간극에서 결국 정부 중심의 다자간주의에 머물 수밖에 없었던 한계를 노정한다. 이러한 국내 사회적 합의의 부재는 한국의 지속적인 인터넷 거버넌스의 중견국 외교를 위한 국내적인 토대가 부재함을 보인다.

V. 결론

본 연구는 중견국 외교의 성공을 위한 요인들을 살펴보는 것을 목적으로 하였다. 특히 기존 연구에서 상대적으로 간과되어 온 국내 요인에 초점을 맞추었다. 중견국 외교 연구는 갈등이 고조되는 국제 구조를 상정하지만, 호주, 스웨덴, 노르웨이와 같은 제1세대 중견국들, 브라질, 남아공, 인도와 같은 제2세대 중견국들, 그리고 새로이 거론되는 멕시코, 인도네시아, 한국, 터키와 같은 제3세대 중견국들이 놓인 국제 구조는 다 달랐다(김상배 2015). 제3세대가 놓인 국제 구조, 외교적 역량, 국내 정치적 특성이 다름을 명확히 인식하고, 새로운 상황에서 중견국 외교를 설명하고 정책적 대안을 설명할 수 있는 이론적 틀의 제시와 학문적 정리가 필요하다.

　이런 맥락에서 본 논문은 냉전의 종결 이후 전례 없던, 갈등의 골이 깊어지고, 합의의 가능성이 낮아지고 있는 사이버 공간 관련 글로벌 인터넷 거버넌스 사안을 다루었다. 점증하는 지구화의 결과, 사안의 다양화와 다양한 사안을 둘러싼 국제관계는 더욱 복잡해졌다. 이러한 상황조건은 중견국 외교에 새로운 도전이 되고 있다. 즉, 구조적 공백을 찾기 위한 노력이 더욱 요구되고 있다.

기존의 중견국 연구는 주로 중견국 외교의 성공을 위한 네트워크 형성 과정에 집중해 왔다. 그런데 이러한 연구에서는 중견국 외교가 추구해야 할 가치에 대해서는 소홀히 한 경향이 있다. 즉, 중견국 외교가 더욱 의미를 지니기 위해서는 무엇을 가지고 네트워크를 형성할 것인가를 질문할 필요가 있다. 이 질문에 답하기 위해 본 연구는 국내 가치 형성이라는 성공적 중견국 외교를 위한 또 다른 요인에 착목하였다. 그리고 정체성이 형성되는 메커니즘을 브라질, 인도 그리고 한국의 사례를 통해 규명하고자 하였다.

이를 위해 본 연구는 국제정치이론에서 널리 알려진 외교정책의 국내 근원을 분석하는 이론적 모델의 전통에 의존하였다. 특히 국제정치이론에서의 자유주의학파는 자유민주주의의 속성에서 외교정책의 특징을 설명하고자 하는데, 여러 민주주의 정체들을 동일하게 보는 경향이 있다. 본 연구는 스윙 국가 개념에 착목하여, 이들 국가들 중에, 민주주의이면서 권위주의적 전통이 남아 있는 스윙 국가들의 외교적 행위에 대해 이론화를 시도하였다. 특히 이들의 특징을 '열린 국가 가치'로 개념화하고, 이러한 가치가 국내적으로 극대화하였을 때, 구조적 공백을 채우는 중견국 외교의 역할 가능성이 극대화되는 것을 주장하였다.

이를 위해 글로벌 인터넷 거버넌스 관련한 세 사례들을 살펴보았다. 사례 분석에서는, 브라질, 인도, 한국 모두 구조적 공백을 찾아야 하는 상황에 놓였음을 우선 전제하였다. 그리고 세 나라 모두 '글로벌 스윙 국가'의 성격을 나타냈음을 지목하고, 이는 국내 이해당사자들의 복합적인 역학의 산물임을 보였다. 국내에 대립되는 인터넷 거버넌스 정책 입장이 존재했었고, 이러한 균열은 사회내 뿐 아니라 정부 내에서도 존재해서, 대외적인 외교적 입장은 양 방향으로 진동하는 모습을 보일 수밖에 없었다. 그러나 이러한 국내적 갈등 경험을 극복하고 합의를 이루어낸 경우, '구조적 공백'을 채울 수 있는 역할의 시발을 보였다.

참고문헌

김상배. 2015. "제3세대 중견국 외교론의 모색." 김상배 편.『제3세대 중견국 외교론』. 서울:
　　사회평론아카데미. 13-57.
_____. 2017. "사이버 안보 국제규범의 세계정치: 글로벌 질서변환의 프레임 경쟁."
　　『국가전략』23(3): 153-180.
_____. 2019a. "사이버 안보의 국제규범과 한국외교: 주요국 이해갈등의 프레임 경쟁
　　사이에서." 김상배 편.『사이버 안보의 국가전략 2.0: 국제규범의 형성과 국제관계의
　　동학』. 서울: 사회평론아카데미. 27-65.
_____. 2019b. "사이버 안보와 중견국 규범외교: 네 가지 모델의 국제정치학적 성찰."
　　『국제정치논총』49(2): 83-122.
김소정·김규동. 2019. "사이버 공간의 규범 형성을 위한 UN의 노력과 전망." 김상배
　　편.『사이버 안보의 국가전략 2.0: 국제규범의 형성과 국제관계의 동학』. 서울:
　　사회평론아카데미. 67-98.
김우상. 2019.『신한국책략 II: 동아시아 국제관계』. 서울: 나남.
남상열·이진. 2013. "사이버공간에 관한 국제적 논의와 서울 총회에의 시사점."『기본연구』
　　13(16).
배영자. 2013. "과학기술과 공공외교." 김상배 편.『중견국의 공공외교』. 서울:
　　사회평론아카데미. 117-153.
_____. 2017. "글로벌 거버넌스론으로 보는 사이버 안보." 김상배 편.『사이버 안보의
　　국가전략: 국제정치학의 시각』. 서울: 사회평론아카데미. 97-138.
서지희. 2015. "글로벌 인터넷 거버넌스와 브라질의 중견국 외교." 김상배 편.『제3세대 중견국
　　외교론: 네트워크 이론의 시각』. 서울: 사회평론아카데미. 317-363.
손열·김상배·이승주·강선주·구민교·배영자 외. 2016.『한국의 중견국 외교: 역사, 이론,
　　실제』. 서울: 명인문화사.
유인태. 2019a. "인터넷 거버넌스와 사이버 안보: ITU, WSIS, IGF, ICANN, GCCS."
　　김상배 편.『사이버 안보의 국가전략 2.0: 국제규범의 형성과 국제관계의 동학』. 서울:
　　사회평론아카데미. 173-216.
_____. 2019b. "사이버 안보에서의 다중이해당사자주의 담론의 확산."『담론』22(1): 45-80.
_____. 2019c. "캐나다 사이버 안보와 중견국 외교: 화웨이 사례에서 나타난 안보와
　　경제·통상의 딜레마 속에서."『문화와 정치』6(2): 263-298.
유인태·백정호·안정배. 2017. "글로벌 인터넷 주소자원 거버넌스의 변천: IANA 관리체제
　　전환을 통한 다중이해당사자 원칙의 재확립."『국제정치논총』57(1): 41-74.

An, Jungbae and In Tae Yoo. 2019. "Internet Governance Regimes by Epistemic
　　Community: Formation and Diffusion in Asia." *Global Governance* 25(1): 123-148.
Bradshaw, Samantha, Laura DeNardis, Fen Osler Hampson, Eric Jardine, Mark Raymond.

2016. "The Emergence of Contention in Global Internet Governance." *Global Commission on Internet Governance Paper Series* 17: 1-19.

Burt, Ronald S. 1992. *Structural Holes: The Social Structure of Competition.* Cambridge: Harvard University Press.

Cogburn, Derrick. 2005. "Partners or Pawns?: The Impact of Elite Decision-Making and Epistemic Communities in Global Information Policy on Developing Countries and Transnational Civil Society." *Knowledge, Technology & Policy* 18(2): 52-81.

Cooper, Andrew F. 1997. "Niche Diplomacy: A Conceptual Overview." Andrew Cooper (ed.), *Niche Diplomacy: Middle Powers after the Cold War.* New York: St. Martin's Press.

Cooper, Andrew F., Richard A. Higgott, and Kim Richard Nossal. 1993. *Relocating Middle Powers: Australia and Canada in a Changing World Order.* Vancouver: UBC Press.

DeNardis, Laura. 2014. *The Global War for Internet Governance.* New Haven: Yale University Press.

Drezner, Daniel W. 2004. "The Global Governance of the Internet: Bringing in the State Back In." *Political Science Quarterly* 19(3): 477-498.

Ebert, Hannes and Maurer, Tim. 2013. "Contested Cyberspace and Rising Powers." *Third World Quarterly* 34(6): 1054-1074.

Federal Department of Foreign Affairs (FDFA). 2014. "Switzerland and Internet Governance: Issues, Actors, and Challenges." *Politorbis* 57(2): 11-66.

Franda, Marcus F. 2001. *Governing the Internet: The Emergence of an International Regime.* Boulder: Lynne Rienner Publishers.

Gourevitch, Peter. 1978. "The Second Image Reversed: the Internaitonal Sources of Domestic Politics." *International Organization* 32(4): 881-912.

Jordaan, Eduard. 2003. "The Concept of a Middle Power in International Relations: Distinguishing Between Emerging and Traditional Middle Powers." *Politikon* 30(1): 165-181.

Kim, Jang-Ho, Kim, Sae-Me. 2016. "South Korea's Middle Power Diplomacy: Toward an Agenda-Partner Based Leadership." *Korean Journal of Defense Analysis* 28(2): 317-333.

Kim, Sang-Bae. 2014. "Roles of Middle Power in East Asia." *EAI MPDI Working Paper* 2: 1-30.

Kliman, Daniel M. and Richard Fontaine. 2012. "Global Swing States: Brazil, India, Indonesia, Turkey, and the Future of International Order." The German Marshall Fund, (November 27).

Knight, Peter. 2014. *The Internet in Brazil: Origins, Strategy, Development and Governance.* Bloomington: AuthorHouse.

Kurbalija, Jovan. 2016. *An Introduction to Internet Governance.* Geneva:

DiploFoundation.

Lee, Sook-Jong ed., 2016. *Transforming Global Governance With Middle Power Diplomacy: South Korea's Role in the 21st Century.* New York: Palgrave Macmillan.

Lee, Sook-Jong, Chun, Chae-Sung, Suh, Hyee-Jung, and Patrick Thomsen. 2015. "Middle Power in Action: The Evolving Nature of Diplomacy in the Age of Multilateralism." *EAI MPDI Special Report* 1-27.

Lee, Seung-Joo. 2014. "Multilayered World Order and South Korea's Middle Power Diplomacy: The Case of Development Cooperation Policy." *Korean Political Science Review* 48(6): 77-101.

Lemos, Ronaldo. "Enter Brazil: NETmundial and the Effort to Rethink Internet Governance." Ellery Roberts Biddle, Ronald Lemos and Monroe Price. eds. *Stakes Are High: Essays on Brazil and the Future of the Global Internet.* Philadelphia, Internet Policy Observatory, University of Pennsylvania. 30-34.

Maurer, Tim and Robert Morgus. 2014. "Tipping the Scale: An Analysis of Global Swing States in the Internet Governance Debate." *Global Commission on Internet Governance Paper Series* 2: 5-28.

Mo, Jong-Ryn. 2016. "South Korea's Middle Power Diplomacy: A Case of Growing Compatibility between Regional and Global Roles." *International Journal* 71(4): 587-607.

Moravcsik, Andrew. 1997. "Taking Preferences Seriously: A Liberal Theory of International Politics." *International Organization* 51(4): 513-553.

Muller, Milton. 2010. *Networks and States: The Global Politics of Internet Governance.* Cambridge. MA: MIT Press.

Nye, Joseph S. Jr. 2014. "The Regime Complex for Managing Global Cyber Activities." *Global Commission on Internet Governance.* No. 1 (May).

Oneal, John R. and Bruce Russett. 2001. *Triangulating Peace: Democracy, Interdependence, and International Organizations.* New York: W. W. Norton & Company.

Putnam, Robert D. 1988. "Diplomacy and Domestic Politics: The Logic of Two-Level Games." *International Organization* 42(3): 427-460.

Solingen, Etel. 1998. *Regional Orders at Century's Dawn: Global and Domestic Influences on Grand Strategy.* Princeton, NJ: Princeton University Press

Ravenhill, John. 1998. "Cycles of Middle Power Activism: Constraint and Choice in Australian and Canadian Foreign Policies." *Australian Journal of International Affairs* 53(3): 309-327.

Trinkunas, Harold and Ian Wallace. 2015. *Converging on the Future of Global Internet Governance: The United States and Brazil.* Washington: Brookings.

제5장   우주안보 국제규범 형성의 쟁점과
         한국의 중견국 외교

유준구(국립외교원)

I. 머리말

최근 우리의 일상생활의 전반은 물론 전쟁에 이르기까지 인공위성 및 GPS 장치를 이용한 우주전의 형태를 띠고 있으며 우주의 상업적 활용 등 일상생활 전반이 우주와 필수적으로 연결되어 있다. 우주 강국은 우주를 정치, 안보, 경제, 과학기술의 관점에서 접근·경쟁하고 있는바, 미국, 러시아, 중국 등은 공식적인 부인에도 불구하고 우주공간에서의 전쟁 수행능력 향상 경쟁을 가속화하고 있다. 이와 더불어 지난 50년 이래 다원화 단계에 진입한 우주 경쟁은 현재 UN을 중심으로 우주안보의 규범화 작업이 시급한 현안으로 제기·진행되고 있는 상황이다. 우주안보 분야는 사이버 분야와 달리 UN 및 다자협력체에서 포괄적인 접근을 기조로 하향식의 국제조약 창설과 상향식의 국제규범 형성 작업이 투트랙으로 논의되고 있다. 또한 UN의 여러 다자협의체에서 미국과 서방, 중·러 간의 이해 대립이 첨예하게 지속되는 상황에서, 우주 강국들은 우주공간의 군사화·무기화 및 상업적 민·군 이중 용도의 기술개발을 급속히 진행하고 있는 상황이다.

우선 우주 분야의 경우 기술, 규범, 정책에 관한 문제는 UN 등과 같은 정부 간 국제기구뿐만 아니라 다양한 국제협의체에서 논의가 진행되고 있는바, 특히 비정부 간 국제협의체의 논의는 민간전문가들이 포괄적 혹은 특정 전문 이슈를 다루고 있다. 한편 우주공간의 국제규범 형성과 관련 그간 UN 산하 우주의 평화적 이용을 위한 위원회(COPOUS)를 중심으로 다수의 국제조약과 결의가 채택된 경험이 있어 사이버 공간의 규범 논의에 비해 논의의 진행 속도가 빠른 편이나 미국과 중·러의 대립 구도는 여전히 견고하게 유지되는 상황이다. 즉, 미국과 EU는 2012년 우주활동의 국제 행동규범안(Draft International

Code of Conduct for Outer Space Activities, ICoC)을 제출한바, 기본
적으로 법적 구속력이 없는 행동규범의 채택을 의도한 반면 중·러는
"외기권에서의 무기배치 금지와 외기권 물체에 대한 무력위협 및 사
용 방지에 대한 조약 초안(Treaty on the Prevention of the Placement
of Weapons in Outer Space and of the Threat or Use of Force against
Outer Space Objects, PPWT)"을 공동 제출하여 법적 구속력 있는 국
제우주법을 제정해야 한다는 입장이다. 그럼에도 불구하고 실질적 결
과를 도출하기에는 법적 문서의 형식, 우주의 무기화·군사화의 허용
정도, 자위권의 적용, 우주파편의 경감, 신뢰구축조치 및 우주 상황인
식 등 여러 이슈에서 각 진영 간 이해 대립이 커서 논의의 빈도와 집중
도에도 불구하고 논의의 커다란 진전이 없는 상황이다. 상기 두 개의
법적 문서는 기본적으로 우주안보와 관련한 포괄적인 법적 문서이며
구체적 쟁점에 있어 시각차는 존재하지만 실질적으로 논의의제에 대
해서는 공통분모가 존재한다.

　이러한 우주 강국들의 첨예한 진영대립 속에서 미국의 경우, 우주
에서 미국의 리더십을 유지하기 위한 국가안보전략 차원에서 트럼프
행정부는 2018년 3월 국가우주전략 및 우주사령부 창설을 발표하였
다. 발표된 미국의 국가우주전략의 핵심은 트럼프 행정부의 정책 기조
인 "America First"에 입각하여 우주에서의 군사력 강화와 미국 경제
이익을 확보하는 것에 초점을 두고 이를 위해 국제협력을 강화하고 있
다. 이를 위해 국가우주전략의 4대 핵심 초석으로 △회복력 제고, △억
제 및 군사수단 강화, △기초역량강화, △유리한 국내외 환경 개발 등
을 설정하였다. 이 중 처음 3개 분야는 우주에서의 국가안보 활동과 연
관되어 있고 마지막 사안은 상업적·국제적 파트너십 구축과 관련되
어 있다. 군사력 강화 차원에서 우주공간의 전장화 추세는 다중영역

(multi-domain)에 기반한 군사작전을 전개하기 위해 우주공간의 중요
성을 반영한 것으로, 사이버 공간과 더불어 다중영역 작전 수행의 기반
영역으로 우주공간을 설정하고 있다. 이러한 취지에서 국방예산의 전
반적 감소에도 불구하고 트럼프 대통령은 향후 5년간 방어우주프로그
램 및 우주탐사활동에 각각 8억 달러 및 520억 달러 예산 증액을 2019
년 예산에 반영하였다. 미국의 우주 리더십 유지 차원에서 우주 탐사
및 우주의 상업적 활동의 확대는 미국의 안보와 번영에 필수적일 뿐만
아니라 개척정신 등 미국적 특성을 가장 잘 보여주는 분야라는 기본적
인식에 기인한다. 또한 우주는 미국 군사력의 핵심을 이루고 있는 반
면, 우주 시스템은 비용이 막대하게 들어, 재정적자를 줄여야 하는 미
국 정부로서는 일본, 한국 등 주요 국가들과 우주안보 분야에서 협력을
증진하는 정책을 모색하여 비용을 분담하는 차원의 국제협력을 추진
하고자 하고 있다.

　현재 UN 등 다자 차원에서 논의되는 국제규범 및 조약 창설 논의
가 주요 국가 간 첨예한 대립으로 지체되고 있는 상황에서, 주요국들은
우주 정책의 안보 및 경제의 핵심 이익을 반영하기 위한 국가우주전략
수립과 양자·다자 국제협력을 강화하고 있다. 같은 맥락에서 우주 분
야에서의 국제협력은 포괄적이면서도 국가별 양자협력에 있어 분야별
로 일정한 차등이 있는바, 이를 반영하여 우리의 국익을 극대화할 수
있는 중견국 외교로서의 우주외교전략이 필요한 시점이다. 또한 중견
국 차원의 우주외교전략에서는 국제사회에 기여할 수 있고 교량 역할
을 수행할 수 실체적 내용이 있어야 할 뿐만 아니라 중견국에서 주도
국으로 업그레이드할 수 있는 미래전략과 비전 역시 제시하여야 할 것
이다. 이에 본고에서는 국제안보적 차원에서 논의되는 우주의 거버넌
스 현황 및 특서, 그리고 우주안보 규범 형성의 현안과 쟁점을 분석하

여 향후 한국의 중견국 외교로서의 우주외교전략과 정책적 시사점을
도출해보자 한다.

II. 우주안보 논의의 현황과 특성

1. UN 및 다자협의체에서 투트랙 접근

최근 우주안보의 국제규범 형성 논의는 UN체제 및 다자협의체를 중심
으로 활발히 논의되고 있으며, 각각의 논의 기제가 상호 영향을 미치면
서 미국과 중·러 간 입장차가 뚜렷하게 노출되는 상황이다.[1] 즉, 미국
의 경우 우주안보와 관련 기존 1967년 외기권조약으로 충분(필요한 경
우 보완·개정)하고 우주에서의 군비경쟁은 존재하지 않는다는 입장 하
에 행동지침이나 통행규칙, 투명성 및 신뢰구축조치 등 강제성 없는 자
발적 조치의 강화가 필요하다는 입장이다. 이에 반해, 중·러는 급격히
변화하는 우주환경에 대응하기에는 외기권조약이 허점이 많아 우주에
서의 군비경쟁 방지를 위해 법적 구속력 있는 새로운 국제조약의 채택
이 필요하다는 견해이다. 한편, 본격적으로 우주 경쟁에 합류한 EU, 일
본, 인도, 브라질, 한국 등은 국제규범의 창설 논의에는 원칙적 지지를
표명하면서도 그 구체적 적용대상, 범위, 그리고 법적 구속력 여부에 대
해서는 상이한 입장을 보인다.[2]

　우주안보의 국제규범 창설과 관련, UN 차원에서는 COPUOS와

1　우주안보의 국제규범 논의 동향에 대해서는 UNIDIR, A Brief Overview of Norms
　　Development in Outer Space를 참조.
2　임채홍(2011) 참조.

군축회의(Conference on Disarmament, CD)를 중심으로 논의되고 있
는바, 양 논의 기제가 최근 역할의 분화를 보이고 있다. COPOUS의 경
우 지난 1959년 UN 총회 산하 위원회로 설립된 이래 국제우주법의 근
간인 6개의 조약[3]과 5개의 총회 결의안[4]을 주도하였는데 최근에는 국
제조약의 채택을 주도하기보다는 국가 간 공동의 합의를 유도하는 경
향으로 선회하고 있는 추세이다. 반면, CD는 매년 채택되는 "우주공간
의 군비 경쟁 방지(Prevention of Arms Rase in Outer Space, PAROS)"[5]
관련 UN 총회 결의(122v.4)에 따라 포괄적인 '국제우주법'의 제정을
위한 협상을 진행해왔고, 2008년 중·러는 CD에 PPWT을 공동 제출한
(2014 Updated Draft) 상황이다. 결국 최근, UN 체제하 우주안보의 국

---

3   6개의 조약은 "달과 다른 천체를 포함하여 우주의 탐사화 이용에서 국가의 활동을 규
     제하는 원칙에 관한 조약(Treaty on Principles Governing the Activities of States in
     the Exploration and Use of Outer Space Including the Moon and Other Celestial
     Bodies: 1967년 우주조약)", "부분핵실험 금지조약(Partial Test Ban Treaty: 1963년
     모스크바조약)", "우주인의 구조와 귀환 및 우주에 발사된 물체의 반환에 관한 협정
     (Agreement on the Rescue of Astronauts, the Return of Astronauts and the Return
     of Objects Launched into Outer Space: 1968년 구조협정)", "우주물체에 의하여 발
     생한 손해에 대한 국제책임 협약(Convention on International Liability for Damage
     Caused by Space Objects: 1972년 배상협약)", "우주에 발사된 물체의 등록협약
     (Convention on Registration of Objects Launched into Outer Space: 1975년 등록
     협약)", "달과 기타 천체에서 국가 활동을 규제하는 협정(Agreement Governing the
     Activities of States on the Moon and Other Celestial Bodies: 1979년 달협정)" 등을
     의미한다.
4   5개의 총회 결의안은 "우주공간의 탐사 및 이용에 있어서의 국가 활동을 규제하는 법원
     칙 선언", "국제적인 직접 TV방송을 위한 국가의 인공위성 이용을 규제하는 원칙", "우
     주로부터 지구원격탐사에 관한 원칙", "우주공간에서 핵에너지 자원의 이용에 관한 원
     칙", "모든 국가이익을 위한 특히, 개도국의 필요를 고려한 우주공간의 탐사와 이용에 관
     한 국제협력 선언" 등을 의미한다.
5   PAROS는 핵분열 물질 생산 금지조약(Fissile Material Cut-Off Treaty, FMCT), 핵군축
     (ND)과 소극적 안전보장(Negative Security Assurance, NSA)과 더불어 제네바 군축회
     의(CD)의 4대 현안 중 하나이다.

제규범 논의는 COPOUS와 CD에서 각기 상향식의 공동의 합의 추진과 하향식의 국제우주법 창설을 위한 투트랙으로 수렴하는 가운데 미국과 중·러 간 입장차가 현저한 현실이다.

EU는 안보전략의 목표 중 하나인 "효과적인 다자주의에 근거한 국제질서" 구축의 차원에서 2012년 COPUOS에 우주활동의 국제 행동규범안(ICoC)을 제출하였다. 현재 우주공간에서의 위험요소와 위협과 관련하여 ICoC은 군비경쟁 금지, 우주쓰레기 경감 등을 통한 우주의 안전과 안보를 위한 지침, 그리고 우주활동의 정보공유 등의 행동규범을 제시하고 있다. EU의 경우 보편적으로 적용되는 ICoC를 UN체제 밖에서 추진하고 있는데 이는 UN 내에서 미국과 중·러 간 입장차가 좁혀질 가능성이 희박한 상황에서 미국과 중·러 모두 '투명성 및 신뢰구축(Transparency and Confidence Building Measures, TCBMs)'에 대해서는 긍정적인 점을 감안한 것이다. 다만, ICoC은 사이버 공간의 국제법 적용 문제와 같이 우주에서의 자위권에 대한 국제적인 논쟁을 초래하여, 중·러 및 여타 BRICS 국가들의 강력한 반대에 직면하고 있고 중·러는 ICoC의 논의를 PPWT의 논의와 연계하는 것이 공식적 입장이어서 향후 공식적 ICoC 채택에 있어 난항이 되고 있으며 미국 역시 트럼프 행정부 출범 이후 ICoC 채택에 미온적인 태도를 견지하고 있다.[6]

2. 우주 경쟁의 다원화

우주 진입 초기에는 미국과 구소련 간의 양자적 경쟁이었으나, 현재

---

6   EU의 ICoC의 주요 내용에 대해서는 박원화(2012) 참조.

는 중국의 진입으로 경쟁 구도가 다원화·심화되고 있는 가운데 2000
년대 이후 기존 우주선진국뿐만 아니라 독일, 캐나다, 호주, 일본, 인
도, 한국 등 동아시아 국가들도 우주개발에 본격적으로 참여하면서 우
주 경쟁이 촉발되고 있다. 오늘날 전 세계적으로 단독 혹은 국제협력
을 통해 우주개발에 참여하고 있는 국가는 50개국이 넘으며 이 중 15
개국 정도는 독자적인 우주군사프로그램을 수행 중인 것으로 알려지
고 있다. 우주예산 중 군수 분야 예산의 경우도 1990년대 초반 30% 정
도에서 2010년대의 경우 50%를 상회하는 등 주요국은 우주군사력 증
강에 막대한 투자를 하고 있다. 또한 지구궤도에서 활동 중인 인공위성
총 1,235기(2014년 7월 기준) 중 약 41.5%를 차지하는 512기가 미국의
인공위성이며, 이 중 129기가 군사위성이다. 이러한 수치는 2017년 말
1,700여 기로 증가하였으며 2018년에서 2026년까지 3,000여 기의 추
가 위성이 발사될 예정이다. 더욱이 상업적 용도와 군사적 용도의 구별
이 모호하고 상업적 목적의 위성도 군사적 전용 가능성이 쉽기 때문에
실제 군사용도의 인공위성은 상당한 규모에 이르고 있다.[7]

우주개발 경쟁이 본격화되면서 상업적 목적의 우주산업이 차지하
는 비중이 연간 2천억 달러로 급격히 증가하고 있으며 이러한 추세는
우주안보의 새로운 위협요인이기도 하다. 또한 우주공간에서의 상업
적 활동은 사실상 군사적 활동을 전제 내지 수반한 측면이 강하다. 실
제로 모든 국가의 군과 정부는 상업적 우주산업에 대한 의존도가 날로
증대되고 있으며, 급속한 우주개발에 따른 우주공간의 체증, 우주쓰레
기의 위험, 전자간섭 문제 등이 발생하고 있다. 다만, 사이버 분야에 달
리 우주의 경우 민·관의 유기적인 협력이 상대적으로 잘 이루어지고

7　실제로 지구 주변 궤도 상에 있는 모든 위성의 70%는 군사적 목적으로 이용되고 있으며
　　나머지 30%는 민군 겸용으로 운용되고 있는 실정이다. 현대경제연구원(2015) 참조.

있으며 현실적으로도 현재까지는 우주물체의 제조, 발사, 항행은 정부의 엄격한 통제가 가능하다는 사실이 중요하다. 따라서 본격적으로 우주개발정책을 추진하면서 우주 강국에 진입하고자 하는 우리나라의 경우 우주안보를 포함한 종합적인 우주전략을 수립해야 하고 이를 전제로 우주국제협력을 추진해야 할 것이다.

3. 우주안보 이슈의 포괄성

사이버 공간의 거버넌스 이슈와 달리 우주공간의 거버넌스 이슈는 상대적으로 우주안보 이슈를 중점으로 논의되고 있지만, 우주안보는 아직 확립된 개념이 아닌 형성 과정에 있는 개념이다. 즉, 우주공간이 주권에 의한 영유가 인정되지 않는 만큼 현실주의적 안보 개념이 적용된다기보다는 포괄적 안보(comprehensive security) 내지 복합적 안보(complex security) 차원에서 접근하고 있다. 우주안보 논의는 국가마다, 명백한 안보위협으로 파악하는 국가(주로 우주 강국), 새로운 안보위협으로 보는 국가(우주 중견국) 등 차이가 있는바, 이는 기본적으로 각국의 우주역량의 차이를 반영한 것이다. 또한 우주 선점의 논리나 우주자원개발 및 우주의 상업적 이용에 대해서도 각국은 포괄적 안보 차원에서 국가적 전략을 수립하고 대응하고 있는 현실이다.[8]

　　포괄적 안보 차원에서 우주공간의 거버넌스 이슈는 안보(security), 안전(safety), 지속가능성(sustainability)의 모든 요소를 고려하여 통합적인 국제규범 창출을 모색하고 있다. 즉 우주안보 이슈에서 거버넌스 차원의 국제규범 창출은 △우주환경의 불안감 증대로 인

---

8   김형국(2010) 참조.

한 국제관계의 불안정, △인간의 생활환경으로서 우주의 자연적 상태에 대한 안전·안보에 대한 위험 및 위협, △우주의 평화적 이용에 대한 국제적 관심 등에 있어서 일정한 합의나 제도적 장치 등을 통해서 초국가적 안전성을 확보하려는 노력의 일환으로 볼 수 있다. 같은 맥락에서 '우주운용(space operation)'이 일국의 영토적 안보위협과 연계되어 실행되어지는지의 여부가 관건이며 이는 우주의 평화적 이용, 우주의 군사화·무기화, 그리고 우주공간이 자위권 대상이 되는지의 문제와 연관되어 있다.[9]

앞서 언급한 바와 같이 우주에 적용되는 국제규범 창설 논의의 지체 속에서 우주안보 논의 역시 진영 간 이견이 현저한 이슈이다. 이에 대해 UN COPOUS는 우주활동에 관한 국가 간 상이한 관행 및 규정을 국제적으로 통일함으로써 장기적으로 지속가능한 우주환경 조성에 필요한 가이드라인을 제정하기 위하여 과학기술소위원회에 "우주활동 장기기속성 가이드라인 작업반(Working Group on the Long-Term Sustainability(LTS) of Outer Space activities)"을 구성하여 가이드라인 작성을 추진하고 있다. LTS 가이드라인은 국가별로 강제력은 없으나, 국가별 경험과 최적관행(best practices) 공유, 이행현황 제출 등을 통해 다양한 지속가능성 지향 우주운영 정책들이 국제사회로 확산·유도되고 있다. 현재까지 총 28개 세부 지침안 중 7개 지침안을 제외한 21개 지침에 합의하였고 2019년 COPOUS 회의에서 채택될 예정이다. 동 가이드라인의 경우 일견 진영 간 타협의 산물로 우주에 적용되는 국제법 창설이 난망한 상황에서 국가들의 행동을 규율하는 최소한의 가이드라인이 필요하다는 문제의식에 기인한다. 다만, 우주규범 창

---

9 우주의 군사화 및 국제법 논의에 대해서는 Schmitt(2006) 참조.

설에서 우주안보를 포함시키고자 하는 국가(러시아, 중국, 중남미 국가)
와 지침의 자발적 취지가 손상된다는 우려 하에 우주안보 논의를 배제
하려는 국가(미국, 서방국가 캐나다 등) 간 의견 차이가 여전히 노정되
고 있는바, 동 이슈에 대한 한국의 우주외교 차원의 입장 정리가 필요
한 시점이다.

III. 국제규범 형성 논의의 쟁점과 현안

1. 국제공역으로서의 우주

우주공간은 일국의 주권적 영유가 인정되지 않는 '국제공역(interna-
tional commons)'으로서 사용자의 자유로운 접근을 위해 국제사회의
효율적 규범이 요구되는 공간이자 동시에 우주인, 우주물체, 우주활동
에 대해서는 국가의 엄격한 통제가 가능한 영역이다. 즉, 우주공간은
공해 및 심해저, 남극, 대기권, 사이버 공간의 국제공역적 특성과 유사
하면서도 상당히 독특한 성격이 있는바, 대기권과 우주공간의 명확한
경계 구분이 불확실한 상황에서 전 지구적인 우주활동이 이루어지고
있다는 특성이 있다. 이러한 특성으로 인해 우주공간의 구체적 거버넌
스 이슈는 필연적으로 안보 문제와 직결되는 경향이 강하다. 또한 고
도의 과학기술과 자본이 필요한 우주활동의 특성으로 인해 실제 우주
의 자유로운 접근과 이용이 가능한 국가는 제한되어 있으며, 이러한 측
면이 미국 등 우주 강국들이 우주의 국제공역적 성격을 강조하는 배경
이기도 하다. 미국의 경우 국제공역적인 우주를 무지지적 개념으로 인
식하는 측면이 강하여 개별 국가의 능력에 의한 이용, 개발, 탐사가 가

능하다는 입장이다. 다만, 최근 우주의 국제공역성에 대한 미국의 기존
입장은 변화되어 미국의 의지와 능력을 관철하려는 의도를 표명하고
있는바, 이는 우주 경쟁이 본격화되면서 미국의 우주에서의 안보이익
을 강화하려는 의지의 표현이라고 평가된다.

이러한 배경에서 우주공간의 국제규범 창설 논의에서 우주개발
선진국과 개도국 간 갈등이 첨예한 영역이 존재하고 있다. 먼저 우주공
간의 유한자원 이용과 관련하여 우주무선통신 수용 주파수 지대와 지
구정지궤도(geostationary orbit) 문제가 제기되는바, 우주개발능력을
지니지 못한 국가들은 미래를 위하여 다양한 형태의 국제적 규제가 수
립되어야 한다는 입장이다.[10] 또한 영공과 우주의 경계 획정 문제에서
국가 간 의견 대립이 있는바, 우주개발에 있어 개도국들은 우주는 인류
의 유한 천연자원이고 그 혜택이 모든 국가에게 미쳐야 하며, 우주개발
활성화를 위한 국제협력을 촉진하기 위해서는 조속히 경계 문제가 해
결되어야 한다는 입장이다. 이에 반해 우주 선진국들은 우주의 정의 및
경계 획정을 추진하는 것은 시기상조이며, 국제적 합의가 부재한 상황
에서 추진할 경우 우주활동을 위축[11]시킬 수 있고, 경계 획정으로 관할
권 등 분쟁을 촉발시킬 가능성이 크다고 주장하고 있다. 더욱이 우주공
간의 위험요인인 '우주파편(space debris)'의 상당수는 지구정지궤도
위성보다 수명이 짧은 저궤도위성에서 발생하고 있는바, 저궤도위성

---

10   실제 지구정지궤도의 영유권 문제와 관련하여 주권 문제가 제기되고 있는데, 적도에 영
      토를 가진 브라질, 콜롬비아, 콩고, 에콰도르, 인도네시아, 케냐, 우간다, 자이레는 1976년
      에 적도 직상공에 있는 지구정지궤도 영유에 대해 속지적 관할권을 주장하는 '보고타선
      언'을 제안하였다.
11   우주공간의 경계 획정과 관련 미국의 반대 이유 중 하나는 우주왕복선의 활동이 저지될
      것에 대한 우려인바, 우주왕복선은 이륙 시에는 로켓의 도움으로 발사되므로 문제가 없
      지만, 착륙 시에는 일반 항공기의 착륙과 마찬가지로 일정한 대기권 비행이 필요하므로
      주권의 문제가 제기될 수 있다.

의 처리 문제는 우주공간의 안전 문제뿐만 아니라 안보 문제에도 직결
되어 있다.

2. 우주공간의 군사화·무기화[12]

우주에 대한 탐사와 이용이 무제한적으로 허용되는 것인 아닌데, 우주
가 모든 인류의 영역으로서 달과 그 자연자원이 인류의 공동 유산으로
유지되기 위해서는 우주의 탐사와 이용이 과학적 목적 등 오직 평화적
목적으로 제한되었을 때에 가능하다. 즉 우주가 군사적 목적으로 이용
될 경우 지속적인 우주의 탐사와 이용의 보장은 확신할 수 없게 된다.
이를 반영하여 1967년 외기권 조약 제4조 1항[13]에서는 우주의 군사화·
무기화의 일정한 금지를 규정하고 있다. 다만, 앞서 설명한 6개 조약
중 1967년 우주조약과 1979년 달협정에서 군사적 활동에 대한 규제가
국제법적 흠결이 있는바, 문제는 달과 다른 천체에서는 군사 활동이 포
괄적으로 금지되는 반면, 지구 주변 궤도에서는 대량파괴무기만이 금
지의 대상이라는 것이다. 따라서 지구 주변 궤도에서는 대량파괴무기
가 아닌 재래식 무기를 사용하는 군사 활동은 허용된다는 해석이 가능
하고 이러한 해석은 1967년 우주조약의 대원칙인 우주의 평화적 탐사
및 이용과 일견 상충될 수 있다. 동 조약의 평화적 목적과 관련 완전한

---

12 우주의 군사화와 무기화는 개념상 차이가 있는바, 우주의 군사화는 통신, 조기경보, 감시
   항법, 기상관측, 정찰 등과 같이 우주에서 수행되는 안정적·소극적·비강제적인 군사활
   동을 의미하고 우주의 무기화는 대위성무기 배치, 우주기반 탄도미사일 방어 등과 같이
   적극적·강제적·독립적이면서 불안정한 군사적 우주활동을 의미한다.
13 "조약 당사국은 핵무기를 실은 모든 물체 또는 다른 유형의 모든 대량살상무기를 지구
   주변 궤도에 두지 않으며, 천체에 그러한 무기를 설치하지 않으며 또는 다른 모든 방법
   으로 우주에 그러한 무기를 배치하지 않을 것을 약속한다."

비군사화로 이해해야 한다는 의견, 침략적 이용만이 금지된다는 견해, 그리고 비무기화만을 의미한다는 의견 등 세 가지 입장으로 나누어지는데, 중·러는 비군사화를 주장하는 반면, 미국은 비침략적인 목적에만 국한해야 한다는 입장이다.

중·러가 공동으로 제한한 PPWT에서는 1967년 우주조약 제4조 1항의 통상적 해석상 지구 주변 궤도에 재래식 무기의 배치가 가능한 것과는 달리 우주에 어떠한 무기의 배치 및 우주물체에 대한 무력의 위협 또는 사용을 금지하고 있어 우주에서의 비무기화를 규정하고 있다. PPWT의 비무기화 규정도 논란의 소지가 있는바, 금지되는 우주무기의 명확한 정의가 부재하여 우주에 배치하지 않은 인공위성 요격 또는 미사일 방어 무기의 지상 배치는 그 배치가 무력의 위협을 구성하지 않는 한 PPWT의 금지 대상에 포함되지 않는다. 또한 PPWT의 검증시스템 부재 등은 실효성에 한계가 있으며 현재 미국의 강한 반대로 PPWT를 논의하기 위한 작업반도 구성되지 못한 현실이어서 동 조약의 조기 채택 가능성은 낮다. 다만, 대부분의 국가가 동 조약을 지지하고 있고 UN 총회 및 CD에서 지속적으로 논의되기 때문에 향후에 여하한 형태의 결과물은 도출될 것으로 보인다.

ICoC에서는 "과학·상업·민간·군사 활동에서 우주의 평화적 탐사와 이용을 촉진"한다고 규정함으로써 우주의 군사적 이용을 허용하고 있는바, 이에 대해 논란이 제기되고 있다. 즉, 우주가 현실적으로 군사적으로 이미 활용되고 있는 상황에서 국제협력체계를 통하여 군사활동의 TCBMs를 도모할 수 있다는 입장과 우주의 군사적 이용을 인정함으로써 우주분쟁을 악화할 수 있다는 견해로 대립되고 있다.

3. 우주에서의 자위권 적용

최근 우주공간은 4차 산업혁명 시대의 '확장된 신복합공간'으로서 기술경쟁의 성격을 갖고 있는바, 위성을 활용한 정찰, GPS를 이용한 유도제어, 다중영역 차원의 군 작전 수행 등 민간 및 군사 안보 차원에서 우주 자산이 적극적으로 활용되고 있다. 특히, 미국, 러시아, 중국 등 우주 강국들은 우주를 정치, 안보, 경제, 과학기술의 관점에서 접근·경쟁하고 있는데 공식적인 부인에도 불구하고 우주공간에서의 정보 및 전쟁 수행능력 향상의 경쟁을 가속화하고 있다. 예컨대, 미국의 우주기술 기반 미사일 방어 검토보고서(MDR), 우주산업 육성전략, 우주상황인식(SSA), 우주군 창설 관련 우주정책지침(SPD) 발표 등을 계기로 우주 강국들은 우주공간의 군사화와 무기화 및 상업적 민군겸용의 기술개발을 급속히 진행하고 있는 상황이다.

상기 이슈는 사이버 공간의 국제법 적용 논의에서와 같이 우주공간의 국제규범 논의에서도 자위권의 적용 문제가 핵심적 쟁점 사안으로 대두되고 있는 것과 연계되고 있고 동 이슈에서 국가 간 이견이 현저하다. 우주공간에서의 비무기화를 주장하는 중러의 입장에서는 우주가 자위권의 대상이 된다는 것을 받아들일 수 없다는 입장이고 미·서방은 기본적으로 비침략적 형태의 우주의 군사화는 가능한 전제에서 특정한 상황에서의 자위권의 적용은 UN 헌장상 보장된 기본적 권리라는 입장이다. ICoC에서는 이를 보다 명문화하여 "UN 헌장에서 '인정된(recognized)' 개별적 또는 집단적 자위권의 고유한 권리"를 일반원칙으로 규정하고 있다. 상기 문구는 관습국제법상 자위권을 포괄하는 포괄적 개념으로 또는 ICoC에 대한 미국의 적극적인 참여를 유도하기 위하여 자위권의 범위를 확대하였으나, 반면 중·러 및 상당수 국가의 반발을 초래하였다.

4. 우주파편(debris)의 제거·경감

지구궤도상의 우주파편 물체는 인간이 만든 생성물로서 우주파편의
급속한 밀도 증가로 인한 충돌 가능성의 위험을 감소시키기 위한 논의
가 1994년 COPUOS 소위원회에서 의제화한 이래 논의되고 있다. 우
주파편은 우주 궤도 공간상에 대량으로 산재해 있고 엄청난 속도(고도
500km에서 초당 약 7~8km)로 통제 불가능하기 때문에 우주 항행에
상당한 위험을 초래하고 있다. ICoC에서는 우주파편의 심각성을 인식
하여 우주파편의 발생을 최소화하는 방안으로 우주물체의 발사 시부
터 궤도에서의 비행 수명이 종료하는 전 기간에 걸쳐 장기잔류 우주파
편물을 발생시킬 수 있는 모든 활동을 제한하고 있다. 이와 관련하여
ICoC은 서명국에게 UN COPUOS가 채택한 우주파편 경감 가이드라
인의 준수를 촉구하고 국내 이행에 필요한 정책과 절차를 수립하도록
하고 있다. 우주파편 경감 가이드라인은 장기적인 경감 조치로써 지구
저궤도에서 임무를 종료한 발사체 최상단을 지구 저궤도로부터 제거
하도록 하고 있다. 문제는 ICoC에서 우주물체의 피해나 파괴를 야기하
는 행위를 정당화하는 세 가지 사유 중 하나인 우주파편의 발생을 경
감하기 위한 조치 및 기술은 군사적으로 전용될 수 있다는 점이다. 실
제, 우주파편의 제거를 위한 명분·목적으로 미국, 중국, 러시아는 요격
미사일, 인접폭발, 레이저 파괴 등 다양한 군사적 전용 기술을 실험 및
상용화하고 있다. 또한 우주파편의 경감 및 개선 기술은 아직까지 초기
적 단계로 상당한 기술적, 재정적, 정치적 장애물이 존재한다.
　　이러한 상황에서 우주파편의 정의 문제와 더불어 또 다른 우주

파편의 법적 이슈는 현재의 국제우주법에서는 기능이 마비된 우주파편은 여전히 발사국의 소유물인데, 이는 국제해사법상의 '해난구조(salvage)'와 유사한 권리가 없으며 이는 우주파편의 경감 및 제거에 장애요소로 작용하고 있다. 같은 맥락에서 우주물체 및 위성의 발사·운용·소유국의 동의 없이는 위험을 야기하는 우주파편의 제거도 가능하지 않는다는 점이다. 이러한 법적 흠결은 현재로서는 1972년 배상협약이나 1975년 등록협약을 유추·적용하여 해결을 모색할 것이나, 향후에는 상당주의의무(*due diligence*)나 긴급피난의 법리가 원용되어 관련국의 동의 없이 우주파편의 제거가 이루어질 수도 있다.

이와 관련 트럼프 우주정책의 법·제도적 개혁조치의 일환으로 STM의 구체적 내용을 금년까지 마련하여 내년 1월에 제출할 예정이다. STM의 경우 우주공간 내 교통량 증가에 따른 우주잔해물 충돌이 문제가 되는 상황에서 국가우주위원회는 △우주상황인식(space situational awareness) 관련 정보 제공을 통한 국가 방어 자산관리, △민간부문과의 정보 공유 시스템 구축, △기술 가이드라인과 안전 기준 마련 등에 관한 내용을 포함할 것으로 예상된다. STM에 대한 규제 프레임의 경우 지구궤도위성과 우주잔해가 폭증하고 있는 상황에서 일관되고, 개방적이며 안전한 우주활동을 확보하기 위해 필요한 조치로 △충돌 방지와 데이터 공유, △우주파편 감축, △행동규범 및 가이드라인 정립 등이 현안으로 추진되고 있다. STM 프로그램 성과의 최우선 과제는 충돌 방지인바, 이는 불필요한 경고 남발을 줄이는 문제와 밀접하게 연결되어 있고 예측시스템의 상당한 신뢰가 있어야 가능하다. 예측시스템의 신뢰성을 제고하려면 충분·적정한 데이터, 향상된 알고리즘, 관측·식별·감지 및 예측 기술이 필요한데, 이들 핵심 기술과 능력은 필수적으로 기술표준화 문제와 연결되어 있다. 우주파편 감축 프로

그램의 경우 △우주파편 활동 평가, △위험 감소를 위해 우선적으로 제
거할 필요가 있는 우주파편의 구분, △신뢰성 및 효율성 향상 방안의
적실성 평가, △전체적 프로그램의 이행 가능성을 중심으로 논의되고
있다. 기존 교통 및 체증과 관련한 해양 및 항공에 적용되는 행동규범
및 가이드라인이 우주공간에는 부재하다는 문제의식에서 행동규범을
정립하기 위해 현재 모든 이해관계자들이 참여하여 논의하는 포맷으
로 진행되고 있다. 또한 동 규범 논의에서 △위성활동 전반, △명확한
정책과 라이센스 제도, DAPRA 및 CONFERS의 예와 같은 △예측 가
능한 우주활동을 위한 기술 및 운영안전기준 등이 쟁점이다.[14]

IV. 시사점 및 중견국 외교 과제

1. 법적 문서의 형식

우주환경의 변화와 우주개발의 다원화에 따른 새로운 국제규범의 정
립 및 국제조약의 창설 필요성에도 불구하고 해당 법적 문서의 성격,
즉 법적 구속력 여부에 대해서는 미·서방과 중·러 간 대립이 현저한
상황이다. 미국 오바마 행정부는 2010년 6월 신우주정책을 발표하면
서 국제협력적 접근을 확대하면서 국제규범 형성과 관련 과거보다 상
당히 전향적인 입장을 보였으나 이러한 기조는 트럼프 행정부에서는
보수적 입장으로 변화되었다. 즉, 트럼프 행정부는 다자적인 국제규

---

14 STM의 쟁점별 상세한 내용에 대해서는 Global Trends in Space Situational Awareness
(SSA) and Space Traffic Management (STM), IDA Document D-9074, (2018)을 참
조.

범 논의보다 동맹국 및 파트너십 국가들과의 국제협력 강화를 중시하
는바, 이러한 배경에는 우주 경쟁의 다원화, 우주예산의 상대적 감소,[15]
우주환경의 위험 증가에 대응하기 위해 우주상황인식(SSA) 분야에서
국제협력을 강화하고 우주안보에서 미국의 리더십을 유지할 필요성에
서 기인한다. 다만, 중·러의 공세에 대응 차원에서 다자적 차원의 우주
공간의 국제규범 논의에는 적극 참여하면서도 포괄적인 법적 구속력
있는 국제조약 창설에는 명확한 반대 입장을 고수하고 있다.[16]

반면 중·러는 '새로운 법적 구속력 있는 국제문서'에 대한 협상과
서명이 우주안보 논의에 있어 최우선 의제가 되어야 한다는 입장 하에
PAROS 논의를 주도하면서 PPWT의 협상·채택을 강력히 제안하고 있
다. 중·러는 우주안보와 관련한 현존 국제조약 및 규범은 우주에서의
군비경쟁을 방지하는 데 미흡하고 자신들이 제시한 PAROS 및 PPWT
는 이미 국제적 공감대를 충분히 형성하였다는 입장이다. 다만, 러시
아의 경우 외기권조약의 보완·개정이나 TCBMs에 대한 추가의정서가
우주에서의 안보와 안전 문제들을 다룰 수 있고 국제규범이 합의에 이
르기에 용이한 측면이 있다는 점은 공감하면서 이에 대한 논의의 필요
성에는 동의하고 있다. 그럼에도 불구하고 러시아는 법적 구속력 없는
국제규범 채택 논의가 UN에서의 PPWT와 같은 법적 구속력 있는 조
약의 협상 목적과 진행을 저해해서는 안 된다는 입장이다.

EU는 중도적 입장에서 국제사회가 우주안보를 위해 현실적으로
달성 가능한 목표를 세우고 점진적으로 포괄적인 레짐을 구축해야 한

---

15 미국은 재정적자를 줄이기 위한 노력의 일환으로 우주예산도 삭감하였는데, 2013년 기
  준 5년간 미국의 공공 및 우주 예산의 연평균 성장률은 -3%를 기록했고 전 세계 우주
  예산에서 미국 정부의 우주예산의 비중도 2008년 25%에서 2013년 16%로 감소하였다.

16 우주상황인식(SSA)의 주요 내용과 쟁점에 대해서는 IFRI, Space Situational awareness
  and International Policy, (2007)을 참조.

다는 입장에서 ICoC을 2007년 제안하여 2008년 채택되었다(amended 2010 & 2012, 2014 revised draft ICOC). EU는 포괄적인 국제규범 형성을 위해 TCBMs 핵심역할을 할 것이라고 주장하면서 ICoC를 즉시 채택하고 향후 점진적으로 법적 구속력 있는 문서의 채택을 고려할 수 있다는 입장이다.

따라서, 기본적으로 미·서방 측과 유사한 입장을 취하고 있는 한국의 경우에는 당분간 안보이슈를 포함하여 우주공간에 적용되는 국제법 창설이 어려운 상황에서, 우주공간에 적용되는 국제규범의 내용을 구체화하고 국제사회의 다양한 논의 기제에서 한국의 위상에 상응하는 국가적 입장을 제시할 필요가 있다. 같은 맥락에서 우주의 평화적 이용이라는 대명제에 부합하는 법제도 정비 및 국내적 최적관행의 발굴·축적 또한 병행해 나가야 한다. 이러한 국내적 역량강화를 통해 중견국으로서의 국제 우주역량강화를 주도하고 국익에 부합하는 국제협력 어젠다를 우주외교전략 차원에서 수립·추진해 나가야 할 것이다.

2. 신뢰구축조치 및 우주상황인식

냉전 시대에 국가 간에 발생 가능한 갈등을 사전에 예방하기 위한 조치였던 투명성 및 신뢰구축조치가 우주에서도 적용된다는 것은 인공위성 등 우주에서 우주물체의 운용에 수반하는 다양한 활동이 외교 문제 등 국가 간에 새로운 안보분쟁을 야기할 수 있다는 것을 의미한다. ICoC의 TCBMs 논의와 더불어 UN 차원에서도 투명성 및 신뢰구축조치의 국제규범 형성을 위한 노력이 진행되고 있는바, UN은 총회 산하 제1위원에서 투명성 및 신뢰구축조치 정부전문가그룹(UN Group of Governmental Experts on Transparency and Confidence-Building

Measures in Outer Space Activities, UNGGE)을 설립[17]하여 2013년 보고서를 채택하였고 2018년 제2차 UNGGE가 개최 예정이다. 주목할 점은 우주활동과 TCBMs을 연계하여 제1위원회에서 논의한다는 것은 UN이 우주의 군사적 이용을 사실상 인정한다고 할 수 있다. 또한 TCBMs의 논의는 서방과 중·러 간 최소한의 협력을 유지하는 매개이기도 하고 양측이 서로를 공박하는 공격수단적 의제이기도 하다. 따라서 신뢰구축조치와 관련 우리나라가 할 수 있는 조치와 할 수 없는 조치를 구분하여 국제사회 논의에 대응할 필요가 있으며 인공위성의 운영 및 우주공간을 과학기술적 접근뿐만 아니라 외교안보적 측면에서도 접근해야 할 것이다.

우주상황인식과 우주교통관리와 관련 미국 트럼프 행정부는 SPD-3을 발표해, 미국의 우주 주도권 확보에 필수적임을 천명하고 이를 위한 수단으로 적극적 조치를 제시하였다. 동 지침에서 전통적으로 군사적 이슈로 인식되었던 우주상황인식 이슈를 상업적 차원에서 접근하면서 국제협력 및 미국 주도 우주이용 국제규범의 표준화를 통해 해결해나갈 것을 지시하고 있다. 러시아 역시 우주 감시 및 추적 시스템 등 우주상황인식은 러시아 우주정책의 핵심 영역이고 자국 조기 경보 시스템의 필수 구성요소이며 미국에 이어 두 번째로 우주감시기능을 제공하고 있다. 중국 역시 톈궁(天宮) 1호가 2018년 4월 통제 불능에 빠진 뒤 남태평양으로 추락한 사건을 계기로 현재 중국은 정확한 표적을 식별하고 성공적으로 군사작전을 전개하기 위해 우주상황인식 기능 개선과 함께 미국과 분리된 독립적인 우주상황인식 시스템 구축

---

17 UN은 2010년 지리적 배분을 고려하여 미국, 러시아, 중국, 영국, 프랑스, 한국, 이탈리아, 남아공, 나이지리아, 브라질, 칠레, 카자흐스탄, 우크라이나, 루마니아, 스리랑카 등 15개국으로 GGE를 구성하였다.

을 목표로 추진하고 있다.

특히, 우주상황인식은 미국이 우주역량이 있는 주요 동맹국 및 파트너 국가들과 국제협력을 강화하는 우선 분야이다. 미국은 EU, 캐나다, 일본, 호주 등과 우주상황인식을 핵심 협력 사안으로 추진하고 있으며 한미 우주정책대화 초기부터 한미 간 협력 의제로 우주상황인식을 제안해 오고 있다. 또한 우주상황인식은 우주의 복원력 강화 차원에서 중요한바, 일국의 우주상황인식 시스템의 장애 시에도 동맹국 및 파트너 국가들과 협력하여 대응한다는 전략적 목표가 있다. 따라서 우주상황인식은 한국의 우주외교전략의 핵심 의제라는 관점에서 다자 및 양자적 차원의 국제협력을 추진해야 할 것이고 동 국제협력에서는 민관군의 총제적이고 유기적인 협력을 전제로 하여 전략을 수립하여야 한다.

3. 우주기술의 발전과 수출 통제

우주개발 초기 인공위성은 우주탐사·개발과 경제적 이용 등 민간 목적에 초점을 두어 왔으나 전쟁의 성격이 첨단기술에 의해 수행되면서 인공위성의 역할 및 기능도 민간용도와 함께 군사전략적으로 활용되고 있다. 즉, 오늘날 우주안보를 위협하는 주요인은 우주의 평화적 이용이 아닌 군사적 이용에 있으며 인간생활이 우주와 밀접히 연관된 상태에서 각국이 현재 운용 중에 있는 민간위성과 군사위성 간에 구분이 어려운 실정이다. 위성의 이중 용도가 우주안보 위협 요인의 하나로 인식되고 있으며 특히 상업용 또는 정부 주도의 우주프로그램에 대한 투자가 우주개발 기술, 통신서비스 기술, 전자간섭 최소화 기술 등에 집중되고 있으며 이들 기술이 위성의 민군겸용 임무 수행에 직간접적으

로 활용되고 있다. 실제로 우주 선진국의 군과 정부는 상업적 우주산업
에 대한 의존도가 증대되는 가운데, 각국의 군사력 혁신은 통신, 지휘,
감시, 정찰 및 정보 등 우주의 이용에 크게 의존하며 이러한 군사 목적
의 서비스들은 민간 분야 상업 주체들에 의해 제공되고 있다. 이런 상
황에서 우주안보의 지속성 보장을 위한 국제규범화는 우주의 민간 및
상업적 이용을 포함한 모든 분야를 포괄한 논의가 필요한 현실이다.

미국의 경우 트럼프 행정부는 우주의 상업적 활동과 관련 법·제
도적 개혁조치의 일환의 하나로 ECR의 구체적 내용을 금년까지 마련
하여 내년 1월에 제출할 예정이다. 수출 통제개혁조치(ECR Initiative)
의 경우 오바마 전임 행정부에서부터 제기되었던 전반적인 미국 수출
통제 법제의 △노후화된 시스템, △중복적이고 복잡한 제도, △수출 허
가 절차에 장시간 시간소요 등에 따른 효과성과 효율성이 저하된다는
문제의식에서 내년 1월을 목표로 새로운 수출 통제 제도 도입을 목표
로 관련 기관 간 TF를 구성하여 검토 작업 중이다. ECR은 효과성과 효
율성 강화라는 목표로 비민감거래의 경우 간소화를 위해△비민감 품
목 통제 완화, △제도 및 절차 단순화, △우방국 허가요건 면제 등을 추
진하고 우려거래를 집중통제하기 위해 △집행강화, △허가기관 간 정
보공유 강화, △민감품목 식별 등을 통해 이원적·균형적 정책내용을
포함한다.

상기 현안을 바탕으로 ECR은 통제리스트, 허가기관, IT시스템, 집
행조정기관 등 4개 통합 분야를 중심으로 진행되고 있는바, 통제리스
트의 경우 그동안 상무부 관할 CCL(Commerce Control List)과 국무
부 관할 US Munition List(USML)의 상이한 두 개의 수출 규제 품목
리스트를 유지하고 있던 것을 ECR를 통해 규제 대상 물품을 재정리
하고 궁극적으로는 하나의 Control List로 통일하기 위한 기준을 수립

하고 있다. 그 중간 과정으로 부품 등 비민감 품목을 CCL로 이전하고 USML(positive list)과 CCL 간 명확한 선을 구분하는 작업을 진행 중에 있다. 우주물품과 관련하여서는 상업 통신위성, 저능력 관측위성, Planetary Rover, Planetary and Interplanetary Probes 및 이와 관련된 시스템 및 장비, 이외 USML에 없는 위성 버스 관련 부품 등 일부 위성 관련 물품이 USML에서 CCL로 이전되었고 트럼프 행정부에서는 본격적으로 의회통보 및 협의를 계획하고 있다. 허가기관 통합 문제의 경우 현재 국무부(ML), 상무부(CCL), 재무부(금수조치 중 무역 관련 부분)으로 3분되어 있고 집행기관 역시 다수 부처(국무부, 재무부, 국방부, 법무부, 상무부, 에너지부, 국가안보국)로 나누어진바, 허가기관 및 집행기관 통합은 장기적이고 법 개정이 필요한 관계로 현재로서는 부처 간 조정기능을 강화하는 방향으로 전개되고 있다.[18]

우주기술 개발과 수출 통제 분야는 다른 과학기술 분야와 같이 중견국에서 주도국으로 상승하려는 한국의 중견국 외교전략의 핵심영역이다. 이러한 배경에는 주요 과학기술 강국의 경우 자국의 국가이익을 위해 안보적 명분을 이유로 수출 통제 등을 통해 엄격히 기술이전을 통제하고 있는 상황이다. 이러한 현실적 제약 속에서 한국의 경우 초기부터 해외기술에 의존하면서 단계적으로 기술자립을 통해 우주개발정책을 추진하고 있는바, 우주 강국으로부터의 상호적인 기술협력의 제약이 있을 경우 장기적인 우주개발전략에 차질이 있을 것은 자명한 사실이다. 즉, 현재 위성, 발사체, GPS 등 한국이 추진하고 있는 주요 우주개발 분야 역시 주요 우주 강국으로부터의 수출 통제 문제를 극복해야 하는바, 이는 기본적으로 한국의 전반적인 우주 역량강화와 함께 미

18   당초 2019년 상반기에 ECR에 대한 기본 골격을 발표하기로 예정하였으나 미국 내 각 부처의 입장차로 인해 지연되고 있는 상황이다.

국 등 주요 국가들과의 양자 우주협력 강화를 통해 해결해야 할 과제일 것이다. 또한 양자 우주협력의 경우 상대방 국가의 이익에 근본적으로 부합해야 하는 것은 당연한 전제라는 점에서 지나친 개발중심의 접근은 상대국가에 거부감을 초래할 수 있다는 점을 간과하지 말아야 할 것이다.

V. 맺음말

최근 우주안보 이슈에서 UN 및 다자협의체의 논의는 주요 우주 강국들의 이해 대립으로 인해 당분간 지체될 것으로 전망되는 가운데 미국 주도로 STM, ECR 등 주요 규범들이 다자화될 가능성이 높기 때문에 이에 대한 준비 및 대응이 긴요하다. 또한, 미·서방과 중·러 간의 입장 차로 인해 우주공간에 보편적으로 적용되는 구속력 있는 국제조약 및 규범이 단기에 창설될 가능성은 낮으나 향후 UN 및 다자협의체서의 논의는 치열할 것이기 때문에 적극 참여하여 우리의 기본 입장을 제시하고 이를 위한 쟁점별 검토·분석을 통한 입장 정리가 필요하다. 특히, 안전한 우주활동을 위한 우주파편 감시와 저감 문제는 미국은 물론 보편성을 갖는 어젠다인바, 적극적으로 대처하여 우주활동국으로서의 의무 역시 준수한다는 인식을 확산시킬 필요가 있다.

　　트럼프 행정부의 국가우주전략이 파트너십을 통해 다층적인 양자 협력을 구축하는 것인바, 한국도 미국과의 포괄적인 우주정책협력 틀 안에서 사안별 협력 프로그램을 준비해야 한다. 특히, 지난 20여 년간 위성 분야에서 성공적인 협력을 수행했던 신뢰를 바탕으로 점차 발사체 및 우주부품의 수출 통제 부분에서도 보다 진전된 협력사업을 준비하여 진행해야 한다. 다만, 민감품목 이전이나 전략물자 이전에 대한 민감성이나 방산 분야에서처럼 국가별 양자협력의 일정한 시간적 격차를 설정하려는 미국의 일반적 기조 역시 고려해야 하는바, 한·미 간 고위급 우주안보대화 채널을 구축·유지하여 양자 간 정책적 이해를 공유할 필요가 있다. 같은 맥락에서 한·미 간 우주전략대화는 일원적이고 특정 분야 중심의 논의만으로는 실질적인 성과를 도출할 수 없는바, 국내 유관 부처 간 유기적인 협력조정체제를 통한 한·미 간 우주전략대화 진행이 필요하다.

현재 우주협력 역시 COPUOS, CD, UNGGE 등 UN을 중심으로 다자 차원의 논의가 지속될 것이지만 일정한 한계가 있고 향후 지역적 논의가 활성화될 가능성이 높으므로 지역적 논의에서 우주의 평화적 이용 및 TCBMs 이슈를 주도할 어젠다 개발 및 선도적 역할 배양이 필요하다. 이러한 배경에는 우주 경쟁의 다변화를 촉진하는 국가들이 중국, 일본, 한국, 인도, 호주, 멕시코, 칠레 등 아·태지역 국가들이며 아시아 지역안보 이슈에서도 우주안보 및 우주협력도 포함될 가능성이 높은 상황이다. 또한 트럼프 행정부가 우주안보전략의 실현을 위해 아시아 국가와의 파트너십 구축을 강조하면서 아시아 국가의 역할분담을 제시하고 있는바, 우주안보 분야에서도 아시아 국가들의 적극적 역할이 요구되고 있다.

한국의 우주개발과 외교전략 차원에서 국제협력은 아직까지 시작 단계라고 할 수 있지만 다른 모든 분야의 한국의 위상과 같이 빠른 속도로 주도국 반열의 진입단계에 들어섰다고 평가된다. 본고에서 논의하였듯이 우주 분야의 협력은 기술, 산업 측면은 물론 국제정치 및 외교안보전략 등 광범위한 분야를 포괄하고 있는바, 국가전략 차원에서 접근해야 할 것이다. 이 경우 우주외교전략 역시 한국의 관계적·구조적 현실을 바탕으로 국가미래전략의 일환으로 추진되어야 할 것이고 이는 곧 국제사회에 교량역할 및 기여를 하면서도 주도국으로 발전해야 하는 한국의 기본적인 중견국 외교전략과 그 맥락이 동일하다 할 것이다.

참고문헌

김한택. 2015. "우주의 평화적 이용에 관한 국제법 연구." 『항공우주정책·법학회지』 30(1): 273-302.

김형국. 2010. "우주 경쟁: 제도화와 과제." 『한국동북아논총』 15(2): 295-328.

박원화. 2012. "EU's Space Code of Conduct: Right Step Forward." 『항공우주정책·법학회지』 27(2): 211-241.

유준구. 2018. "우주안보 국제규범 형성의 쟁점과 우리의 과제." 『정책연구시리즈』. 국립외교원 외교안보연구소. pp.1-20.

_____. 2018. "트럼프 행정부 국가우주전략 수립의 의미와 시사점." 『주요국제문제분석』. 국립외교원 외교안보연구소. pp.1-19.

임재홍. 2011. "우주안보의 국제조약에 대한 역사적 고찰." 『군사편찬연구소』. 국방부. pp.259-294.

정영진. 2014. "유럽연합의 우주활동 국제행동규범의 내용 및 전망." 『국제법학회논총』 59(3): 214-240.

_____. 2015. "우주의 군사적 이용에 관한 국제법적 검토: 우주법의 점진적인 발전을 중심으로." 『항공우주정책·법학회지』 30(1): 303-325.

현대경제연구원. 2015. "주요국 우주산업 경쟁력 현황과 시사점." 『VIP REPORT』 626호.

Dupuy, Pierre-Marie. 1991. "Soft Law and the international law of the environment." *Michigan Journal of International Law* 12(2): 421-422.

Frierson, Nate. 2018. "An Economic Goods Analysis of U.S. Space Situational Awareness(SSA) Policy." *ISEP*, 1-41.

Lal, Bhavya. 2018. *Global Trends in Space Situational Awareness(SSA) and Space Traffic Management(STM)*. IDA Doc. D-9074: Science & Technology Policy Institution.

Nardon, Laurence. 2014. "The Return of Geopolitics: The Revenge of the Revisionist Powers." *Foreign Affairs* 93(3): 69-79.

Schmitt, Michael N. 2006. "International Law and military Operation in Space." *Max Planck Yearbook of United Nations Law* 10: 89-125.

Weeden, Brian. 2017, "Space Situational Awareness Fact Sheet." *Secure World Foundation*.

제3부   환경안보 무대의 중견국 외교

제6장   REDD+ 설립을 위한 중견국 기후·산림외교 연구

김성진(한국환경정책·평가연구원)

* 본 논문은 『정치·정보연구』 제22권 3호(2019년 10월 31일)에 게재된 것임을 밝힌다.

I. 서론

산업화 이후 인간활동에 의한 온실가스 배출량의 증가와 탄소흡수원의 훼손에 의해 지구의 탄소순환이 교란되었고, 그 기후변화가 가속화되고 있다는 것이 과학자 공동체의 일반적인 견해이다. 기후변화 분야에서 가장 권위 있는 인지공동체인 기후변화에 관한 정부 간 패널(Intergovernmental Panel on Climate Change, IPCC)은 2014년에 발표한 제5차 평가보고서에서 온실가스의 증가에 따른 기후변화의 심각성을 상세히 분석해 놓았다. IPCC 보고서는 대기 중의 CO_2 농도 증가가 기후변화의 주요 원인이 되며, 특히 산업화 시기인 1850년대 이후 인간활동에 의해 CO_2 농도가 40%가량 증가한 것이 지구에너지에 불균형을 초래하여 기후변화의 가장 큰 원인이 된다는 사실을 밝혔다. 기후변화에 따라 1880~2012년 기간 지구 평균기온은 0.85℃ 상승하였고, 1901~2010년 기간 평균해수면은 19cm가 상승했다. 만약 온실가스의 감축 없이 현재와 같은 추세로 배출량을 유지한다면, 1986~2005년 대비 21세기 말(2081-2100년)에는 지구 평균기온이 3.7℃(2.6-4.8℃) 상승하고, 해수면은 63cm(45-82cm) 상승할 것으로 동 보고서는 전망했다(Intergovernmental Panel on Climate Change 2014).

이렇듯 인류의 생존을 위협하는 기후변화에 공동으로 대처하기 위한 국제사회의 움직임은 1980년대 말부터 가시적으로 이루어졌다. 1998년 기후변화 현상의 과학적 조사를 위한 IPCC가 설립되었고, 1992년에는 전 지구적 기후변화 대응을 위한 공식적인 국제제도로서 국제연합기후변화협약(The United Nations Framework Convention on Climate Change, UNFCCC)이 체결되었다. 1997년에는 UNFCCC의 구체적인 시행규칙을 담은 교토의정서(Kyoto Protocol)가 채택되었고,

오랜 갈등과 논쟁 끝에 2005년에 비로소 요건을 갖춰 발효되었다. 하지만 세계 온실가스 배출국 상위에 위치하는 중국, 미국, 인도 등이 감축의무를 지니지 않거나 참여를 하지 않은 교토기후체제는 명백한 한계를 지니고 있었고, 이를 대체할 새로운 기후체제를 수립하기 위한 포스트교토체제 논의가 UNFCCC를 중심으로 치열하게 이루어졌다. 그 결과 2015년 파리에서 열린 UNFCCC 제21차 당사국총회(Conference of the Parties, COP)에서 새로운 기후체제를 법적으로 규정한 파리협정(Paris Agreement)이 채택되었고, 2020년에 종결되는 교토기후체제에 이어 파리기후체제가 출범하게 된다.

UNFCCC부터 파리협정에 이르는 모든 국제기후제도에서는, 온실가스 배출량의 증가에 따라 점점 가속화되는 기후변화에 대응하기 위한 여러 방안들을 규정하고 시행해왔다. 교토기후체제 초기에는 화석연료의 사용을 줄이기 위한 에너지, 산업, 수송, 건물 부문에서의 규제와 인센티브가 핵심적인 수단으로 여겨졌으나, 온실가스 감축을 위한 논의가 진전되자 기존과는 상이한 영역에서 효율적·효과적으로 기후변화 대응을 할 수 있는 새로운 아이템이 부각되었다. 온실가스 흡수원으로서의 산림의 역할이었다. 산림은 세계 온실가스 배출량의 최대 1/4까지를 흡수·저장하여 온실가스가 대기 중으로 빠져나가지 못하게 함으로써, 기후변화 억제에 중요한 기능을 담당하고 있다는 사실이 큰 의미를 지니게 되었다. 이에 교토의정서 당사국들은 새로이 산림을 조성하여 탄소흡수원을 늘리는 활동에 인센티브를 부여하기로 결정했으나, 기존의 산림을 보전하고 지속가능하도록 관리하는 활동에 대해서는 어떠한 혜택도 주지 않았다. 이는 대규모 열대우림을 보유한 국가들이 자신의 이익을 관철시켜야 할 외교적 틈새가 되었으며, 선진국과 선발개도국으로 이루어진 강대국들이 자국의 온실가스 감축을 둘러싸고

갈등을 빚는 동안, 산림을 보유한 중·소국들은 산림의 보전과 지속가
능한 관리에 대한 인센티브를 공식적으로 제도화시키기 위한 외교활
동을 전개하였다.

본 연구의 목적은 강대국들의 협상장인 UNFCCC에서 산림에 이
해관계를 지닌 중·소국들이 자신의 이익을 관철시키기 위해 연합을 결
성하고, 반대자들을 설득시킬 수 있는 새로운 명분과 아이디어를 제시
하며, 공식적인 제도설립을 위한 외교활동을 전개하고, 이를 재정적으
로 지원하는 등 기후변화와 산림의 보전·관리를 연계하는 틈새외교
(niche diplomacy)를 펼친 과정을 분석하는 것이다. 교토기후체제 초·
중기에 여러 강대국들에게 철저하게 거부당했던 개도국 산림의 보전·
관리에 따른 인센티브 부여 방안은 어떤 과정을 통해 진전을 이루어 공
식적인 제도화에 성공할 수 있었을까? 이 과정에서 중요한 활약을 한
행위자들은 누구이며, 각 행위자들은 어떠한 외교전략을 통해, 그리고
어떤 역할을 수행함으로써 제도화에 기여했을까? 상이한 행위자들의
이익은 국제기후제도에 어떤 식으로 구현되었을까? 본 연구에서는 이
러한 질문들에 답하고자 한다.

향후의 구성은 다음과 같다. 연구의 맥락과 분석틀을 다루는 II절
에서는 탄소흡수원으로서의 산림의 역할을 살펴보고, 기후변화 대응
의 논의와 산림이 연계되는 맥락을 검토한다. 이후 연구의 분석틀로서
국제정치학계의 중견국 외교논의를 개괄한다. III절에서는 개도국에
서의 산림의 보전·관리에 대한 인센티브 부여 제도의 채택을 둘러싼
UNFCCC에서의 논쟁의 역사를 검토한다. 특히 중·소국들의 틈새외
교가 전개되기 전 이러한 제도가 채택될 수 없었던 이유를 구체적으로
살펴본다. IV절에서는 대규모 산림을 보유한 중·소국들이 다양한 측
면에서 기후·산림외교를 펼친 끝에 스스로의 이익을 관철시키고 이를

제도화하는 데 성공할 수 있었던 과정에 대해 각 행위자의 역할, 동인, 틈새외교의 전략 등을 중심으로 분석한다. 이후 V절에서는 결론을 제시하면서 연구를 마무리한다.

II. 연구의 맥락과 분석틀

1. 기후변화와 탄소흡수원으로서의 산림의 연계

산림은 지속적으로 대기 중의 CO_2를 흡수하여 저장함으로써, 온실가스 증가를 억제하고 기후변화를 막는 중요한 역할을 한다. UN식량농업기구(Food and Agriculture Organization of the United Nations, UNFAO) 보고서에 따르면, 2015년 기준 세계 산림의 탄소축적량은 2,960억 톤에 이른다. 특히 남미와 중서아프리카의 산림이 가장 높은 밀도의 탄소축적량을 지니는데, 헥타르당 120톤의 탄소를 흡수함으로써 세계 산림평균인 헥타르당 74톤을 훨씬 상회한다. 하지만 지난 1990~2015년 기간, 농지·주거지 등으로의 산림전용과 산림훼손으로 인해 연평균 4억 4,200백만 톤, 총 약 16억 톤의 탄소배출이 이루어졌다. 그리고 이러한 탄소배출은 주로 남미, 중서아프리카, 동남아시아 주요 열대우림의 훼손으로 인해 발생했다(Food and Agriculture Organization of the United Nations 2016, 30-31). 이하의 현황을 보면, 1990~2015년 기간 세계의 산림은 41억 헥타르에서 40억 헥타르 이하로 약 3.1% 줄어들었고, 특히 아마존을 보유한 남미, 콩고 분지를 보유한 중서아프리카, 그리고 인도네시아 우림으로 유명한 동남아시아 등 주요 열대우림 지역에서 최근까지도 높은 비율의 연간순손실이 발생

표 1 세계 산림보유 상위 10개국(2015)

순위	국가	산림면적(1,000헥타르)	세계 산림면적 중 차지 비중(%)
1	러시아	814,931	20
2	브라질	493,538	12
3	캐나다	347,069	9
4	미국	310,095	8
5	중국	208,321	5
6	콩고민주공화국	152,578	4
7	호주	124,751	3
8	인도네시아	91,010	2
9	페루	73,973	2
10	인도	70,682	2
	총계	2,686,948	67

출처: Food and Agriculture Organization of the United Nations 2016, 17.

표 2 세계 산림 연간순손실 상위 10개국(2010~2015)

순위	국가	산림 연간순손실	
		면적(1,000헥타르)	비율(%)
1	브라질	984	0.2
2	인도네시아	684	0.7
3	미얀마	546	1.8
4	나이지리아	410	5.0
5	탄자니아	372	0.8
6	파라과이	325	2.0
7	짐바브웨	312	2.1
8	콩고민주공화국	311	0.2
9	아르헨티나	297	1.1
10	볼리비아	289	0.5

출처: Food and Agriculture Organization of the United Nations 2016, 17.

해 왔음을 확인할 수 있다.

기후변화 대응을 위한 산림 관련 활동은 크게 두 가지 범주로 구분할 수 있다. 첫째, 신규조림(afforestation)과 재조림(reforestation) 활동이다. 신규조림이란, "50년 이상 산림 이외의 용도로 이용해 온 토지에 식재, 파종, 인위적 천연갱신 등을 통해 새로이 산림을 조성하는 활동"을 의미한다. 그리고 재조림이란, "본래 산림이었지만 50년 미만의 기간 동안 산림 이외의 용도로 전환되어 이용해 온 토지에 식재, 파종, 인위적 천연갱신 등을 통해 다시 산림을 조성하는 활동"을 의미한다(산림청 웹사이트). 신규조림과 재조림은 기준시점(1990년 1월 1일)으로부터 산림의 양이 증가된다는 특징을 지니며, 산림에 의한 탄소 흡수량을 늘려 기후변화 대응에 크게 기여한다. IPCC 보고서는 신규조림·재조림에 의한 전 지구적 연평균 CO_2 흡수량이 헥타르당 1~35톤에 이를 것으로 추정한다(Intergovernmental Panel on Climate Change 2007b, 550).

둘째, 산림전용(deforestation)과 산림훼손(forest degradation)을 방지하는 활동이다. 산림전용은 산림을 그 이외의 용도로 전환하는 것을 뜻한다. 예를 들어 기존에 산림이었던 지역을 농경지, 목초지, 공업지 등으로 바꾼다면, 이것이 산림전용에 해당된다. 벌목 등으로 나무가 사라질 때 나무에 저장되어 있던 CO_2가 대기 중으로 다시 빠져나가게 되어 기후변화가 가속화되는 것이다. 따라서 기준이 되는 시점으로부터 산림의 양이 일정하게 유지되거나, 기존의 추세에 비해 덜 줄어들도록 관리하는 것이 산림전용 및 산림훼손 방지 활동의 핵심이 된다. 신규조림 및 재조림처럼 새로 산림을 조성하는 일이 높은 투자비용과 많은 시간이 들어간다는 점을 고려할 때, 산림전용을 방지하고 지속가능한 방식으로 산림을 관리하는 일은 더 낮은 비용과 더 짧은 시간을 들여 큰 효과를 볼 수 있다는 장점을 지닌다.

IPCC가 2000년에 발간한 특별보고서에서는, 주로 산림전용에 따른 토지이용 변화에 의해 1990년대에만 연평균 8~24억 톤의 온실가스가 발생하였고, 이는 인간활동에 의한 온실가스 배출량의 10~25%

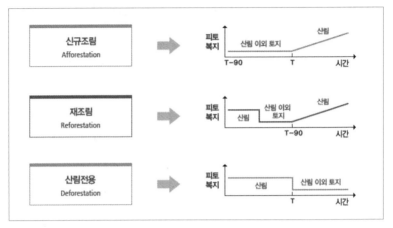

그림 1 신규조림, 재조림, 산림전용의 차이
출처: 산림청 웹사이트. "기후변화협약과 산림."

를 차지한다는 점을 산정한 바 있다(Intergovernmental Panel on Climate Change 2000). 또한 산림이 기후변화 대응에 기여하는 부분을 정확히 측정한 IPCC 제4차 평가보고서에서는, 세계 온실가스 배출량의 17% 및 CO_2 배출량의 28%가 산림전용에 의해 발생한다는 사실을 명기했다. 이는 화석연료에 의한 발전 부문 26%와 산업(특히 에너지 집약적 제조업) 부문 19% 다음의 세 번째 배출요인이 되며, 수송 부문 13%와 건물 부문 8%를 능가하는 수치이다(Intergovernmental Panel on Climate Change 2007a, 5). 동 보고서는 전 지구적 탄소감축 잠재량의 65%가 산림(특히 열대우림) 부문에 있으며, 이 중 절반 이상은 산림전용의 방지에 의해 가능하다는 점을 밝히고 있다. 따라서 기후변화 대응을 위해서는, 화석연료 사용의 억제와 제조업 부문에서의 저감장치 사용 및 에너지 효율 증대만큼이나 중요한 것이 산림전용의 방지임을 알 수 있다.

국제사회 역시 산림전용의 방지가 기후변화 대응의 핵심수단 중

하나임을 인식하고, 이를 관할하기 위한 메커니즘을 만들기 위해 고심한 결과 탄생한 것이 'REDD+'라는 독특한 제도이다. REDD+는 '산림전용과 산림훼손으로부터의 배출량 감축(Reducing emissions from deforestation and forest degradation)'을 뜻하는 REDD에 '산림탄소 고정량 보전', '지속가능한 산림관리', '산림탄소축적의 증대'라는 세 요인을 더한(+) 표현이다. 이는 산림이 탄소를 흡수·축적함으로써 억제된 탄소배출량에 금전적인 가치를 부여하는 것을 핵심으로 한다.

　REDD+ 메커니즘은 UNFCCC에서 오랜 논쟁과 타협 끝에 도출된 협상의 산물이다. 국제사회에서도 UNFCCC 채택 단계부터 기후변화 대응을 위한 산림의 역할을 인지하고 있었다. 하지만 에너지, 제조업, 수송, 건물 등의 분야와 달리, 산림 분야에서는 온실가스 배출량의 측정이 어렵고 감축방법이 불명확하여, 탄소흡수원의 인정 여부 및 측정·이행의 방법론 등을 두고 오랜 시간 논쟁이 이루어졌다. 더욱이 새로이 산림을 조성하는 신규조림·재조림과는 달리, 기존의 산림을 보전·관리하는 REDD+ 활동은 측정과 감축방법 면에서 더 많은 문제점을 지니고 있었기 때문에 대부분의 당사국은 이를 받아들일 수 없었다. 따라서 특정 행위자들의 외교적 노력이 있기까지 REDD+가 포함하고 있는 구상들은 국제기후체제에서 외면당해야만 했다.

2. 분석틀: 중견국 틈새외교

2014년 기준 국가별 온실가스 배출량 순위를 보면, 중국(세계 총 배출량의 30%), 미국(15%), EU-28(9%), 인도(7%), 러시아(5%), 일본(4%) 등의 강대국들이 최상위에 위치하고 있음을 알 수 있다(United States Environmental Protection Agency 웹사이트). 국제 기후변화 협상장은 온실가스를 다량으로 배출하는 세계 최고 강대국들의 첨예한 이해관계가 걸린 각축의 장이며, 선진국의 온실가스 감축과 개도국의 개발권 보장 및 기후변화 적응을 둘러싼 갈등구도는 이러한 강대국들의 입장이 철저히 수렴된 결과이다. 그리고 기후변화에 대한 책임은 상대적으로 적지만 피해는 상대적으로 많이 보는 중·소국들의 이해관계는 기후변화 논의에서 배제되어 온 것이 사실이다. 하지만 REDD+ 사례는 중견국 또는 약소국의 입장이 공식적인 국제제도로 확립되는 데에 성공한 경우이다. 산림을 보유한 국가들과 산림을 이용하고자 하는 국가들의 이해관계가 일치했으며, 강대국들의 첨예한 갈등에서 벗어난 틈새를 찾아낸 것이 REDD+ 외교의 중요한 성공요인이었다. 이에 본 연구에서는 학계의 중견국 틈새외교 논의에 기반을 두고, REDD+ 채택을 위한 중·소국들의 틈새외교를 고찰하고자 한다.

1989년 냉전체제의 종식과 더불어 국제체제에서의 중견국에 대한 연구가 학계에 나타나기 시작했다. 이 중에서도 특히 쿠퍼, 히곳, 노쌀(Andrew F. Cooper, Richard A. Higgott, Kim Richard Nossal)이 호주와 캐나다의 중견국 외교에 대해 공동으로 수행한 연구는 중견국 개념 및 행태의 구체화에 있어 중요한 공헌을 했다. 쿠퍼 등은 먼저 중견국을 정의하기 위해 네 가지 변수를 검토한다. 첫째, 국제적 위계에서 차지하고 있는 위치(position)에 의해 중견국을 규정할 수 있다. 이 경우 중견국은 영토, 인구, 경제력, 군사력 등의 지표상 가장 큰 국가와 가장 작은 국가의 중간에 위치하는 국가들이다. 둘째, 중견국은 지리(geography)에 의해 정의할 수 있다. 냉전 시대를 예로 든다면, 지리적으로 미국과 소련의 중간 지점에 위치한 국가들이 이에 해당된다. 셋째, 규범적(normative) 관점에서 중견국을 분류할 수 있다. 국제사회에서 규범적이라는 평판을 얻은 중견국은 강대국 및 약소국보다 더 현명하고, 더 믿을 만한 국가로 인식되어, 강압적인 힘이 부족해도 높은 외교적 영향력을 지닐 수 있다. 넷째, 행태적(behavioural) 측면에서 중견국의 특징을 포착할 수 있다. 이때 중견국이란 국제정치에서 '중견국다운(middlepowermanship)' 특정 유형의 행태를 보이는 국가들을 지칭한다. 이는 국제문제에서 다자적 해결을 추구하고, 국제분쟁에서 중재하는 위치에 서며, '좋은 국제시민의식'을 외교의 지침으로 삼는 등의 행태를 뜻한다(Cooper, Higgott and Nossal 1993, 17-19).

강선주 역시 중견국에 대한 개념적 규정을 시도한 바 있는데, 다양한 중견국 관련 이론을 검토한 후 중견국에 대한 정의가 크게 국가 속성, 행태, 정체성이라는 세 가지 범주에 따라 이루어진다고 종합적으로 분석했다(강선주 2015, 140-149). 첫째, 국가 속성, 또는 국가 능력에 따라 중견국을 정의할 수 있다. 주로 현실주의 학자들이 이러한 정의를 선호하는데, 강대국과 약소국 사이에 위치하면서, 지역에서 일정한 영향력을 행사할 수 있을 정도의 능력을 지닌 국가를 중견국이라고 부를 수 있다. 둘째, 행태적 접근법에 따라 중견국을 정의할 수 있다. 이는 곧 어떤 국가가 중견국 특유의 행태라고 알려진 행태를 보이면 중견국으로 칭할 수 있다는 뜻이다. 이러한 행태의 대표적인 것으로 규범기획과 중견국정신을 들 수 있다. 규범기획은 특정 사안에서 규범을 추출하여 이를 촉진·전파하는 역할을 하는 것이고, 중견국정신은 중재, 연합형성, 다자주의 선호, 타협 도출 등의 행태를 의미한다. 셋째, 중견국을 능력이나 행태가 아닌 정체성에 따라 정의할 수 있다. 이 정의에 따르면, 중견국이란 국가가 의도적으로 스스로를 그렇게 명명하는 특정한 외교정책이며, 자국을 중견국으로 칭하는 국가의 의도 안에는 그것이 이익이 되기 때문이라는 합리적인 전략이 들어 있다. 따라서 중견국 정체성이 이익이 된다고 판단하는 국가는 능력·행태와 무관하게 스스로를 중견국으로 정의하기도 한다.

하지만 이렇듯 중견국에 대한 다양한 개념 규정이 존재한다는 사실은, 중견국을 특정한 하나의 개념으로 정의하기가 무척 어렵다는 사실을 상기시켜준다. 또한 국제질서의 변화와 국내정치-외교 관계의 역동성에 따라 중견국의 행태는 더욱 다양한 면모를 보일 수 있다. 이러한 문제에 대응하여, 쿠퍼 등은 촉매자(catalyst), 촉진자(facilitator), 관리자(manager)라는 세 가지 정체성을 순차적으로 지니는 것을 중견국의 행태로 유형화할 것을 제안한다. 촉매자는 특정 외교 사안을 촉발하기 위한 지적·정치적인 에너지를 제공하며, 그럼으로써 주위에 추종자들을 모으고 이들을 이끄는 역할을 하는 존재이다. 다음으로 촉진자는 협상의 초·중기 의제설정 단계에서 특정 사안에 대한 이해관계를 대변하는 연합형성(coalition-building)을 주도하는 존재이다. 그렇게 형성된 연합을 중심축으로 삼아 외교적 이익을 관철시키고, 계획을 수립하고 행동의 우선순위를 설정하며, 선언문을 발표하는 등의 활동을 주도하는 것이 촉진자의 역할이다. 마지막으로 관리자는 공식적인 기구·레짐 또는 협약·규범과 같은 규칙을 발전시키는, 제도형성(institution-building)의 주체이다(Cooper, Higgott and Nossal 1993, 24-25). 쿠퍼 등은 이 세 가지의 중견국 행태 유형이 "가치 있는 최상의 대가를 얻어낼 수 있는 특정 영역에 자원을 집중하는" 틈새외교로 이해할 수 있다고 보았는데, 오타와 조약을 통해 보여준 캐나다의 평화 구축, 노르웨이의 분쟁 중재, 덴마크의 녹색 공적개발원조(official development assistance, ODA) 같은 것이 대표적인 중견국 틈새외교의 사례이다.

이에 본 연구에서는 쿠퍼 등의 논의에 기초하여, UNFCCC에서 REDD+가 제도화되도록 외교적 활동을 전개한 중·소국들의 기후·산림외교를 중견국 틈새외교의 관점에서 살펴보고자 한다. 대규모 산림

을 보유한 중·소국들이 공통의 이해관계에 기반을 둔 연합을 형성하
여 전 지구적 기후변화 대응 논의에서 상대적으로 간과되어 있는 산림
의 중요성을 상기시키고, 산림전용 방지에 대한 재정적 보상이라는 새
로운 정책 아이디어를 공식적인 국제제도로 공고화시키는 외교활동
의 과정은 모범적인 중견국 틈새외교 사례로 이해할 수 있다. 다만, 쿠
퍼 등이 촉매자, 촉진자, 관리자의 유형을 제시했을 때, 이는 하나의 중
견국 또는 중견국연합이 특정한 사안에 대해 틈새외교를 펼치는 것을
상정한 것으로 보인다. 하지만 이 연구에서는 특정한 하나의 국가 또
는 교섭집단이 REDD+를 구상하고 제도화시켰다고 판단하지 않으며,
아이디어의 제기부터 채택과 발전에 이르는 전 과정에서 몇몇의 국가
또는 교섭집단이 각기 다른 역할을 통해 중요한 공헌을 했다고 분석한
다. 결과적으로, REDD+의 제도화에 기여한 주요 중·소국 행위자들의
행태를 다양한 틈새외교 관점에서 세부적으로 고찰함으로써, 현상이
발생할 수 있었던 원인과 과정에 대한 이해를 높이고자 한다.

III. UNFCCC에서의 산림전용 논의

1. 국제기후체제에서의 산림 관련 규정의 발전

2005년 11월 11일, 파푸아뉴기니와 코스타리카는 "개도국 산림전용
으로부터의 배출량 감축: 행동촉진을 위한 접근(Reducing Emissions
from Deforestation in Developing Countries: Approaches to
Stimulate Action)"이라는 제목의 제안서를 UNFCCC COP에 제출했
다. 문서의 요지는, 개도국에서의 산림전용 비율에 주목하고, 이로 인

해 산림이 가둬두고 있던 탄소가 배출된다는 사실을 인지하여, 산림전
용에 의한 탄소배출을 막을 수 있는 과학적·기술적·정책적 대응을 개
발하기 위한 대화를 시작할 것을 제안하는 것이었다.

온실가스 흡수원(sinks)과 저장소(reservoirs)로서의 산림의 역할
에 주목하여, 산림전용과 기후변화를 연계하는 이러한 구상은 2005년
에 처음 생겨난 것이 아니다. 화석연료의 사용과 직접 연관되는 에너
지, 제조업, 수송 등의 분야에 비해서 덜 주목받은 것은 사실이나, 1992
년 UNFCCC의 채택 때부터 기후변화 대응을 위한 산림의 역할은 이미
제4조 1(d)항에 명시되어 있다. 또한, UNFCCC와 교토의정서의 시행
방식을 둘러싼 논쟁 속에는 언제나 산림의 역할에 대한 각 회원국들의
이해관계가 얽혀 있었다.

1995년 UNFCCC 제1차 COP가 독일 베를린에서 열리고, 당사국
들에게 법적인 구속력을 가진 온실가스 감축량 및 기한을 부여하는 의
정서(protocol)를 1997년까지 만들 것이 합의되었다. 이에 따라 1997
년 일본 교토에서 열린 COP3에서 탄생한 것이 교토의정서이다. 교토
의정서 제2조를 보면, 온실가스 흡수원 및 저장소로서의 산림의 역할
을 규정하고, 지속가능한 산림관리와 신규조림 및 재조림을 촉진할 것
을 명시하고 있다. 또한 제3조 3항과 4항에서는 1990년 이후의 신규조
림·재조림 및 산림전용에 한하여, 산림이 흡수한 온실가스를 국가의
감축실적으로 산정할 수 있도록 규정하였다. 교토의정서에서는 토지
와 산림의 탄소흡수원 역할을 활용하는 활동을 '토지이용 및 토지이용
변화와 산림(Land Use, Land Use Change and Forestry, LULUCF)'이
라고 지칭하고, 그 세부사항에 대해서는 당사국들의 추후 논의를 통해
결정하기로 했다.

과학적으로 볼 때, 온실가스 흡수원으로서의 산림을 확대하고 보

전하는 일은 논쟁의 여지가 없는 중요한 문제이다. 하지만 국가의 온실 가스 감축의무를 달성하기 위해 활용되는 산림흡수원은 정치적·기술적인 논쟁이 필요한 문제였다. 1990년대 말에는 발전소와 같은 산업시설에 대한 국가 데이터는 대부분 갖춰져 있으나, 산림에 대한 국가 데이터는 불확실하거나 없는 경우가 대부분이었다. 또한 산림의 온실가스 흡수량에 대한 측정 및 보고에 대한 표준화 된 방법론도 없었으며, 산림의 흡수원 역할에 대한 이해 자체가 부족한 상황이었다. 따라서 온실가스 흡수원으로서의 산림을 기후변화 대응수단으로 인정하고, 법적인 구속력을 지니는 교토의정서 하에서 구체적인 시행방식을 정하는 일은 높은 수위의 논쟁을 촉발할 수밖에 없었다. 가장 적극적인 교토의정서의 지지자인 유럽연합(EU)을 비롯하여, 일본, 그리고 대부분의 개도국이 산림흡수원을 교토의정서에 포함시키는 것에 반대했다. 하지만 캐나다, 호주, 뉴질랜드, 그리고 특히 미국의 적극적인 산림흡수원 포함 의견이 받아들여져서 결국 LULUCF는 교토의정서에 포함되었다(Wirth 2002, 653-654).

　교토의정서 제3조 3항과 4항에서 산림의 흡수원 기능을 인정했지만, 이를 국가 온실가스 감축실적으로 산정하는 구체적인 방법에 대해서는 논의가 이루어지지 않은 상태였다. 따라서, 교토의정서 이후의 COP에서는 LULUCF를 둘러싼 논의가 계속되었다. 1998년 아르헨티나 부에노스아이레스에서 열린 COP4에서는 교토의정서 제3조 3항에 기록된 "1990년 이후 인간에 의하여 야기된 직접적인 토지 이용변화와, 조림·재조림 및 산림전용" 활동과, 제3조 4항에 기록된 "인간에 의하여 야기된 1990년 이후의 추가적인 활동"에 대한 개념 정의가 논의되었으며, 1999년 독일 본에서 열린 COP5에서는 LULUCF 의사결정의 틀과 관련된 프로그램을 채택하고, 각 당사국에게 LULUCF 관련

국가정보를 제출하도록 요구했다. 2000년 네덜란드 헤이그에서 개최
된 COP6에서는 LULUCF의 구체적인 운영방식에 대한 당사국들의 합
의가 이루어지지 않아 결정문 채택에 실패했지만, 2001년 독일 본에서
열린 COP6 속개회의에서 당사국 합의가 이루어져 LULUCF 활동을 정
의하고, 교토의정서 1차 공약기간(2008-2012년)에 한하여 1990년 이
후부터의 조림, 재조림, 산림전용을 산정하는 방식에 대한 절충안이 도
출되었다. 이 합의문은 같은 해 모로코 마라케시에서 열린 COP7에 상
정되어 결국 마라케시합의(The Marrakesh Accords)라는 공식문서로
귀결되었다(조용성 2005, 8-12). 교토의정서 채택 당시 LULUCF 포함
에 반대하던 일본은 논의가 진행됨에 따라 흡수원을 적극적으로 인정
하는 방향으로 입장을 바꿨고, EU는 조림·재조림을 국가 실적으로 인
정하는 문제에서 최대한 양보를 하여 합의가 이루어지는 데 기여했다.

2. 산림흡수원의 탄소배출권 인정 논쟁

교토의정서 채택 이후 마라케시합의에 도달하기 전까지 LULUCF를 둘
러싸고 이루어진 가장 큰 논쟁 중 하나는 산림흡수원의 탄소배출권 인
정 여부였다. 다시 말해서, 산림이 흡수한 CO_2를 배출권으로 산정하여
탄소배출권 거래에 사용할 수 있도록 허용하는지의 문제였다.

　교토의정서의 중요한 특징은 교토 메커니즘 또는 신축성 메커
니즘으로 불리는 세 가지의 기제이다. 첫 번째 기제는 교토의정서 제
17조에 규정된 배출권거래제(Emission Trading)이다. 이는 교토의
정서가 부속서B에 규정한 온실가스 의무감축국 38개국을 대상으
로 하며, 한 국가가 자신의 배출한도를 초과하는 경우 정해진 배출량
을 다 쓰지 못하는 국가로부터 배출권을 구매할 수 있도록 한 제도이

다. 두 번째 기제는 교토의정서 제6조에 규정되어 있는 공동이행(Joint Implementation, JI)이다. 이는 UNFCCC 부속서 I에 규정된 의무감축국 간의 상쇄배출제도로서, 부속서 I의 한 국가가 역시 부속서 I의 다른 국가에 투자하여 발생된 온실가스 감축분의 일정량을 자국의 감축실적으로 인정하게끔 만든 제도이다. 다시 말해서, 이는 선진국 간 온실가스 저감사업을 통해 자국에서 감축하지 못하는 양을 다른 선진국에서 감축하도록 허용한 제도라고 할 수 있다. 세 번째 기제는 교토의정서 제12조에 규정된 청정개발체제(Clean Development Mechanism, CDM)이다. JI가 선진국 간의 제도라면, 이는 개도국을 대상으로 하는 상쇄배출제도라고 할 수 있다. 원래의 CDM은 부속서 I에 속하는 국가가 이에 속하지 않는 국가에 투자하여 발생된 온실가스 감축분을 자국의 감축실적으로 인정하게끔 만든 제도이다. 하지만 이 규정이 변경되어 투자국의 제한이 없어지게 되었다. 즉, 선진국의 개도국 투자뿐 아니라, 개도국 간 투자 역시 CDM으로 인정받게 된 것이다.

LULUCF 활동에 부여된 탄소배출권은 상쇄배출제도인 JI와 CDM에 활용될 예정이었다. 특히 감축 여지가 많은 개도국에서 온실가스 감축사업을 하는 CDM에서의 활용 여부가 관건이었다. 하지만 LULUCF를 CDM 사업으로 인정하는 것은 쉽지 않은 일이었다(Karsenty 2008, 444). 에너지나 제조업 부문에서의 온실가스 저감에 따른 탄소배출권 부과의 경우와는 달리, LULUCF 부문에서의 탄소배출권은 까다로운 문제들을 내포하고 있었기 때문이다. LULUCF 활동의 탄소배출권 부여 여부를 둘러싸고 제기된 비판적인 의견은 다음의 세 가지로 정리할 수 있겠다(Moutinho and Schwartzman 2005, 49-50; Streck and Scholz 2006, 868-869; Corbera and Schroeder 2011, 91-92).

첫째, 추가성(additionality)과 기준선(baseline) 설정에 의한 측정

(measurement)의 문제가 존재했다. 교토의정서 CDM 이사회에서는 추가성이 입증된 감축활동만을 배출권으로 인정한다. 여기서 추가성이란, '해당 CDM 사업이 없었으면 온실가스의 감축이 일어나지 않았다는 것', 즉 CDM 사업으로 인해 그만큼의 온실가스 감축이 발생했다는 것을 뜻한다. 따라서 오로지 CDM 사업에 의해 '추가된' 감축분만큼만 배출권으로 인정받는 것이다. 하지만 산림 분야에서는 이러한 추가성의 입증이 매우 힘들다. 산림은 발전시설 등과는 달리 데이터를 기록·축적하기가 쉽지 않으며, 새로 조성되면 어느 정도의 탄소흡수가 일어나는지, 그리고 기존의 산림을 훼손하지 않았을 때 어느 정도의 탄소저장 효과가 있는지를 정밀하게 측정하기 어렵기 때문이다. 그러므로 추가성 입증을 위해서는 반드시 기준선을 정해야 하고, 정해진 기준선에 기반을 둔 흡수활동의 측정 방법 역시 정교화해야 한다는 난제가 따른다.

둘째, 비영속성(non-permanence)의 문제이다. 탄소흡수원으로서의 산림을 인정한다고 해도, 그 '흡수'가 영구적 성격을 지니지 않는다는 점이 문제가 되는 것이다. 에너지나 제조업 분야에서의 온실가스 감축은 그 자체로 온실가스 배출량의 감소를 의미하지만, 산림흡수원을 통한 온실가스 흡수는 온실가스를 임시로 가두는 것일 뿐, 영구적인 제거라고 할 수 없다. 또한 산림사업은 저감시설 설치 등과는 달리 사업기간이 길고, 도중에 자연재해나 병충해 등으로 인한 피해가 발생할 수 있기 때문에, 사업의 영속성을 보증하기가 어렵다. 따라서 이러한 비영속적인 특징을 지니는 산림사업을 온실가스 감축사업으로 인정하여 CDM 배출권을 부여하는 것이 타당한지가 논쟁의 대상이 되었다.

셋째, 누출(leakage)의 가능성이 제기되었다. 어떤 국가의 A지역에서 산림사업을 하여 새로이 나무를 심었고, 이로 인해 탄소흡수량이 증가되어 CDM 배출권을 발급받았다고 하자. 하지만 A지역에서 산림 사업을 하기 때문에, 이 국가는 B지역에서 원래 계획했던 산림사업을 취소하는 경우도 생길 것이다. 다른 예로, A지역에서 산림전용 방지사 업을 하게 되어 장기간 산림을 보전하게 되면, 그곳에서 경작을 하여 살던 사람들은 B지역으로 이주하여 그곳의 산림을 없애고 경작지를 확보할 수 있다. A지역만 볼 때는 추가성과 감축효과가 입증되어 배출 권 발급이 이루어지지만, B지역까지 넓게 보면 이는 감축효과의 누출 이라고 할 수 있는 것이다. 효과가 단일 사업에 국한되지 않고 이렇게 광범위한 영향을 갖게 되는 경우, 누출까지 고려하여 정확한 감축량을 측정하는 것은 대단히 어려운 일이다.

이러한 문제들이 있기 때문에 LULUCF에 대한 상쇄배출권 인정 은 열띤 논의의 대상이 되었다. 결과적으로 COP6에서 이 문제에 대한 합의가 이루어져서, COP7의 마라케시합의에 명기되었다. 합의 내용 은 신규조림·재조림은 CDM 사업으로 포함시키되, '방지된 산림전용 (avoided deforestation)'은 CDM 사업으로 인정하지 않고 기후적응사 업으로서 재정지원만 받을 수 있도록 하는 것이었다. 이로 인해, 2005 년 다시금 논의가 시작될 때까지 산림전용은 UNFCCC 협상장에서 인 정받지 못한 상태로 남아 있어야 했다.

IV. 중견국 기후·산림외교와 REDD+ 제도의 수립

1. 우림국연합: 촉매자이자 촉진자

교토의정서 하에서 외면되어 온 산림전용의 문제를 다시 제기한 것은 우림국연합(The Coalition for Rainforest Nations, CfRN)이었다. CfRN 은 국제적인 차원에서 산림 관련 사안을 제기하고 이해관계를 조정하 기 위해, 파푸아뉴기니의 주도로 2005년에 공식적으로 결성된 열대우 림 보유 개도국들의 연합이다.[1] CfRN은 정기적인 내부회의도 갖지 않 고, 산림이 아닌 다른 분야에서는 공동의 행동을 취하지 않는, 느슨하 고도 사안특수적인 성격을 지니는 협상그룹이다.

CfRN이 처음으로 국제무대에 모습을 드러낸 시점은 2005년 5월 17일, 독일 본에서 열린 UNFCCC 정부 전문가 세미나에서였다. 파푸 아뉴기니의 UN대사였던 아이시(Robert G. Aisi)는 산림전용으로부터 의 배출량 감축 문제를 다시 논의할 것을 제안했다. 그는 연설을 통해, 산림이 온실가스 흡수원으로서 중요한 역할을 한다는 점이 인정되었 음에도 불구하고 산림전용으로 인해 열대우림의 훼손이 심각하다는 사실을 주지시켰다. 그 원인으로 그는 '교토 딜레마'를 꼽았는데, 교토 의정서에서는 산림전용 방지활동에 배출권을 부여하지 않았고, 이는 열대우림을 보유한 개도국들이 세계 탄소시장에 참여하는 것을 방해 하는 불공정한 규칙이라고 주장했다. 따라서 숲을 새로 조성하는 조림 과 재조림뿐 아니라, 기존 대규모 산림의 전용과 훼손을 막는 행위 역 시 감축행동으로 보상받아야 하며, 그 성과를 세계 탄소시장에서 활용 할 수 있도록 규칙을 개정해야 한다는 것이 아이시 연설의 요지였다. 연설의 말미에, 아이시는 파푸아뉴기니의 주도로 CfRN이라는 열대우 림국들의 연합을 결성했음을 밝히며, 이 문제를 몇 달 뒤 몬트리올에서 개최될 COP11에서 다시 제기할 것을 통지했다(Aisi 2005).

---

1 2005년 결성 당시에는 회원국이 9개(파푸아뉴기니, 코스타리카, 볼리비아, 칠레, 도미니 카공화국, 니카라과, 중앙아프리카공화국, 콩고, 콩고민주공화국)였다. 2007년에 29개국 으로 확대되었고, 2019년 현재 53개의 회원국을 보유하고 있다.

COP11이 열리자, 파푸아뉴기니와 코스타리카는 공동으로 CfRN 을 대표하여 "개도국 산림전용으로부터의 배출량 감축(RED)"이라는 의제에 대해 논의할 것을 공식적으로 제안했다. 핵심 내용은 이전의 아 이시 연설과 같았는데, 열대우림의 온실가스 흡수 기능을 강조하며 교 토의정서 시행제도상에는 개도국에서의 산림전용의 방지를 통한 온실 가스 감축에 대한 기제가 없음을 지적하고, 개도국 산림전용 방지에 대 한 선진국의 지원을 촉구했다. CfRN은 이 문제를 기후정의와 연결했 는데, 선진국에서 자국 내에 조림·재조림 사업을 하는 것은 배출권을 인정하고, 개도국이 발전을 희생하여 산림을 보전하는 것에는 배출권 을 부여하지 않는다는 것은 부당하다는 논리를 펼쳤다. 이에 따라 RED 에 대한 의정서를 별도로 만들거나, 마라케시합의를 개정하여 교토의 정서 1차 공약 기간부터 개도국에서의 산림전용 방지활동을 CDM 사 업으로 인정하자는 것이 동 제안서의 주장이었다.

파푸아뉴기니의 주도로 CfRN이 취한 전략적 입장은, 공통의 이익 을 가진 개도국을 집결시켜서 세력과 발언권을 획득하고, 개도국과 선 진국 모두를 만족시키는 가교 역할을 할 수 있는 아이디어를 제시하여 다시금 국제사회에 환기시키는 것이었다. 이들은 RED가 가장 비용- 효과적인 온실가스 감축수단 중 하나이며, 기후변화뿐 아니라 빈곤, 지 속가능발전, 생물다양성 보전 등 다양한 혜택을 동시에 주는 구상임을 강조했다. 그 결과, 마라케시 COP7에서 대다수 국가의 반대에 직면하 여 산림전용 방지활동이 CDM 사업으로 인정받지 못했던 것과는 대조 적으로, CfRN 제안서는 몬트리올 COP11에 참석한 많은 당사국들의 지지를 받았다. 당사국들은 RED 구상의 타당성과 실현 가능성을 조 사할 것을 UNFCCC 과학기술자문기구(Subsidiary Body for Scientific and Technological Advice, SBSTA)에 요청했다(Hiraldo and Tanner

2011, 43).

COP11 이후 CfRN은 RED의 채택을 위해 적극적인 외교활동을 펼쳤다. 먼저 산림전용에 이해관계를 가진 국가들을 설득·규합하여 CfRN의 세력을 확대한 결과, 창설 당시 9개국이었던 회원국은 2007년 29개국으로 늘어났다. 그리고 CfRN의 힘이 커지는 과정에서, 산림 문제에 이해관계를 가진 CfRN 내외 국가들의 다양한 주장 역시 세부적으로 조율되었다. 두 가지 문제가 가장 큰 조율의 대상이 되었다. 첫 번째는, 산림전용이 아니라 산림훼손에 주목하는 국가들이 많다는 사실이었다. 특히 콩고 분지를 보유한 중앙아프리카 국가들이 산림훼손 논의를 이끌었고, 산림전용과 마찬가지로 산림훼손 방지에 의한 배출권 역시 기술적으로 측정할 수 있다는 점을 강조했다. 이에 따라 RED에 산림훼손의 D가 더해진 REDD가 산림보유국들의 공식적인 용어로 확정되었다(Rowe 2015, 67). 두 번째는, 인도와 중국처럼 산림전용과 산림훼손의 문제가 상대적으로 심각하지 않은 국가들은 산림탄소고정량 보전, 지속가능한 산림관리, 산림탄소축적이라는 "+"요인에 더 관심을 갖고 있었다는 사실이다. 하지만 브라질처럼 심각한 산림전용을 겪는 나라는 당장 심각한 위협에 처하지 않은 산림에 배출권을 부여하는 것에 강력히 반대했다. 이러한 논의를 거쳐 2007년 인도네시아 발리에서 개최된 COP13에서의 최종적인 합의에 따라 탄생한 것이 REDD+였다(den Besten, Arts and Verkooijen 2014, 42-43; Allan and Dauvergne 2013, 1314).

발리행동계획(Bali Action Plan)이 담긴 COP13의 결정문(decision) 1(b)의 (iii)항은 "개도국에서의 산림전용과 산림훼손으로부터의 배출량 감축과 관련된 사안에 대한 정책적 접근 및 긍정적인 인센티브와, 개도국에서의 산림보전 및 지속가능한 관리의 역할과 산림탄소축적의 증대"를 국가적·국제적 기후변화 감축행동으로 장려함을 명시했다(UNFCCC 2007, 3). 이 결정문에 의거하여, UNFCCC 당사국들은 REDD+를 총괄하는 구체적인 메커니즘 수립을 위한 논의에 착수했다. 특히 재정 메커니즘 수립이 가장 중요했는데, CfRN은 단기적으로는 공적자금을 통한 선진국의 공여를, 장기적으로는 국제탄소시장을 통한 자금조성을 주장했지만, 브라질 및 여타 국가들은 탄소시장을 통한 방식에 강하게 반대하여 추가 논쟁의 여지를 남겼다. 그럼에도 불구하고, REDD+의 채택은 CfRN 등의 산림보유국들이 펼친 외교의 승리라고 할 수 있다. 세계은행(The World Bank)은 REDD+ 채택에 부응하여 이를 지원하기 위한 산림탄소파트너십기구(The Forest Carbon Partnership Facility, FCPF)를 설립할 것을 발리 COP13에서 공표했는데, "CfRN의 정치적·지성적 리더십"에 설립 기반을 두고 있다는 문구를 명시했을 정도로 CfRN의 기여를 인정하고 있다(Bhandary 2017, 179).

마라케시합의 이후 단지 몇 년 만에 대부분의 당사국들이 입장을 바꾼 이유는 무엇이었을까? 학자들은 그 기간에 나타난 아래와 같은 중요한 사실들을 그 원인으로 꼽고 있다(Seymour and Busch 2016, 260-261; Howes 2009, 131; Hiraldo and Tanner 2011, 43). 첫째, 과학이 더 발전했다. 2007년 초에 나온 IPCC 제4차 평가보고서는 지구온난화 추세가 인간활동에 의해 배출된 온실가스 때문일 가능성이 "매우 높다(very likely)"고 강조하며, 산림전용 및 기타 토지용도 변화로 인한 연평균 온실가스 배출량이 전체의 17%를 차지함을 명시했다. 또한 원격감지기술의 발달로 인해, 마라케시에서 가장 큰 논란이 되었던 측정의 문제가 어느 정도 극복이 되었다.

둘째, 경제적인 유용성이 확인되었다. 2006년 영국 정부의 의뢰로 스턴경(Lord Nicholas Stern) 책임 하에 발간된 스턴보고서에 따르면, 산림전용으로부터의 배출량 감축은 비용 대비 가장 효과적인 감축수단 중 하나로 밝혀졌다. 선진국이 자국 내에서 온실가스 배출량을 줄이려면 막대한 비용이 들지만, 개도국 산림전용을 방지하는 데 투자하면 적은 비용(CO_2 1톤당 약 1~2달러의 감축비용)으로 높은 온실가스 감축 효과를 얻을 수 있다는 주장이었다. 이에 따라 산림전용 방지는 선진국에게 대단히 매력적인 구상으로 재인식되었다.

셋째, 선진국과 개도국 간 갈등을 완화시킬 수 있는, 정치적으로 의미 있는 구상이라는 인식이 확대되었다. CfRN의 RED 제안은 선진국이 자발적으로 개도국에 재정지원을 하도록 한 기제였기에, 선진국과 개도국 양측에서 모두 이점을 가질 수 있는 윈윈전략이었다. 이에 더하여, 비교적 낮은 비용으로 기후변화를 막고, 생물다양성을 보전하여 생태계 서비스를 유지할 수 있다는 장점도 지니고 있었기에, 정치적으로 반대에 직면할 가능성이 적었다.

이렇듯 상황과 여건의 변화가 수반되었다는 사실을 감안해도, REDD+ 수립 과정에 있어 CfRN이 기여한 바는 대단히 높았다고 평가할 수 있다. 2005년 창설 당시 CfRN은 오세아니아, 중남미, 아프리카에 위치한 9개 중·소국가들의 연합체일 뿐이었다. 하지만 CfRN이라는 연합의 지붕 밑에서 이들은 아이디어와 정보를 공유했고, 브라질, 인도네시아, 인도 등의 산림대국들이 산림전용 방지활동의 인정에 반대하거나 소홀할 때 이를 재규정(reframing)하고 국제사회에 호소하여 REDD+ 수립이라는 외교적 성과를 이룩하였다.

기후변화 협상장에서 중단되었던 산림전용 논의를 다시 의제화하고, 그 실행을 위한 구체적인 아이디어를 제시하며, 구상에 힘을 실어 현실화하기 위해 CfRN이라는 연합 결성을 주도한 것은 파푸아뉴기니였다. 파푸아뉴기니는 1975년부터 2011년까지 총리를 지낸 소마레(Sir Michael Somare)와, 환경·기후변화 특별대사를 역임한 콘래드(Kevin Mark Conrad)의 적극적인 주도 하에서 CfRN을 설립하여 산림외교 부문의 신흥 강자로 떠오를 수 있었다(Carter 2015, 211, 215). 교토의정서 시행령에 산림전용 배출권을 포함시키면 선진국으로부터의 재정지원을 얻을 수 있다는 아이디어를 소마레 총리에게 건의한 인물이 콘래드였다. 콘래드는 미국에서 근무하던 파푸아뉴기니 외교관의 아들로서 뉴욕에서 태어나 콜럼비아대의 경영대학원을 졸업했는데, 동 대학원의 교수인 힐(Geoffrey Heal)과 스티글리츠(Joseph Stiglitz)의 영향을 받아 작성된 그의 석사논문에서 이미 산림전용과 탄소배출권의 문제를 다룬 바 있었다(Lovera-Bilderbeek 2017, 128-129). 소마레 총리는 콘래드의 아이디어를 적극 수용하여, 산림전용 방지활동을 UNFCCC 당사국들에게 인정받기 위한 외교적 노력을 2005년부터 개진하게 되었고, 콘래드는 CfRN의 창설 때부터 대변인을 맡아 2015년 파리 COP21까지도 그 지위를 유지했다.

CfRN을 결성하면서 파푸아뉴기니는 코스타리카를 주요 회원국으로 합류시켰는데, 양 국가는 탄소시장에서 산림전용 배출권을 승인받기 바라는 이해관계를 공유하고 있었기에 REDD+ 사안에 대한 신속한 협력이 가능했다. 두 국가의 조합은 절묘한 전략의 산물로 볼 수 있다. 코스타리카는 산림보전활동으로 국제사회에서 높은 명성을 지니고 있었기에, 대규모 열대우림을 보유하고 있지만 산림관리 측면에서는 비교적 취약한 파푸아뉴기니의 리더십을 보완할 수 있는 정당성을 갖고 있었다(Allan and Dauvergne 2013, 1317). 특히 산림보전활동으로 유명한 비정부기구(NGO)인 국제보전(Conservation International)이 코스타리카 정부와 협업하여 성공적인 산림보전활동을 수행해 온 실적이 있기에, 코스타리카가 파푸아뉴기니와 함께 CfRN을 주도하게 되자 국제 NGO들의 지지도 획득할 수 있었다.

파푸아뉴기니의 아이디어는 유사한 이해관계를 갖고 있었던 중앙아프리카산림위원회(Central African Forest Commission, COMIFAC)의 지지 역시 이끌어냈다. COMIFAC은 산림을 보유한 중앙아프리카 6개국(중앙아프리카공화국, 카메룬, 콩고, 콩고민주공화국, 적도기니, 가봉)[2]이 1999년에 설립했으며, 콩고 분지 등 중앙아프리카 산림의 관리와 보전을 위한 협의체의 성격을 지닌다. UNFCCC에 협상그룹으로 참여하여 산림에 관한 사안특수적인 목소리를 내왔으나, 아프리카의 빈국들로 이루어진 탓에 국제협상장에서는 독립적인 영향력을 발휘하지는 못했다고 볼 수 있다. 하지만 산림전용에 대해 큰 이해관계를 지니고 있었던 COMIFAC은 파푸아뉴기니의 제안에 호응하여 CfRN에 주요 3개국(중앙아프리카공화국, 콩고, 콩고민주공화국)이 합류하는 외교적 연합이 이루어졌다. 2006년 COMIFAC은 파푸아뉴기니의 제안을 강력히 지지하고, RED에 대한 배출권을 국제탄소시장에 포함시킬 것을 주장하는 제안서(UNFCCC 2006)를 UNFCCC에 제출했으며, 산림전용의 문제는 반드시 산림훼손과 함께 논의되어야 할 것을 강조하여, RED를 REDD로 만드는 데 결정적인 역할을 했다.

지금까지 살펴본 바와 같이, REDD+의 제도화에 있어 CfRN의 존재감과 기여도는 매우 두드러진다. 그럼에도 불구하고, CfRN이 동지집단을 결성하여 국제사회에 제기한 아이디어만으로는 그 성공을 보장할 수 없었다. 산림전용에 의한 온실가스 감축과 그에 대한 금전적 보상의 제도가 수립·공고화되기 위해서는 두 가지 요건이 반드시 필

---

2   후에 부룬디, 차드, 르완다, 상투메 프린시페가 가입하여, 현재 총 10개국이 회원국으로 있다.

요했다. 하나는 세계에서 가장 큰 열대우림을 소유하고 있으며 가장 많은 산림전용을 겪는 브라질의 동의였고, 다른 하나는 이를 재정적으로 뒷받침해줄 수 있는 실행력을 지닌 선진국의 존재였다.

2. 브라질: 거부권자(Veto Power)에서 관리자로

산림 문제에 관한 한, 브라질은 국제적인 논의를 진전시키거나 중단시킬 수 있을 정도의 역량을 보유한 국가이다. 세계 열대우림의 약 40%를 차지하는 아마존의 약 60%를 보유한 브라질은 국가주권의 침해 가능성을 근거로 들어, 마라케시 COP7에서 산림전용을 CDM 사업으로 인정하는 것을 거부한 바 있다(Allan and Dauvergne 2013, 1318).

1992년 UNFCCC 설립 당시부터, 브라질 정부는 법적 구속력을 지닌 산림 관련 규정을 UNFCCC 하에 채택하는 것에 강력히 반대해왔다(Seymour and Busch 2016, 254-255). 국가발전을 위해 산림을 다른 용도로 전환하는 것은 주권국가의 고유한 권한이며, 이를 제한하는 국제법은 받아들일 수 없다는 입장을 고수한 것이다. 브라질에서는 정부뿐 아니라 NGO와 토착민들 역시 산림과 관련된 국제사회의 규제에 반대의사를 분명히 표명해왔다. 국제협약에 가입한 국가가 산림전용을 제한하게 되면, 정부 주도의 산림관리체제가 고착화되어 산림에 기반을 두고 생활해 온 토착민들은 삶의 터전을 잃고 쫓겨날 것이 확실시되기 때문이었다. 당시 브라질은 오랜 군사독재 시대가 끝나고 문민정권이 출범한 지 얼마 되지 않은 상황이었기에, 브라질 시민사회에서는 정부중심적 사고를 지양하고 토착민들의 권리를 증진시키려는 움직임이 활발히 전개되고 있었다. 1964년 쿠데타를 통해 굴라르(Joao Goulart) 대통령을 대신하여 브라질의 정권을 장악한 군부는 아마존에 대한 브라질의 주권을 강조하고, 그 자원을 국가 경제발전에 활용하는 정책을 20여년간 고수했으며, 1985년 군사정권 시대가 끝나고 헌법 개정을 통해 민주주의로의 전환이 있은 후에는 국가의 경제발전과 함께 아마존 토착민 보호를 위한 브라질의 주권이 다시금 강조되었다(May, Millikan and Gebara 2011, 8). 특히 선진국이 아마존 보호를 명분으로 접근하여 브라질의 부를 빼앗아 간다는 의구심이 높아져서, 브라질은 그 대응을 위해 아마존에 대한 주권을 국제사회에 한층 더 강조하기에 이르렀다(Seymour and Busch 2016, 292-293).

2000년대에 들어서자 아마존 산림전용의 심각성에 대한 국제사회의 인식이 높아졌고, 산림전용의 문제가 마라케시합의에서 배제된 것을 둘러싼 논의가 브라질 시민사회 일부에서 이루어지기 시작했다. 아마존 인근 도시인 벨렘(Belem)을 중심으로 시민운동을 하던 산틸리(Marcio Santilli), 무팅요(Paulo Moutinho) 등은 2003년 '산림전용 감축에 대한 보상'이라는 아이디어를 담은 독자적인 보고서를 발간하기도 했다. 이는 CfRN에 의해 2005년 UNFCCC에서 공식적으로 제기된 내용과 동일한 문제의식을 담고 있었지만, 국가주권의 훼손을 우려하는 브라질 정부와 토착민의 권리를 중시하는 여타 브라질 NGO는 이 보고서에 반대의사를 표명했다(Seymour and Busch 2016, 257). 2003년은 강한 진보 성향의 룰라(Luiz Inacio Lula da Silva)가 대통령이 되어 아마존 보호에 대한 브라질의 입장 변화가 예상되기도 했지만, 산림전용을 통한 온실가스 감축과 보상에 대한 브라질 정부의 의견에는 특별한 변화가 없었다.

하지만 2005년 CfRN이 산림전용 의제를 다시 국제협상장에 제기하고 산림보유국들의 지지를 호소하게 되면서, 브라질은 기존의 입장을 바꿔서 RED 구상을 적극 지지하는 쪽으로 돌아섰다. 2005년

COP11에서도 회의적인 입장을 유지했던 브라질의 환경부장관 실바 (Marina Silva)는, 이후 여러 번의 UNFCCC 협상을 거치면서 CfRN의 제안서를 신중히 고려한 끝에 RED에 동의한다는 사실을 공표하였고, 브라질의 지지는 REDD+ 채택에 결정적인 영향을 미쳤다(Laurance 2007, 21). 가장 강력한 거부권자였던 브라질이 제도형성에 결정적으로 기여하는 관리자로 전향하는 순간이었다. 변화된 브라질의 입장은 2006년 11월 14일 케냐 나이로비에서 열린 COP12에서 UNFCCC에 제출된 제안서에 구체적으로 드러난다. 브라질은 개도국에서의 자발적 RED 활동에 긍정적인 인센티브를 부여할 것을 제안했는데, 이것이 교토의정서하 선진국들의 감축의무를 충족시키는 주요 수단으로 사용되는 것에는 반대하며, 어디까지나 선진국 온실가스 감축의 추가적 (additional) 수단으로 고려되어야 한다는 점을 강조했다(Brazil 2006, 2-3).

이러한 브라질의 입장은 CfRN의 제안서와는 다소 차이를 보였는데, 브라질은 어떤 종류의 법적 구속력이 있는 RED 규정에도 반대하며 RED는 자발적 사업의 형태만을 지녀야 한다고 했고, 국제탄소시장을 통한 배출권 거래에도 반대하며 개별 사업을 통해서만 산림전용 방지활동에 대한 보상이 이루어져야 한다고 주장했다. 브라질 제안에서 가장 우선순위를 차지한 것은 재원조성의 방식이었고, 선진국이 비용을 지불하여 REDD+ 사업을 지원하는 국제기금을 설립해야 한다는 것이 브라질의 확고한 입장이었다. 즉, 개도국이 산림전용 사업을 통해 온실가스를 감축하면, 그 감축분은 탄소배출권으로 전환되며, 이에 대해 REDD+ 국제기금이 직접적으로 거래를 하는 메커니즘인 것이다. 국제기금 중심의 이러한 방식을 따르면, 브라질로서는 산림전용을 통해 확보한 탄소배출권을 선진국에 판매하는 것이 아니라, 국내의 감축분으로 활용할 수 있게 된다는 것이 브라질의 복심이었다(Allan and Dauvergne 2013, 1319).

브라질의 입장 전향으로 인해, 2007년 발리에서 REDD+의 채택이 성공적으로 이루어졌다. 하지만 그 구체적인 시행방식을 둘러싼 논쟁은 포스트 교토체제 논의 기간 내내 이어졌다. 특히 국제탄소시장을 창설·활용하여 개도국에서의 산림전용 방지에 의한 배출권을 선진국이 자유롭게 구입할 수 있도록 만들자는 CfRN 등의 시장주의 입장과, 탄소시장의 활용을 배제하고 개도국이 개별 사업 중심으로 산림전용 배출권을 획득하여 이를 국제기금과 직접 거래하는 방식을 선호한 브라질의 입장이 갈등을 빚었다. REDD+에 대해 긍정적인 입장으로 돌아섰다고 해도, 브라질은 여전히 아마존에 대한 통제를 중요하게 생각했으며, REDD+는 선진국의 역사적 책임에 따른 보상의 문제이기 때문에 온실가스 감축의 의무를 우회하는 수단으로 이용해서는 안 된다는 생각을 견지하고 있었다(Alvarado and Wertz-Kanounnikoff 2008, 14-16; Okereke and Dooley 2010, 86-90; La Vina and de Leon 2014, 43).

결과적으로, 2015년 12월에 채택된 파리협정 제5조 2항은 REDD+에 대해 "당사국은 결과를 기반으로 한 보상을 통해 협약 하에서 이미 동의가 된 관련 지침과 결정에 명시된 대로 기존 체제를 이행하고 지지하기 위한 행동을 취할 것을 권장하며, 그러한 체제는 산림전용 억제 및 산림훼손 방지를 통한 온실가스 감축과 관련된 활동의 정책적 접근 및 긍정적인 인센티브, 그리고 보전의 역할, 지속가능한 산림경영 및 개도국의 산림 탄소저장의 강화를 담고 있으며 그런 접근방식과 관련된 탄소 없는 편익을 장려하는 중요성을 재강조하면서 통합적이고 지속가능한 산림경영을 위하여 공동의 감축 및 적응 접근방식과 같은 대안적 정책 접근을 담는다."라고 규정하고 있다(UNFCCC

2015, 23-24). 즉, REDD+와 관련된 어떠한 의무나 방식에 대한 명확한 언급 없이 REDD+의 활용을 권장하는 일반적인 내용만이 담김으로써, 파리협정은 다양한 이해관계의 교집합만을 절충적으로 포함하는 형태로 귀결되었다.

3. 노르웨이: 가교(Bridge)이자 관리자

2007년 COP13의 발리행동계획을 통해 REDD+가 공식적으로 채택된 후, 이에 대한 구체적인 운영방안을 둘러싸고 여러 논의가 진행되었다. 특히 관할범위, 국가단위 전략의 필요성, 탄소량 산정 방법, 그리고 조기행동을 위한 재원 마련 등이 가장 중요한 문제로 부각되었다(den Besten, Arts and Verkooijen 2014, 43). 노르웨이는 2008년 초 국제기후산림이니셔티브(Norway's International Climate and Forest Initiative, NICFI)를 창설함으로써, 조기행동 착수와 REDD+ 정립을 위한 대규모 자금지원을 서약한 최초의 선진국으로 이름을 남겼다(Park, Choi and Youn 2013, 217). 노르웨이는 2007년 COP13에서 향후 5년간 매년 5억 달러씩 총 25억 달러를 REDD+에 지원할 것을 공언함으로써, REDD+가 재정 면에서 국제제도로 정착되기 위한 최초의 이정표를 놓았다. 또한, 2008년 UN-REDD가 출범했을 때에도 노르웨이는 공여금(1200만 달러)을 낸 유일한 국가였으며, 2009년에도 4214만 달러의 공여금을 제공함으로써, 192만 달러를 낸 덴마크와 함께 UN-REDD 양대 공여국으로 기여했다(UN-REDD 2010, 14). 몇몇 연구들은 REDD+의 제도화에 있어 가장 중요한 역할을 한 주도국은 노르웨이였다고 주장하는데(Rowe 2015, 70; Lovera-Bilderbeek 2017, 146), 초기부터 막대한 자금을 지속적으로 지원한 공여국이었다는 점을 가장 큰 이유로 꼽고 있다. 노르웨이는 2006년부터 2014년까지 약 40억 달러를 REDD+에 출자했는데, 그 다음으로 많은 금액인 약 10억 달러를 출자한 미국과 비교해도 큰 차이가 난다(Well and Carrapatoso 2017, 692). REDD+에 한정하지 않더라도, 2008년 1월부터 2012년 11월까지 노르웨이는 UNFCCC에 가장 많은 공여금을 낸 국가이다. 노르웨이는 5년간 UFCCC에 약 2000만 달러를 공여하여, 덴마크, 미국, EU, 독일, 영국, 스페인, 일본, 스웨덴, 호주 등을 앞섰다(Lahn and Rowe 2015, 135-136).

그렇다면 열대우림 보유국도 아닌 노르웨이는 왜 REDD+를 적극적으로 주도하게 되었을까? 원래 노르웨이는 REDD+에 부정적인 견해를 갖고 있던 국가였다. COP11에서 CfRN이 RED를 다시금 제안한 직후, 노르웨이는 산림전용 사안을 CDM에 포함시키는 것에 강한 우려와 반대를 표명하기도 했다(UNFCCC 2006). 하지만 이 제도가 노르웨이에게 실리와 명분을 동시에 줄 수 있다는 점이 발견되고 받아들여지면서, 노르웨이의 입장은 극적으로 변화하게 되었다(Lahn and Rowe 2015, 137).

2007년 9월 27일, 노르웨이우림재단(Rainforest Foundation Norway)의 회장 로볼트(Lars Lovold)와 노르웨이 지구의 벗(Friends of the Earth Norway)의 회장 할트브레켄(Lars Haltbrekken)은 공동명의로 정부에 서한을 보내, REDD+를 지원하는 것이 노르웨이에 큰 이익이 된다는 점을 설명했다(Seymour and Busch 2016, 326). 당시 노르웨이는 국가경제의 핵심인 석유와 가스 생산 부문에서 온실가스 배출량이 증가하고 있었지만, 이를 감축할 수 있는 방법을 찾지 못한 상황이었다. 또한 국가의 전력생산은 대부분 수력발전에 의존하기 때문에 온실가스 배출이 거의 없었으며, 중공업 부문으로부터의 온실가스 배출은 이미 최대한 규제되고 있었기에, 국가 경제 부문에서 추가로 온실가스를 감축할 수 있는 여지가 거의 없는 상태였다. 이런 문제 구조 하에서 두 명의 NGO 회장은 REDD+가 돌파구가 될 수 있음을 주장했다. 국내에서 온실가스를 감축하는 것보다, 해외 산림 분야에서 REDD+ 사업을 하여 배출권을 받는다면, 연 10억 달러라는 비교적 적은 비용으로 높은 효과를 달성할 수 있다는 것을 보여주었다. 또한 REDD+는 온실가스 감축목표 달성 측면에서도 비용 대비 효과적인 방법일 뿐 아니라, 생물다양성의 보호, 개도국 빈곤 타파 및 적응역량 강화의 측면에서도 효과가 높아, 그동안 노르웨이가 주도적으로 추진해 온 해외개발협력 목표와도 일치한다는 점을 강조했다. 즉, REDD+는 노르웨이에게 실리와 명분 측면에서 모두 이득이 되는 제도라는 설명이었다.

당시 총리였던 스톨텐베르그(Jens Stoltenberg)와 내각은 이 제안을 적극적으로 검토하였다. 노르웨이 정부는 2017년 9월 20일 UNFCCC에 국가 온실가스 감축목표를 제시하였는데, 2030년까지 1990년 배출량 수준 대비 40%를 감축하는 것이 골자였다. 이처럼 높은 수준의 목표를 국내에서 달성할 수 있는 방안이 마땅치 않은 상태에서, 해외 산림전용의 방지를 통한 온실가스 감축은 국내감축의 문제를 해결함과 동시에 국제기후레짐에서 주도권을 발휘할 수 있는 매력적인 방안으로 여겨질 수밖에 없었다. 이에 정부는 노동당과 야당인 보수당 및 자유당과의 의회 논의를 거쳐, 노르웨이 국민총소득(GNI)의 1%가 투입되는 해외 ODA 사업에 REDD+를 포함시킬 것을 결정했다 (Seymour and Busch 2016, 327). 이후 NICFI를 설립한 노르웨이는 매년 5억 달러를 개도국에서의 산림전용 방지활동에 사용할 것을 공언했다. 또한 2015년까지 UN-REDD에 총 8000만 달러를, 브라질의 아마존기금(The Amazon Fund)에 총 10억 달러를 제공할 것을 서약함으로써, REDD+의 가장 두드러진 공여국이자 주도국의 위상을 보유하게 되었다(Banda and Oppermann 2011, 538).

결과적으로, REDD+ 발전에 있어 노르웨이는 가교이자 관리자의 역할을 수행했다고 볼 수 있다. 노르웨이는 산림보유국들의 아이디어를 현실적으로 구현시킬 수 있는 재정적 지원을 가장 먼저, 그리고 가장 많이 수행한 선진국이자 중견국이다. 개도국에서의 산림전용 방지가 선진국의 온실가스 감축실적으로 연계되는 길을 노르웨이라는 선진중견국이 실질적으로 보여줌으로써 개도국과 선진국 사이에 상호이익이 되는 "가교"를 놓았다고 평가할 수 있다. 또한 노르웨이는 UN-REDD 등 REDD+ 사업을 지원하는 국제조직의 초기 정착에 필요한 지원을 아끼지 않음으로써, 쿠퍼 등이 제도형성의 주역으로 규정한 "관리자"의 역할을 수행했고, REDD+의 가장 두드러진 후원자의 위상을 얻었다고 할 수 있겠다.

V. 결론

대부분의 국제협상장에서는 강대국들의 이해관계만이 주로 반영되는 것이 사실이지만, 때로는 중견국이나 약소국이 놀라울 정도의 존재감을 드러내기도 한다. 특정한 사안에 대해서, 특별한 외교전략을 구사하여, 다수 행위자의 이해를 도모할 수 있는 명분과 실리를 모두 지닐 수 있을 때, 중견국 틈새외교가 성공을 거두는 사례가 종종 발견되는 것이다. UNFCCC 협상장에서의 REDD+의 채택과 제도화는 CfRN, 브라질, 노르웨이 등의 중·소국들이 각기 다른 입장과 전략 하에서 적절한 역할을 수행한 끝에 이루어낸 중견국 외교의 성공사례로 판단된다.

REDD+의 골자인 '개도국 산림전용 및 산림훼손의 방지를 통한 배출권 부여' 방안은 교토체제 초기부터 오랜 기간 거부당해왔다. 탄소 흡수원으로서의 산림을 새로이 조성하는 조림·재조림 활동과는 달리, 기존의 산림을 보전·관리하는 활동에 대해 배출권을 산정하여 부여한다는 것은 대부분의 UNFCCC 당사국들에게 받아들이기 어려운 일로 인식되었기 때문이다. 산림전용 방지활동에 따른 적절한 배출권 측정의 어려움이 뒤따랐고, 탄소의 완전한 제거가 아닌 탄소의 흡수·저장이라는 비영속적인 방식에 대한 배출권 부여 여부의 문제가 제기되었으며, 지역을 옮기면서 배출권만을 부여받을 수 있는 누출의 위험도 상존하고 있었다. 결과적으로 조림·재조림 활동은 교토의정서의 CDM 사업으로 인정받을 수 있었지만, 산림전용·산림훼손 방지활동은 교토 기후체제에서 어떠한 인센티브도 부여받지 못한 채로 남아 있었다.

이러한 상태를 깰 수 있는 돌파구를 처음으로 연 것은 중·소국들의 연합인 CfRN이었다. 파푸아뉴기니의 강력한 리더십에 의해 열대우림 보유국들의 이익단체 성격으로 결성된 CfRN은, 산림보전으로 세계적 명성을 지닌 코스타리카와 기후변화에 의해 큰 피해를 당하고 있는 약소국들이자 콩고 분지에 대규모 열대우림을 지닌 중앙아프리카 국가들의 연합인 COMIFAC의 주요국을 회원으로 영입함으로써, 명분과 실리를 모두 갖춘 기후·산림 외교동맹을 결성하는 데 성공했다. 이어서 CfRN은 '개도국 산림전용 방지활동에 대한 배출권 부여'라는 아이디어를 다시금 국제사회에 제기하면서, 이것이 개도국과 선진국 모두에 상호이익을 가져다 줄 수 있는 중요한 방법임을 강조했다. 산림전용 방지에 대한 배출권을 받은 개도국이 이를 국제탄소시장에 내놓으면, 자국 내에서 온실가스 감축에 어려움을 겪고 있는 선진국이 비용을 지불하고 배출권을 구입하여 이를 자국의 감축실적으로 삼을 수 있다는 제안이었다. 이것이 비용 대비 효과적이라는 인식이 확산되면서 여러 선진국의 호응이 이루어졌고, 이러한 방식을 새로운 제국주의로 인식하여 반대하던 개도국들도 점차 CfRN의 구상에 지지를 표명하게 됨으로써, UNFCCC의 공식화된 제도인 REDD+의 설립이 이루어질 수 있었다. 이 과정에서 CfRN은 REDD+ 구상에 지적·정치적 활력을 부여한 촉매자이자, 연합형성을 통해 아이디어를 확산시키고 결국이익을 관철시킨 촉진자의 역할을 수행하였다는 것이 연구를 통해 확인되었다.

세계에서 가장 큰 열대우림인 아마존을 보유한 브라질은, 교토기후체제 초·중기에는 역설적이게도 가장 강력한 REDD+의 반대세력으로 목소리를 높여왔다. 국가개발을 위해 산림을 전용해야 했던 브라질은 아마존에 대한 국제사회의 간섭에 대해 주권을 최우선으로 앞세워 민감한 반응을 보여 왔으며, 산림전용의 방지를 핵심으로 하는 제도는 결코 받아들일 수 없다는 입장을 견지했다. 하지만 2003년 오랜 군사독재가 끝나고 문민정부가 집권하면서, 브라질의 정치적 입장에 변화의 조짐이 일어났다. 이에 더하여 아마존의 산림전용이 심각한 수준에 이르렀다는 보고가 세계 각지에서 나타났고, 브라질에서도 더 이상 국가개발과 주권만을 내세워 아마존의 산림을 마음대로 전용·훼손할 수 없다는 인식이 퍼져나갔다. 이러한 맥락에서 2005년 CfRN의 제안서는 중요한 촉발제로 기능했고, 브라질은 신중한 고려 끝에 REDD+의 설립에 지지를 표명하고 이후 가장 적극적인 REDD+의 추진자로 변모함으로써, 제도의 설립과 규칙의 발전에 기여한 관리자의 역할을 담당하였다.

REDD+ 채택에 있어 개도국뿐 아니라 노르웨이라는 선진중견국 역시 결정적인 역할을 수행했다. 국제사회에서 손꼽히는 ODA 공여국으로 명성을 얻은 노르웨이는, 산림전용 방지라는 분야에서 정당성과 이익을 동시에 얻을 수 있는 틈새를 발견했다. 스스로 국제사회에 서약한 온실가스 감축목표를 달성하기 어려운 상황 속에서, 산림전용 방지활동에 인센티브를 부여하는 신생의 제도는 노르웨이가 후원하기에 최적의 조건을 갖춘 것이었다. 노르웨이는 NICFI라는 전문적인 기관을 창설하여, 자국이 강점을 지닌 ODA 활동을 통해 REDD+ 사업에 집중적으로 출자하였고, 이러한 재정적 지원은 REDD+의 제도적 정착에 크게 공헌했다. 그리고 이러한 외교적 기여를 통해 노르웨이는 선진국과 개도국에 공히 이익을 줄 수 있는 가교를 놓았으며, REDD+의 제도적 발전에 있어 중요한 관리자의 역할을 수행했다고 할 수 있다.

REDD+는 채택 이후 다양한 논의의 과정을 거쳐 세부적인 운영기제를 만들어가고 있다. 활동 범주, 참여 조건, 국가행동계획의 수립 지침, 활동 지침, 안전장치 지침 등은 2010년 멕시코 칸쿤에서 열린 COP16에서 확정되었고, 2011년 남아프리카공화국 더반에서 열린 COP17에서는 안전장치의 취급·준수, 기준선 설정 지침 등에 대한 합의가 이루어졌다. 그리고 2013년 폴란드 바르샤바에서 열린 COP19에서 '바르샤바 REDD+ 프레임워크(The Warsaw REDD+ Framework)'가 채택됨으로써, REDD+ 메커니즘의 전체적인 구조가 완성되었다. 새로운 파리기후체제에서도 파리협정 제5조 2항을 통해 REDD+ 메커니즘의 도입을 기술하고 있으나, 전술한 바와 같이 아직 구체적인 재정지원체제는 합의되지 않은 상태이다. 결과적으로 국제탄소시장의 발전 여부에 따라 REDD+의 재정지원체제 역시 확정될 것으로 예상된다. 이는 제도의 설립·채택을 위해 이해관계를 공유했던 중·소국들이, 이후 구체적인 운영규칙의 제정을 둘러싸고 다시금 자국의 이익관철을 위한 외교활동을 전개하고 있다는 의미이다. 따라서, 파리기후체제에서 펼쳐질 REDD+ 관련 중·소국들의 다양한 외교전략 역시 추후 연구로 기대해 볼 수 있을 것으로 생각된다.

참고문헌

강선주. 2015. "중견국 이론화의 이슈와 쟁점." 『국제정치논총』 55(1).

산림청. "기후변화협약과 산림." http://www.forest.go.kr/newkfsweb/html/HtmlPage. do?pg=/fcm/UI_FCS_103020.html&mn=KFS_02_10_10_30_20&orgId=fcm (2019/09/11 검색).

조용성. 2005. "흡수원과 LULUCF 관련 국제논의동향과 전망." 『에너지 포커스』 2(10).

Aisi, Robert G., 2005. "Statement by H. E. Robert G. Aisi." UNFCCC Seminar of Governmental Experts.

Allan, Jen Iris and Peter Dauvergne. 2013. "The Global South in Environmental Negotiations: The Politics of Coalitions in REDD+." *Third World Quarterly* 34(8).

Alvarado, Laura Ximena Rubio and Sheila Wertz-Kanounnikoff. 2008. "Why Are We Seeing "REDD"?: An Analysis of the International Debate on Reducing Emissions from Deforestation and Degradation in Developing Countries." IDDRI Study Report.

Banda, Maria and John Oppermann. 2011. "Building a Latin American Coalition on Forests: Negotiation Barriers and Opportunities." *Vanderbilt Journal of Transnational Law* 44(3).

Bhandary, Rishikesh Ram. 2017. "Coalition Strategies in the Climate Negotiations: An Analysis of Mountain-related Coalitions." *International Environmental Agreements: Politics, Law and Economics* 17(2).

Bietta, Federica, Paul Chung and Leonardo Massai. 2013. "Supporting International Climate Negotiators: Lessons Learned by the Coalition for Rainforest Nations." Climate and Development Knowledge Network Paper.

Brazil. 2006. "Submission from Brazil." United Nations Framework Convention on Climate Change. Dialogue on Long-term Cooperative Action to Address Climate Change by Enhancing Implementation of the Convention. Second Workshop. Dialogue Working Paper 21.

Carter, George. 2015. "Establishing a Pacific Voice in the Climate Change Negotiations." Greg Fry and Sandra Tarte. eds. *The New Pacific Diplomacy*. Canberra: Australian National University Press.

Cooper, Andrew F., Richard A. Higgott and Kim Richard Nossal. 1993. *Relocating Middle Powers: Australia and Canada in a Changing World Order*. Vancouver: UBC Press.

Corbera, Esteve and Heike Schroeder. 2011. "Governing and Implementing REDD+." *Environmental Science & Policy* 14(2).

den Besten, Jan Willem, Bas Arts and patrick Verkooijen. 2014. "The Evolution of

REDD+: An Analysis of Discursive-Institutional Dynamics." *Environmental Science & Policy* 35.

Food and Agriculture Organization of the United Nations. 2016. *The Global Forest Resources Assessment 2015: How Are the World's Forests Changing?* Rome: Food and Agriculture Organization of the United Nations.

Hiraldo, Rocio and Thomas Tanner. 2011. "Forest Voices: Competing Narratives over REDD+." *IDS Bulletin* 42(3).

Holloway, Vivienne and Esteban Giandomenico. 2009. "The History of REDD Policy." Carbon Planet White Paper.

Howes, Stephen. 2009. "Cheap but not Easy: The Reduction of Greenhouse Gas Emissions from Deforestation and Forest Degradation in Papua New Guinea." *Pacific Economic Bulletin* 24(1).

Intergovernmental Panel on Climate Change. 2000. *Land Use, Land-Use Change, and Forestry.* Intergovernmental Panel on Climate Change. 2007.

_____. 2007a. *Climate Change 2007: Synthesis Report.* Geneva: Intergovernmental Panel on Climate Change.

_____. 2007b. *Climate Change 2007: Mitigation of Climate Change.* Geneva: Intergovernmental Panel on Climate Change.

_____. 2014. *Climate Change 2014: Synthesis Report.* Geneva: Intergovernmental Panel on Climate Change.

Karsenty, Alain. 2008. "The Architecture of Proposed REDD Schemes after Bali: Facing Critical Choices." *International Forestry Review* 10(3).

La Vina, Antonio G. M. and Alaya de Leon. 2014. "Two Global Challenges, One Solution: International Cooperation to Combat Climate Change and Tropical Deforestation." Center for Global Development Working Paper No.388.

Lahn, Bard and Elana Wilson Rowe. 2015. "How to Be a 'Front-Runner': Norway and International Climate Politics." Benjamin de Carvalho and Iver B. Neumann. eds. *Small State Status Seeking: Norway's Quest for International Standing.* London and New York: Routledge.

Laurance, William F.. 2007. "A New Initiative to Use Carbon Trading for Tropical Forest Conservation." *Biotropica* 39(1).

Lovera-Bilderbeek, Simone. 2017. *Agents, Assumptions and Motivations behind REDD+.* Amsterdam: Library of the University of Amsterdam.

May, Peter H., Brent Millikan and Maria Fernanda Gebara. 2011. "The Context of REDD+ in Brazil: Drivers, Agents and Institutions." CIFOR Occasional Paper.

Moutinho, Paulo and Stephan Schwartzman. (eds.). 2005. *Tropical Deforestation and Climate Change.* Belem: Instituto de Pesquisa Ambiental da Amazonia.

Okereke, Chukwumerije, Philip Mann, Henny Osbahr, Benito Muller and Johannes Ebeling. 2007. "Assessment of Key Negotiating Issues at Nairobi Climate COP/

MOP and What It Means for the Future of the Climate Regime." Tyndall Centre for
Climate Change Research Working Paper No.106.

Okereke, Chukwumerije and Kate Dooley. 2010. "Principles of Justice in Proposals
and Policy Approaches to Avoided Deforestation: Towards a Post-Kyoto Climate
Agreement." *Global Environmental Change* 20(1).

Park, Mi Sun, Esther Sekyoung Choi and Yeo-Chang Youn. 2013. "REDD+ as an
International Cooperation Strategy under the Global Climate Change Regime."
Forest Science and Technology 9(4).

Pistorius, Till. 2012. "From RED to REDD+: The Evolution of a Forest-based Mitigation
Approach for Developing Countries." *Current Opinion in Environmental
Sustainability* 4(6).

Rowe, Elena Wilson. 2015. "Locating International REDD+ Power Relations: Debating
Forests and Trees in International Climate Negotiations." *Geoforum* 66.

Seymour, Frances and Jonah Busch. 2016. *Why Forests? Why Now?: The Science,
Economics, and Politics of Tropical Forests and Climate Change.* Washington
D.C.: Brookings Institution Press.

Streck, Charlotte and Sebstian M. Scholz. 2006. "The Role of Forests in Global Climate
Change: Whence We Come and Where We Go." *International Affairs* 82(5).

UN-REDD. 2010. "Progress Report on Activities Implemented Under the UN-REDD
Programme Fund." New York: United Nations Development Programme.

United Nations Framework Convention on Climate Change. 2005. "Reducing Emissions
from Deforestation in Developing Countries: Approaches to Stimulate Action."
FCCC/CP/2005/MISC.1

_____. 2006. "Issues Relating to Reducing Emissions from Deforestation in Developing
Countries and Recommendations on Any Further Process." FCCC/SBSTA/2006/
MISC.5.

_____. 2007. "Report of the Conference of the Parties on Its Thirteenth Session, Held in
Bali from 3 to 15 December 2007." FCCC/CP/2007/6/Add.1.

_____. 2015. "Adoption of the Paris Agreement: Report of the Conference of the Parties
on Its Twenty-first Session, Held in Paris form 30 November to 11 December."
FCCC/CP/2015/L.9/Rev.1.

United States Environmental Protection Agency. "Greenhouse Gas Emission." https://
www.epa.gov/ghgemissions/global-greenhouse-gas-emissions-data (2019/09/11
검색).

Well, Mareike and Astrid Carrapatoso. 2017. "REDD+ Finance: Policy Making in the
Context of Fragmented Institutions." *Climate Policy* 17(6).

Wirth, Davis A.. 2002. "The Sixth Session (Part Two) and Seventh Session of the
Conference of the Parties to the Framework Convention on Climate Change." *The
American Journal of International Law* 96(3).

제7장 신흥무대의 중견국 보건외교

조한승(단국대학교)

* 본 장의 초고는 연구의 질적 제고를 위해 학술지 『한국과 국제정치』 35권 4호(2019)에 투고
되어 전문가 심사를 거쳐 게재되었음을 밝힙니다.

I. 머리말

21세기 국제무대에서 환경, 보건, 이주 등 신흥 영역은 전통적인 강대국 중심 외교와 지리적 영역 중심의 고전적 지정학적 틀에서 벗어난 새로운 행위자 네트워크를 형성하고 국가들에게 새로운 기회와 도전을 제시한다. 특히 신·변종 감염병 확산, 바이오테러 위협, 유전자조작 농산품(GMO) 안전성 논란, 대기환경 악화, 건강유해상품 거래규제, 신약 특허권 갈등을 포함한 글로벌 차원의 보건 이슈들에 대한 국제적 행위자들의 관심이 커지고 있다. 신종 감염병과 같은 보건 위협은 주민 건강에만 영향을 미치는 것이 아니라 안정적인 사회질서 유지에도 영향을 미치는 중요한 신흥안보 위협의 하나로 간주된다.

이러한 보건 문제는 개별 국가만의 책임과 능력으로 해결하고 대응하기 어렵다. 2015년 메르스(MERS) 사태처럼 치사율이 높고 예방·치료가 어려운 감염병의 갑작스런 발생과 확산은 해당 국가뿐만 아니라 지리적으로 인접하거나 교류가 많은 다른 나라들의 주민들까지 혼란과 공포에 빠뜨린다. 이러한 보건안보위협에 효과적으로 대응하기 위해서는 국가들 사이의 질병정보 교환, 방역 공조, 백신지원 등이 필수적이며, 보다 근본적인 조치로서 글로벌 보건안보위협을 근원적으로 차단할 수 있는 저소득 국가 위생환경 개선, 기초보건의료 시스템 강화 등의 노력이 매우 중요하다. 이런 이유에서 오늘날 글로벌 보건은 글로벌 공공재 개념으로 인식되어 보건안보위협 요인에 대한 대응과 보건환경 개선을 위한 노력을 구체화하기 위한 외교적 노력이 활발하게 이루어지고 있다.

강대국 중심의 힘의 위계질서가 지배하는 전통적인 외교안보에서와 달리 보건안보와 보건협력을 위한 외교에서는 중견국들도 어떠한 보건외교 전략을 개발하느냐에 따라 글로벌 보건 거버넌스에서의 위상을 높이고 리더십을 발휘할 수 있다. 중견국은 보건안보 및 보건협력 분야의 특징을 잘 반영하는 '영리한' 외교전략을 개발함으로써 전통적 지정학이 지배하는 강대국 외교의 틈바구니를 뚫고 새로운 복합지정학의 활동 영역을 개척할 수 있다. 신흥무대에서 중견국은 새로운 국제적 이슈에 대한 경험과 지식을 공유하고, 관련 분야에서 이익을 함께하는 국가들을 규합하여 새로운 연대를 이끌며, 새로운 규범을 창출하고 확산하는 역할을 수행함으로써 존재적 가치를 높일 수 있다. 더 나아가 해당 분야에서의 성과를 그 국가가 가진 다른 장점들과 결합하여 제3의 영역에서의 국가이익 창출의 기회를 모색할 수 있다.

보건 영역에서 한국의 역량은 이미 선진국 수준으로 평가받고 있으며, 강대국 주도에 "따라가는" 입장이 아니라 강대국과 "더불어" 글로벌 보건 거버넌스를 이끌어가는 지위에 있다. 특히 보건안보 분야에서 한국은 2014년 글로벌 보건안보구상(GHSA) 수립 초기부터 핵심 10개국 운영그룹에 포함되었으며, 미국 워싱턴에서의 1차 GHSA 고위급 회담에 이어 2차 회담을 2015년 서울에서 개최함으로써 한국의 주도적 지위를 각인시키는 데 성공했다. 하지만 보건개발원조 분야에서 한국은 지난 수년 동안 보건원조를 획기적으로 증대시켰음에도 불구하고 국제사회에서 그에 합당한 대우를 받고 있다고 보기 어려우며, 질적인 차원에서 한국의 보건개발협력 사업의 방향성과 효과성이 양적인 차원만큼의 개선이 이루어졌다고 말하기 곤란하다.

이러한 상황인식 하에서 본 연구는 전통적인 강대국 중심 외교와 구분되는 보건외교의 특징을 살펴보는 한편, 보건외교라는 신흥무대에서 모색될 수 있는 전략을 보다 실증적인 접근을 통해 모색하기 위해 최근 글로벌 보건협력 분야에서 주목받고 있는 스웨덴, 브라질, 스위스의 보건외교전략을 중견국 외교론의 중개외교, 연대외교, 규범외교의 틀로 분석한다. 이들 국가는 강대국 중심의 전통적 지정학 구도에서 벗어나 독자적이고 특징 있는 보건외교전략을 개발하여 이 분야에서 나름의 영향력을 발휘하고 위상을 인정받는 나라들이다. 이들이 보건외교에 관한 어떠한 전략을 모색하였고, 그것을 어떻게 전개하였으며, 성공적인 전략으로 인정받게 된 원인이 무엇인지를 분석하고 비교함으로써 한국의 보건외교전략 개발과 추진에 필요한 시사점을 도출할 수 있을 것이다.

II. 보건외교의 개념과 성격

1. 보건외교의 개념과 유형

2000년 유엔에서 밀레니엄개발목표(MDG)를 선포하면서 각국은 외교의 중요 요소로 보건을 포함시키기 시작했다. 특히 2003년 사스(SARS) 위기를 겪은 후 국제사회는 신종 감염병을 포함한 각종 보건위협 정보를 신속하게 공유하는 것을 의무화할 필요를 인식하고 2005년 WHO 국제보건규칙(IHR) 개정을 이루어냈다. 이어 2007년 프랑스, 브라질, 인도네시아, 노르웨이, 태국, 남아공, 세네갈 등 7개국 외무장관은 보건을 외교정책에 포함하는 내용의 오슬로 장관선언을 발표하였고, 이를 바탕으로 2008년 WHO에서 외교정책 및 글로벌 보건(FPGH) 이니셔티브에 대한 논의가 시작되었다. 그리고 2009년 제63차 유엔 총회에서 각국 대표들은 외교정책과 보건의 상호의존성을 인식하고 각국 외교정책 수립에 보건 이슈를 고려할 것을 촉구하는 결의

문을 채택한 바 있다.

이처럼 국제사회에서 보건외교는 활발하게 이루어지고 있지만 구체적으로 보건외교가 무엇인지에 대해서는 여전히 다양한 해석이 이루어지고 있다. 그럼에도 불구하고 보건외교를 연구하는 학자들 혹은 실제 현장에서 보건외교를 수행하는 외교관들의 견해는 크게 두 가지로 구분된다. 하나는 글로벌 보건 차원에서의 인도적 규범성을 강조하는 입장으로서 보건외교를 "글로벌 보건 증진을 위한 정책환경을 형성하고 관리하는 다차원적이고 다자적인 국제 협상 프로세스"로 이해하는 것이다(Kickbusch, Silberschmidt 2007, 230-232). 다른 하나는 보건외교의 개발원조적 성격을 국가이익 추구의 수단으로 이해하는 입장으로서 "다른 나라에 대한 보건의료 지원 및 원조를 통해 상대 국가 주민들로 하여금 공여국에 대한 적대감을 줄이고 우호관계를 증진하는 것"으로 설명한다(Thompson 2011). 이러한 견해 차이는 보건외교의 방점을 "보건"에 두느냐, 아니면 "외교"에 두느냐의 차이에서 비롯되는 것이지만 환경이나 개발원조 등 다른 분야에서의 외교정책과 마찬가지로 실제 보건외교의 현장에서 이러한 견해들은 배타적이 아니라 상호보완적인 모습으로 나타난다.

보건외교 활동의 가장 대표적인 행위자는 국가(정부)이다. 특히 위에서 언급한 두 가지 견해 가운데 후자의 경우(국익추구 수단으로서 보건외교)는 국가 간 상호관계를 중시한다. 그러나 오늘날 외교의 모습은 점점 더 "외교관 없는 외교"의 방향으로 나아가는 추세에 있으며(Kennan 1997, 198-212) 보건외교도 예외가 아니다. 글로벌 보건 거버넌스에서 활동하는 행위자는 국가 그리고 WHO, OIE(세계동물보건기구)와 같은 다자기구뿐만 아니라 보건 이슈에 관련된 PPP(Public-Private Partnership), 자선재단, 연구기관, 다국적 제약회사 등 다양한

이해당사자들이 다수 포함되며 글로벌 보건 활동에서 이들의 영향력
이 상당하기 때문에 국가 및 다양한 비국가 행위자들이 보건외교의 행
위자로 포함된다. 이러한 맥락들을 고려하여 여러 연구자들은 보건외
교를 "글로벌 보건활동을 국가이익 수단으로서 외교의 대상에 포함시
키는 동시에, 인류 공공재로서 글로벌 보건증진을 위해 국가 및 비국
가 행위자가 상호관계를 형성하여 벌이는 노력"으로 정의하고 있다
(Kickbusch, Lister, Told, and Nick Drager 2013, 8-9).

이처럼 보건외교의 행위자와 주안점이 다양하다는 점에서 보건외
교의 유형도 여러 가지로 나뉠 수 있다. Katz 등은 보건외교 행위자의
수에 따라 개별국가가 중심이 되는 핵심(core) 보건외교, 국가와 국제
기구 및 유관기관 대표들 사이의 파트너십에 의해 이루어지는 다중이
해당사자(multi-stakeholder) 보건외교, 그리고 민간기금, 연구기관, 시
민단체 등 다수 행위자가 포함되는 비공식(informal) 보건외교로 구분
하였다(Katz et al. 2011). 하지만 이러한 구분은 단순히 참여 행위자의
수만을 기준으로 삼아 WHO와 같은 글로벌 보건 거버넌스 내 특정 행
위자의 주도적 역할이 간과되고 있으며, 개별 행위자가 보건외교에 참
여하는 목적의 차이가 반영되고 있지 않다. 필자는 이를 보완하기 위해
행위자 차원과 목적 차원에 따라 〈표 1〉과 같이 보건외교를 분류하고
대표적인 사례를 명시했다.

핵심 행위자 차원에서 국가 중심의 보건외교는 다시 개별 국가의
양자간 보건외교와 국제기구 및 국제 보건레짐의 프레임 하에서 여러
나라가 참여하는 다자간 보건외교로 구분된다. 다중이해당사자 보건
외교는 국가 및 국제기구뿐만 아니라 백신면역, 에이즈 퇴치와 같은 분
야의 보건 이니셔티브, PPP 등을 포함하는 비국가 행위자를 포함한다.
비공식 민간 보건외교는 보건 NGO, 자선재단, 교육·연구기관, 제약회

표 1 보건외교의 유형 구분과 사례

		목적	
		보건안보위협 대응	보건개발협력
행위자	국가 중심 (양자간)	PEPFAR(에이즈 퇴치를 위한 대통령 긴급대책)	공여국-수원국 보건 개발원조(ODA) 프로그램
	국가 중심 (다자간)	WHO FCTC(담배규제협약) GHSA(글로벌보건안보구상) G20 항생제 내성 국가행동계획	WHO IHR(국제보건규칙) MDG, SDG의 보건관련 목표
	다중이해당사자 (Multi-stakeholder)	GFATM(에이즈·결핵·말라리아 퇴치를 위한 글로벌펀드) 존스홉킨스대학 주관 India-US Strategic Dialogue on Biosecurity	London Summit on Family Planning(2012)
	비공식적 민간 행위자	다국적 제약회사와 민간연구소 사이의 백신 및 치료약 개발 연구협력	NGO, 자선재단, 의료기관, 종교단체 등의 해외 의료봉사 및 긴급재난구호

주: 이 구분은 이해의 편의를 위한 것이며, 각각의 경계가 명확하지 않은 경우도 존재함.

사, 의료기기산업 등 민간 행위자들이 포함되어 다양한 보건 이슈를 논의하고 협력하는 것으로서 국가의 보건외교 및 글로벌 보건 거버넌스 정책에 영향을 미친다. 한편 보건외교의 목적 차원에서 보건외교는 에이즈 퇴치, 바이오 테러 위협 대응, 담배 생산·판매 규제 등과 같은 특정 보건 이슈 해결을 목적으로 하는 특정 보건 위협 공동 대응과 포괄적인 보건환경 개선과 공중보건 증진을 주된 목적으로 하는 보건협력/보건원조로 구분될 수 있다.

비록 편의상 이와 같이 보건외교 행위자와 목적을 구분하였으나, 실제 보건외교가 시행되는 경우 그 구분이 명확하게 이루어지지 않는 경우가 적지 않다. 예를 들어 미국은 양자간 바이오 안보를 포함한 보건 위협을 세계 여러 나라들과 논의하고 협력하는 과정에서 정부 관리뿐만 아니라 민간 전문가를 포함하는 트랙2(track-II) 대화를 활용하는 경향이 있다. 이 경우 보건외교의 행위자를 엄격하게 구분하여 이를 유형화하기에 어려움이 있다. 또한 G20 회의에서 논의되는 글로벌 보건 협력 의제는 MDG 혹은 SDG(지속가능개발목표)의 저개발국가에서의 전반적 보건환경 개선을 이루기 위한 포괄적 논의이면서 동시에 특정 시기 혹은 지역에 관련하여 에이즈, 말라리아, 열대성 소외질병 등 특정 보건안보위협 해결방안에 대한 논의를 포함하기도 한다. 이 경우 보건외교 목적을 보건협력과 보건위협 공동 대응 가운데 하나로 뚜렷하게 분별하기 어렵다.

　　종합하자면 "보건외교"라는 용어의 등장은 그동안 개인의 건강 차원의 문제로 다루어졌던 보건 문제가 글로벌리제이션 현상 속에서 국가 공동체의 안전과 질서에 심각한 영향을 미칠 수 있는 정책 이슈로 전환되었음을 반영한다. 정책 이슈로서의 보건 문제에 신속하고 효과적으로 대응하기 위해 국가를 포함한 글로벌 행위자들은 보건과 외교가 결합된 신흥무대를 형성하였다. 하지만 강대국 중심의 전통적 외교와 달리 보건외교에는 이슈별로 국가뿐만 아니라 다양한 비국가 행위자가 관여하고 있으며, 이슈의 성격에 따라 이들의 역할과 기능이 서로 다르게 나타나고 있다. 아울러 전통적 외교에서는 영향력을 발휘하기 어려웠던 행위자들도 보건의료 분야에서의 전문성 혹은 특수성을 바탕으로 보건외교의 의제형성 과정에서 이니셔티브를 가지거나 공공성과 인도적 명분을 내세우며 다른 행위자들의 참여를 이끌어내는 리더십을 발휘할 수 있게 되었다.

2. 신흥무대로서 보건외교의 성격

전술한 것처럼 보건외교는 주된 목적에 따라 (1) 신·변종 질병의 확산, 바이오 테러/사고 가능성 등 직접적인 보건안보위협에 대한 대응과

(2) 글로벌 보건 문제 해결을 위해 저개발 국가의 보건환경개선을 지원하는 보건개발협력 활동으로 구분된다. 이러한 구분은 1978년 기초보건의료(PHC)에 대한 알마아타 선언(Declaration of Alma-Ata)이 이루어지던 시기 미국 중심의 수직적(선별적) 방식과 소련 중심의 수평적(포괄적) 방식 사이의 논란에서도 나타난다. 이 가운데 전자, 특정 보건 위협에 대응하기 위한 국가 간 협력은 오랜 역사를 가지고 있다. 감염병의 전파는 국가의 생존과 발전에 직접적인 피해를 미치기 때문에 국가들은 일찍부터 보건안보위협에 대한 공동 대응을 모색해왔고, 이는 인구의 이동과 접촉이 더욱 빈번해진 오늘날에는 더욱 중요하다. 그러나 최근의 보건안보 접근은 과거의 그것과 다른 모습으로 전개된다.

1) 보건안보 분야

기존의 보건안보는 개개인의 건강과 위생을 강조하는 '**예방**'(prevention) 접근이었다. 감염병 발병과 확산에 관한 경험과 기록을 토대로 발생 가능성이 높은 질병에 대한 백신을 개발하고 이를 접종하는 방식이 예방 접근의 가장 대표적인 사례이다. 하지만 최근 사스, 메르스 등 치명적 감염병의 갑작스런 확산과 바이오 테러 혹은 사고는 주민 건강 피해뿐만 아니라 집단적 혼란과 불안을 초래하고 사회적 필수체계를 마비시켜 공동체의 존립 자체에 영향을 미칠 수 있다는 점에서 보건위기 상황에 신속하고 효과적으로 대응하는 '**대비**'(preparedness) 접근이 강조되고 있다(Collier and Lakoff 2015). 이러한 대비 접근을 위해서는 보건위기 상황에 대한 대응 시나리오를 준비하고 각 기관과 개인이 신속하고 효과적으로 대응할 수 있도록 교육·훈련을 시행해야한다. 아울러 필요한 제도와 연계망을 구축하는 한편, 새로운 보건안보위기의 등장 가능성에 대한 정보를 수집하고 분석해야 한다. 하지만 오늘날과 같이 교류와 접촉이 빈번한 상황에서 개별 국가가 보건기구 등 외부 행위자와의 정보교류와 협력을 배제하고 독자적으로만 대응하는 것은 사실상 불가능하다. 물론 북한 등 일부 폐쇄적인 국가는 국경을 엄격하게 차단하고 주민이동을 제한하는 방식으로 대응하고 있으나, 이러한 극단적 접근은 글로벌 보건 위협에 대한 궁극적 대처가 될 수 없다. 따라서 글로벌 보건안보위협에 대한 인식을 공유하는 여러 행위자들이 공동으로 대응하기 위한 노력이 모색되고 있으며, 글로벌 보건안보구상(Global Health Security Agenda, GHSA)이 대표적이다.

GHSA는 신·변종 감염병 확산과 바이오테러 가능성이 국가 및 국제사회의 기본질서에 심각한 타격을 입힐 수 있다는 인식 하에 2014년 미국이 주도하여 만들어졌다. GHSA의 참여 행위자와 기능을 살펴보면 보건안보외교가 전통적 안보외교와 어떻게 구분되는지 잘 알 수 있다. 우선 GHSA에 참여한 행위자는 국가뿐만 아니라 WHO, OIE, FAO(유엔식량농업기구), UNISDR(유엔재해경감사무국), 인터폴 등 국제기구와 수많은 민간 전문기관, 기업, 개인을 포함하고 있다는 점에서 보건안보외교가 국가 중심의 군사안보외교와 차별화된다.[1] 참여하는 개별 국가, 국제기구, 민간 행위자는 자신의 필요성 및 장점을 고려하여 예방 분야, 탐지 분야, 대응 분야 등 3개 분야의 11개 행동패키지에 선별적으로 참여하고 있다.[2]

주목할 점은 잠재적 적과 동맹을 구분하는 기존 군사안보외교와 달리 보건안보외교는 그러한 구분이 강조되지 않는다는 사실이다. 물

---

[1] 2019년 3월 26일 현재 GHSA 참가국은 총 67개 국가임. Global Health Security Agenda, "Membership." ghsagenda.org/members (검색일: 2019.10.15.)

[2] 예를 들어 한국은 예방 분야에서는 바이오 안전 및 바이오 안보 패키지와 예방접종 패키지의 후원국(contributing country)으로, 대응 분야에서는 보건법 및 다부문 긴급대응 연계 패키지의 선도국(leading country)으로 참여하고 있다.

론 GHSA의 경우 러시아를 포함한 일부 국가는 참여하고 있지 않지만 그렇다고 그들이 글로벌 보건안보의 잠재적 적이 아니며, 오히려 글로벌 보건안보의 혜택을 함께 공유할 수 있다.[3] 아울러 전통적인 군사안보외교에서는 국가의 힘의 크기에 비례하여 리더십이 형성되지만 GHSA의 리더십은 보건안보에 대한 참가국의 관심과 의지에 의해 주로 영향을 받는다. 이러한 사실은 GHSA의 운영을 맡고 있는 운영그룹 10개 국가들에 강대국인 아닌 나라들이 다수 포함되었다는 점에서 확인된다.[4]

 지역 차원에서의 보건안보외교에서도 강대국 중심의 전통적인 군사안보외교와는 차별성이 잘 나타난다. 예를 들어 동아시아에서 다자간 보건안보외교는 그동안 동남아시아 ASEAN이 형성한 네트워크를 중심으로 진행되어 왔다. 이 지역에서 상대적으로 강대국인 한국, 중국, 일본은 동남아시아 중심의 보건협력 프레임워크에 참여하는 방식으로 역내 보건안보외교를 벌여왔다. 한중일 3개국의 연례 보건장관회담이 지난 2007년부터 시작되었지만, 아직은 공동 관심사에 대한 의견을 나누는 수준으로서 잠재적 보건안보위협에 대응하는 실질적인 협력 프레임워크를 형성하지는 못했다. 이처럼 동아시아의 보건안보외교가 동남아시아를 중심으로 전개되어 온 것은 ASEAN+3나 ARF처럼 동아시아 역내 대화채널이 ASEAN 중심으로 발전해왔다는 역사적 배경 때문이기도 하지만 이 지역에서 가장 큰 보건안보위협인 감염병의 확산이 주로 동남아시아로부터 시작되기 때문이기도 하다. 이는 동아시아에서 NGO, 학술단체 등 비국가 행위자 수준의 보건안보협력

---

3 러시아와 달리 중국은 GHSA에 참여하고 있다.
4 GHSA의 주도그룹(Steering Group)에 속한 국가는 캐나다, 칠레, 핀란드, 인도, 인도네시아, 이탈리아, 케냐, 사우디아라비아, 한국, 미국 등이다.

도 동남아시아를 중심으로 전개되고 있다는 점에서 확인된다(조한승 2018a, 22-23).

2) 보건개발협력 분야

한편 에이즈, 조류독감, 사스, 메르스, 지카 바이러스 등 신종 감염병 대부분이 글로벌 남반구에서 발생하여 전 세계로 확산되었다는 점에서 저개발 지역 보건환경 개선을 위한 협력과 원조의 필요성이 21세기 보건외교의 또 다른 중요 과제로 떠올랐다. 글로벌 보건협력외교는 MDG/SDG 목표달성, 즉, 개발원조 차원에서 접근하는 경우가 대부분이기 때문에 개별 국가 및 보건 관련 국제기구들뿐만 아니라 UNICEF, UNDP, 세계은행 등 개발협력 분야의 국제기구와 각국의 ODA 기관이 글로벌 보건개발협력외교의 중요 행위자로 참여하고 있다. 또한 신약개발에 관련된 지식재산권 분쟁, 바이러스 샘플 소유권 분쟁, 의료장비 및 기술 거래 규제 등을 다루기 위한 무역 및 법률 분야의 행위자들도 보건외교 영역에 관여하기 시작하면서 글로벌 보건 거버넌스는 더욱 복잡해졌다.

　이들 비보건 분야의 국제적 행위자들 가운데 일부는 보건 분야 행위자들보다 더 큰 영향력을 행사하기도 한다. 예를 들어 보건이 MDG/SDG 등 개발협력사업의 중요 과제로 포함되면서 개발의제를 다루는 UNDP나 개발협력자금을 제공하는 세계은행과 같은 비보건 행위자의 영향력이 커지고 있다. 일부 개발협력기구들은 스스로 보건 관련 사업을 벌이고 보건 전문가를 채용하면서 정책적 차원에서 영향력을 확대하고 있다. 이는 상대적으로 WHO 등과 같은 전통적인 보건행위자의 영향력이 잠식될 수 있음을 의미한다(Lee 2009). 또한 민간 행위자가 국가 혹은 국제기구보다 더 큰 영향력을 행사하는 모습도 나타난다. 물론 보건 이슈가 가지는 전문성 때문에 그러한 현상이 나타나기도 하지만 많은 경우 보건 분야가 대부호들이 자선사업을 벌이기에 알맞은 대상이 되기 때문이기도 하다.[5] 예를 들어 게이츠 재단(Bill & Melinda Gates Foundation)은 막강한 재정을 바탕으로 WHO, UNICEF, GFATM(에이즈·결핵·말라리아 퇴치를 위한 글로벌 기금), GAVI 등 글로벌 보건사업에 참여하면서 강력한 영향력을 행사한다.

3) 보건외교 행위자의 증가와 새로운 이슈연계 쟁점

국제관계에서 행위자의 수적 증가는 상호관계를 복잡하게 만들고 갈등을 초래한다(Waltz 1979). 보건외교에서도 행위자의 증대가 항상 협력과 화합의 모습만 보여주는 것은 아니다. 강대국 중심의 전통적 외교와 달리 보건외교 무대에서는 저개발국들이나 비국가 행위자들도 보건의 공공성을 강조하며 목소리를 높일 수 있기 때문에 강대국 혹은 선진국과의 갈등이 보다 가시적으로 표출될 가능성이 높다. 예를 들어 에이즈 치료약을 저렴하게 보급하기 위해 복제약 제조를 허용해야 한다는 브라질, 남아공, 태국 등의 주장은 WTO의 지식재산권에 관한 무역협정(TRIPS)과 충돌하였고, 2001년 WTO 각료회의에서 강제실시권(compulsory licensing)의 재해석으로 이어졌다. 2003년 WHO의 담배규제협약(FCTC) 과정에서도 대규모 담배제조회사들과 이들의 배후에 있는 영국, 일본 등 선진국 정부에 맞서 흡연의 폐해를 주장하는 시민사회단체(CSO)들이 자발적으로 연대하여 세계적으로 담배규제 캠페인을 전개하여 결국 FCTC를 체결시키는 데 성공한 바 있다.

5　2016년 기준 게이츠 재단은 45억 6100만 달러 규모의 지원 사업을 벌였으며, 이 가운데 절반가량인 22억 달러를 보건 프로그램에 투입했다. 한편 WHO의 2016~2017 프로그램 예산은 43억 4000 달러 규모였다. 조한승(2018b, 3-30).

2005년 국제보건규칙 개정 협상에서 대만에 대한 옵서버 지위 부여와 관련하여 중국은 국가 주권을 내세워 대만을 인정하지 않겠다는 입장을 고수했다가 국제여론의 압력에 굴복하였다. 2006년 동남아에서 발생한 H5N1 조류독감 바이러스 샘플 채취와 샘플 공유를 통한 치료약 개발을 추구하는 WHO의 정책에 맞서 인도네시아가 이른바 '바이러스 주권'을 내세우면서 샘플 공유를 거부하였다. 이 사건은 국제적 논쟁을 초래했고, 결국 2010년 생물다양성협약 10차 당사국총회에서 나고야 의정서가 통과되어 유전자원의 접근, 이용에 의한 이익의 공평하고 공정한 공유를 구체화했다. 하지만 유전자원의 범위가 농산물까지 확대되어 각국 농산물 업계가 크게 반발하였다.

한편 최근 4차 산업혁명 시대를 맞이하면서 보건외교에서도 변화의 바람이 불고 있다. 2005년 WHO는 e헬스 개념을 공식적으로 사용하기 시작했다. e헬스란 "ICT를 활용한 보건의료"를 의미하며, m헬스(모바일헬스), 텔레헬스, e보건학습 등 첨단 실시간 통신기술, 가상현실 기술, 인공지능(AI), 빅데이터 등을 보건의학 분야에 적용하는 것이다. 이러한 기술을 활용하면 원격수술, 맞춤형 진료, 질병예보 등이 가능할 것으로 기대될 뿐만 아니라 저비용-고수준의 보건의료 서비스 제공이 가능해져서 보편적 건강보장(universal health coverage)에 획기적인 개선이 이루어질 수 있다. 또한 각종 의료장비, 약품, 백신 등을 운반하는 데 드론과 휴대용 냉동보관 장치의 사용이 보편화되면서 재난지역이나 오지에서의 인도적 보건의료 지원 활동이 훨씬 용이해졌다. 아울러 스마트폰의 전 세계적 보급으로 소셜미디어 네트워크와 텍스트마이닝 기술을 활용한 글로벌 질병감시 네트워크도 빠른 속도로 확대·발전하고 있다.

이러한 변화에 발맞추어 각국은 e헬스 개념을 서둘러 도입하고 있으며, 선도적 기술개발을 통해 부가가치를 창출하기 위한 노력을 벌이고 있다. 새로운 기술을 먼저 개발하여 이를 글로벌 보건 분야의 플랫폼으로 만들기 위해 국가들은 서로 경쟁할 뿐만 아니라 기술 결합을 위해 다른 국가와 제휴를 모색하는 보건외교 활동을 벌이기도 한다. 이 과정에서 민간기업, 연구기관, 국제기구들도 보건외교의 중요한 파트너로 참여한다. 하지만 사생활 정보보호, 왜곡된 정보의 처리, 의도적 정보교란 문제, 보건의료계 내부의 이해관계 충돌, 의료보험업계의 집단적 반발 등과 같은 여러 가지 갈등 요인들이 아직 해결되지 못한 상태이기 때문에 4차 산업혁명 기술의 보건 적용과 관련된 문제는 글로벌 보건외교의 새로운 쟁점 영역으로 떠오르고 있다.

III. 중견국 보건외교전략 사례: 스웨덴, 브라질, 스위스

보건외교를 포함한 신흥외교 무대에서 중견국은 중개, 연대, 규범 등 이른바 네트워크 외교전략의 다양한 접근법을 복합적으로 구사하는 외교전략을 모색할 필요가 있다. (1) 중개외교는 단순히 정보의 흐름이 아닌 의미의 흐름까지 중개함으로써 관련 행위자들의 이익개념을 새로이 형성하도록 만드는 외교를 의미한다. (2) 연대외교는 인식과 행동을 공유하는 동지국가와 연대할 수 있는 의제를 발굴하는 외교를 뜻한다. (3) 규범외교는 세계질서의 설계 및 운영에 참여하여 보완적 표준을 제시하는 외교를 말한다(김상배 2014). 아래에서는 최근 보건개발협력 분야에서 주목할 만한 성과를 거둔 스웨덴, 브라질, 스위스의 사례를 통해 중개외교, 연대외교, 규범외교가 중견국 외교전략 속에 어떻게 복합적으로 내재될 수 있는지 살펴본다.

1. 스웨덴의 보건외교: 지속가능개발과 보건의 연계

스웨덴은 북유럽 복지국가로 유명하며 국제적으로도 개발협력 분야
에서 많은 역할을 하고 있다. 스웨덴은 이미 1970년대에 유엔이 정한
GNI 대비 0.7% 해외원조 목표를 초과 달성한 대표적인 개발원조 공여
국이다.[6] 이와 동시에 스웨덴은 글로벌 환경 거버넌스의 주도적인 국가
이기도 하다. 스웨덴의 국내정치 지형에서 환경을 강조하는 이른바 녹
색정치는 스웨덴의 외교정책으로도 표출되었다. 1972년 유엔 인간환
경회의가 스웨덴의 스톡홀름에서 개최되었고, 여기에서 '지속가능개
발' 개념이 만들어졌다. 이후 1992년 리우 유엔환경개발회의와 2002
년 요하네스버그 지속가능발전선언, 2012년 리우+20 선언 등에서 스
웨덴은 글로벌 환경 이슈의 선봉장 역할을 계속해서 맡아왔다.

　스웨덴에서 보건 이슈는 처음에는 환경 이슈만큼 대중적 관심
을 끌지는 못했지만 환경의 의미가 자연환경으로부터 사회환경, 도
시환경 등 인간의 일반적인 삶을 둘러싼 모든 요소들을 포괄하는 것
으로 확대되면서 질병 확산, 인구변화, 이주 등과 같은 사회보건적 요
소들에 대한 논의도 녹색정치 안에서 더 많이 다루어지기 시작했다.
지속가능성과 보건의 이슈연계를 위한 대표적인 사례가 1991년 스
웨덴 순스발(Sundsvall)에서 열린 WHO 제3차 국제건강증진회의
(International Conference on Health Promotion)의 의제를 '건강지원
환경'(Supportive Environment for Health)으로 선정한 것이다. 스웨
덴이 주도한 이 회의에서 발표된 선언문은 "보건은 물리적, 사회적, 경

6　2015년 기준 스웨덴의 ODA 총액은 71억 달러이며 이는 GNI 대비 1.4%이다. OECD,
　　"DAC member profile: Sweden." https://www.oecd.org/dac/sweden.htm (검색일:
　　2019.8.10.)

제적 환경과 밀접한 관계가 있으며, 건강을 증진하기 위해 이러한 환경을 개선해야 한다"는 내용을 담았다(WHO 1991). 이로써 스웨덴은 환경뿐 아니라 글로벌 보건 분야에서도 리더십을 발휘하게 되었다.

2010년 스웨덴 외교부는 세계 최초로 에이즈 대사를 임명했고, 이후 보건 전반으로 활동 범위를 넓히면서 명칭을 글로벌 보건대사(Global Health Ambassador)로 바꾸었다. 스웨덴의 글로벌 보건대사는 유엔의 MDG/SDG 목표 가운데 보건개발협력에 관한 분야에서의 국제회의에서 스웨덴 정부 입장을 대표한다. 그 결과 글로벌 보건협력 분야에서 스웨덴 보건외교의 일관성과 전문성, 그리고 리더십을 고양하는 데 큰 도움이 되었다. 또한 2015년 유엔이 MDG 이후 과제로 SDG를 채택하면서 스웨덴 정부도 2030년까지의 SDG 이행을 위한 정부의 각 부처별 역할과 임무를 재설정하고 이를 정리한 "Agenda 2030"을 발표했다. 그리고 이를 바탕으로 SDG의 목표3(보건과 웰빙)을 위해 스웨덴이 어떠한 보건외교 활동을 벌인 것인가를 정리한 문건을 발표했다. 여기에는 스웨덴의 보건외교의 목표와 활동방향, 리더십, 이해당사자, 파트너, 자원, 조율방식, 모니터링 등이 상세하게 정리되어 있다(Government Offices of Sweden 2018).

한편 WHO는 국가 혹은 민간재단으로부터 자발적 기여금을 지원받고 있는데, 대부분 자신의 정치적·경제적 이익을 고려하여 특정 분야에만 지출하도록 사용처를 지정하는 경우가 많다. 하지만 〈그림 1〉과 같이 스웨덴의 경우는 사용처를 명시하지 않는 비지정 자발적 기여금(core voluntary contribution, CVC)의 비중이 높은 편이다. 따라서 WHO의 입장에서는 필수적인 분야에 기금을 유연하게 활용할 수 있기 때문에 스웨덴에게 보다 우호적인 태도를 보이며, 그만큼 글로벌 보건 거버넌스 무대에서 스웨덴의 위상이 커 보이는 효과가 나타난다. 실

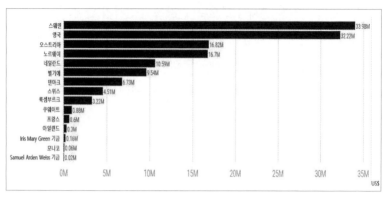

그림 1 WHO 비지정 자발적 기여금(CVC) 제공 상위 15개 공여자 (2016-2017)
출처: WHO, "Sweden: Partner in Global Health."

제로 WHO 홈페이지에는 "Thank you Sweden"이라는 표현과 함께 글로벌 보건에 대한 스웨덴의 공헌을 높게 평가하는 사이트가 개설되어 있다.[7] 이처럼 스웨덴 보건외교 전략은 글로벌 공공재로서 환경뿐만 아니라 보건에 대한 스웨덴의 기여를 국제사회에 각인시키는 성과를 거두고 있다.

요약하자면 스웨덴의 보건외교전략은 자국의 장점인 환경정책과의 이슈연계를 통해 지속가능개발이라는 글로벌 과제의 맥락 속에서 보건외교 이슈가 다루어지도록 만드는 것이었다. 그럼으로써 스웨덴은 '건강지원환경'이라는 새로운 보건협력외교의 **규범**을 창출해내었고 이 분야에서의 리더십을 발휘할 수 있었다. 또한 자국의 보건외교전략의 방향을 WHO가 추구하는 방향과 부합하도록 설정함으로써 국제기구를 포함한 다른 보건외교 행위자로부터 인정받게 만드는 이른바 **연대외교** 접근에서도 좋은 성과를 보였다고 평가된다.

---

7   WHO, "Partner in Global Health." https://www.who.int/about/planning-finance-and-accountability/financing-campaign/sweden-impact (검색일: 2019.5.15.)

2. 브라질의 보건외교: 인권으로서의 보건과 남남협력 리더십

브라질은 WHO의 전신인 범미보건기구(PAHO), 국제공중보건사무소(OIHP) 등이 수립될 때부터 창립 회원국이었고 국제연맹과 유엔 체제 하에서도 보건을 위한 활동에 적극적이었다. 또한 브라질은 1971년 안데스보건기구(ORAS-CONHU)와 1978년의 아마존협력조약기구(OTCA) 산하 보건협력사무소 수립 등 역내 보건협력을 주도하였고, 2003년 담배규제협약(FCTC) 체결에 앞장섰으며, 2007년 오슬로 장관선언에도 참가했다. 2018년 현재 브라질의 1인당 GDP는 9,000달러에 못 미치는 개발도상국이지만 거대한 영토, 인구, 자원을 바탕으로 세계 8위의 구매력을 자랑한다. 보건개발협력 분야에서도 브라질은 아직 순수 공여국은 아니지만 BRICS 국가 가운데 가장 적극적으로 글로벌 보건 거버넌스에 참여하고 있으며, '남남협력'을 위해 보건외교를 적극 활용하고 있다. 브라질의 이러한 활약은 국내 보건정책의 성과에 바탕을 두고 있다는 점에서 브라질의 국내-국외 정책연계가 성공적이었음을 의미한다.

브라질 보건외교 특징 가운데 하나는 인권으로서의 보건정책이다. 브라질의 민주화 과정에서 빈민의료봉사를 펼쳤던 의료인들의 역할이 매우 컸으며, 이들의 노력 덕분에 1988년의 민주주의 헌법에 "보건은 모두의 권리이며 국가의 의무"라는 내용이 포함되었다. 그 결과 1989년 SUS(통합보건시스템)라 불리는 공공의료서비스 제도가 도입되어 2억 2000만 인구가 의료보장 혜택을 받게 되었으며, 이는 세계에서 가장 큰 규모의 공공의료보장 제도로 기록되었다. 인권으로서의 보건 접근은 에이즈 치료약 논쟁에서 잘 나타난다. 1990년대 중반 에이즈가 브라질에 만연하였고 대부분의 저소득 주민들은 에이즈 치료를 위한 고가의 항레트로바이러스(ARV) 약품을 구하지 못해 사망률이 매우 높았다. 이에 브라질 정부는 환자들이 보다 쉽게 에이즈 치료약을 구할 수 있도록 ARV 복제약 제조시설을 만들고자 했으나 거대 제약회사들은 지식재산권에 관한 무역협정을 이유로 이에 저항했다. 그러자 브라질은 남아공, 태국 등 에이즈가 만연한 저개발 국가들과의 연대를 통해 에이즈 치료는 개별 국가의 문제가 아닌 인류 보편의 권리라는 여론을 형성했다. 그 결과 WTO는 에이즈 치료 복제약 제조를 허용하였고, 국제적 여론에 굴복한 Merck, Roche 등 제약회사들은 2005년 ARV 복제약을 브라질에서 제조하는 내용의 협상을 브라질 정부와 체결했다. 이어 유사한 협상이 남아메리카, 아프리카, 아시아 여러 나라에서 이루어졌고, 이 과정에서 브라질은 에이즈 퇴치 분야에서 글로벌 리더로 부상하였다(Galvao 2005).

2003년 WHO FCTC 협상에서도 브라질의 인권으로서의 보건 접근이 성공을 거두었다. 협상 쟁점의 하나는 '국가의 경제적 이익이 우선해야 하느냐 아니면 주민의 건강이 우선해야 하느냐'였다. 브라질은 세계 3대 담배 생산 국가로서 국제적인 담배 소비 규제가 브라질 경제에 타격을 입힐 수 있음에도 불구하고 흡연에 따른 주민건강 악화가 국가 차원에서 더 심각하다고 판단하였다. 브라질 정부는 헌법에 명시된 인권으로서의 보건을 내세우며 강력한 금연 프로그램을 실시했고, 이것의 성공은 FCTC에서 담배규제를 옹호하는 측에 큰 힘을 실어주었다. 결과적으로 브라질 국내에서의 금연 프로그램은 브라질 흡연인구를 크게 감소시켰을 뿐만 아니라 글로벌 담배규제 레짐에서 브라질이 주도적인 역할을 수행할 수 있도록 만들었다(Lee, Chagas, and Novotny 2010).

브라질 보건외교의 두 번째 특징은 보건외교를 글로벌 남남협력

의 수단으로 활용하는 한편, 이를 통해 남반구의 수장으로서의 외교적
지위 확대를 모색한다는 것이다. 브라질은 에이즈뿐만 아니라 결핵, 뎅
기열 등 남반구 저개발 국가에 만연한 감염병 치료약에 대한 보편적
접근을 위한 국제적 노력을 벌이고 있다. 특히 브라질은 라틴아메리카
와 아프리카의 저개발국과 포르투갈어 사용국 공동체(CPLP) 등 글로
벌 남반구의 보건증진 프로그램을 주도함으로써 북반구와 남반구 사
이의 간극을 줄이는 노력을 벌이고 있다.[8] 또한 브라질은 2008년 남미
보건위원회(South American Health Council) 수립, 2009년 CPLP 보
건협력 프로젝트, 2012년 모잠비크 ARV 제약공장 건설 등을 주도했
다. 궁극적으로 보건협력을 포함한 브라질의 적극적인 남남협력 활동
은 브라질이 글로벌 무대에서 남반구의 수장 역할로서의 지위를 확고
히 함과 동시에 궁극적으로는 유엔 안보리 상임이사국 진출을 도모하
기 위한 것으로 평가된다(Nieto 2012).

　　브라질 보건외교의 세 번째 특징은 보건개발협력에서의 3자 원조
협력(trilateral assistance cooperation)을 잘 활용하고 있다는 점이다.
3자 원조협력이란 원조의 효과성을 높이기 위해 공여국(혹은 개발원조
기구)과 수원국 사이에 해당 지역에 관한 전문성을 가진 제3자가 관여
하는 것을 의미한다. 브라질은 개발도상국이면서도 남미 지역 최대 국
가이자 BRICS 국가로서 상당한 정치·경제·문화적 영향력을 발휘하고
있다. 이러한 이중적 특성을 활용하여 브라질은 선진국의 지원을 받아
후진국에서 자신의 보건환경 개선 경험을 전수하는 활동을 벌이고 있

8　포르투갈어 사용국 공동체(Comunidade dos Países de Língua Portuguesa)는 1996년
　　포르투갈, 브라질 등 7개국이 합의해서 출범하였으며, 현재 포르투갈, 브라질, 앙골라, 모
　　잠비크, 카보베르데, 기니비사우, 상투메프린시페, 동티모르 등 8개국이 정회원국이고,
　　적도기니, 모리셔스, 세네갈 등 3개국이 준회원국이다.

다. 예를 들어 브라질 의료진은 미국 원조기관의 지원을 받아 엘살바도르, 모잠비크, 앙골라에서 의료서비스와 교육훈련을 제공하고 있으며, 독일 국제협력단의 지원을 받아 우루과이에서 에이즈 퇴치 활동을 벌이고 있다(Bliss 2013). 이러한 3자 보건협력 방식은 관여하는 행위자의 장점을 살릴 수 있기 때문에 보건원조 효과성을 높일 수 있으며 각각의 역할에 대한 만족도를 높여 협력관계를 오래 유지할 수 있다.

요약하자면 브라질의 보건외교전략은 건강을 인권의 맥락에서 해석함으로써 보건 관련 국제협상에서 규범적으로 우월한 지위를 획득할 수 있었다는 점에서 **규범**외교의 측면을 보여준다. 동시에 인권과 보건의 이슈연계를 통해 더 많은 국제 행위자를 규합하고 보건외교를 통해 남남협력을 강화하여 선진국과의 감염병 치료약 협상에서 주도권을 가질 수 있었다는 점에서 **연대**외교 접근법의 특징도 나타난다. 아울러 개발도상국이면서 거대한 영토와 자원 및 구매력을 가진 나라라는 이중적 성격을 활용하여 보건협력 분야에서 선진국의 이해관계와 저개발국가의 이해관계를 중개하는 제3자 원조협력을 성공적으로 벌였다는 점에서 **중개**외교 접근법의 특징도 브라질 보건외교전략 속에 내재되어 있음이 확인되었다.

3. 스위스의 보건외교: 보건외교정책 일관성 제도화

여러 나라들이 글로벌 보건 이슈의 중요성을 인식하고 국제적 수준에서의 보건외교전략을 개발하고 있으나 사실 국내 수준에서 오랫동안서로 다른 분야로 간주되어 왔던 보건과 외교를 결합하여 일관적인 정책으로 시행하는 것은 결코 쉬운 일이 아니다. 따라서 정부 부처 내에서 보건외교정책의 일관성과 합동성을 얼마나 잘 유지하느냐가 보건외교정책의 성패에 큰 영향을 준다(Kanth, Gleicher, and Gao 2013, ch.10). 스위스는 국내 수준에서 정부 부문과 여타 부처 활동 사이의 일관적인 연계의 제도화를 최초로 이룬 나라이다.

스위스는 연방국가로서 주정부의 독립성뿐만 아니라 연방정부 내에서도 부처 간 자율성을 존중하는 전통을 가지고 있다. 하지만 이러한 독립성과 자율성은 때때로 대외정책에서 정부 부처 사이의 혼선과 비효율을 초래했다. 과거 스위스의 보건 이슈는 내무부 산하 공중보건부(FOPH)와 외교부 산하 스위스 개발협력청(SDC)이 맡았다. 전자는 국내 보건의료의 전반적인 업무를 담당했고, 후자는 ODA 차원의 대외 보건협력을 담당했다. 하지만 WHO 총회 등 국제회의에서 두 부처는 서로 독립적으로 활동하였고 기술적 문제에 대한 권한 결정에서 종종 충돌을 빚었다. 대표적인 사례가 스위스 유명 식품회사 네슬레 분유 사건(1973-1974)이었다.[9] 이후 외교부, 보건국 외에도 식약품 수출과 지식재산권을 다루기 위해 경제통상부와 법무부도 보건 이슈에 관여하게 되었다. 하지만 정부 부처 간 이해관계가 서로 달라 다자간 협상에서 어느 부처가 대표로 참석하느냐에 따라 스위스의 기본입장이 변하는 혼선이 불거졌다.

또한 스위스는 WHO 등 여러 국제기구 및 비정부기구의 본부와 사무소가 자리 잡고 있는 글로벌 외교의 핵심 국가이다. 또한 스위스는 일찍부터 인도적 활동을 전개한 전통과 유산을 가지고 있으며, 식약품 분야에서 큰 경제적 이익을 얻고 있었다. 이러한 배경 때문에 2000년

---

9   당시 네슬레는 아프리카 저개발 국가에서 분유 샘플을 무료로 대량 제공한 후 영유아들이 더 이상 모유를 찾지 않게 되자 무료제공을 중단하고 분유를 판매하여 많은 수익을 거두었다. 더욱이 해당 국가의 수질이 나쁜 상황에서 오염된 물에 분유를 타서 먹이는 바람에 많은 아이들이 사망하는 사건이 발생했다. 이로 인해 네슬레에 대한 세계적인 불매운동이 벌어졌고 스위스에 대한 이미지가 크게 실추되었다.

대 초 보건외교 분야에서 대외정책과 국내정책에 대한 상호연계를 이루는 최적의 방식으로 국익을 보호하고 증진해야 한다는 전체론적 접근법이 모색되었다. 그 결과 2006년 스위스는 연방 외교부(FDFA)와 내무부(FDHA) 사이에 보건외교정책 목표에 대한 합의(Agreement on Health Foreign Policy Objectives)를 이룸으로써 국가 수준에서 글로벌 보건의 일관성과 협력을 증진시키기 위한 국가전략을 채택한 최초의 국가가 되었다.[10] 이 합의에 따라 연방정부의 외교부와 보건당국 및 기타 부처들뿐만 아니라 주정부(canton)의 보건 관련 기관들 사이의 보건외교에 관한 정책 일관성을 법으로 규정하고 제도화하였으며, 이는 영국 등 다른 나라의 보건외교정책 결정 과정에도 영향을 미쳤다.

이러한 조치에 따라 스위스의 보건외교정책은 다음의 6가지 방식으로 일반 외교정책과 조율을 이루며 상호 소통하였다(Swiss Federal Department of Foreign Affairs & Federal Department of Home Affairs 2016).

- 연방정부 각 부처와 주정부 보건 당국 사이의 소통창구 기능을 수행하는 보건외교정책 조율 전담 부서 설치
- 부처 정보공유와 신속한 의사전달 및 의견수렴을 위한 웹기반 정보 허브 CH@WORLD 구축
- 보건외교 담당 관리의 전문성 제고와 국제적 홍보를 위한 보건외교정책 보고서 정기 발간
- 보건외교정책 입안을 위한 외교부, 보건부, 개발협력청, 주정부 보건 당국 사이의 보건외교 부처 간 협의회 정례화

10   2006년의 보건외교정책 목표는 2012년에 개정되었다.

- 외교부와 보건국 사이의 고위직 교차 파견
- 정부 보건외교정책 수립 과정에서 NGO와 민간 전문가를 포함하는 보건 관련 이해당사자의 의견 청취 제도화

스위스가 세계 최초로 시도한 보건 분야에서의 국내정책과 외교정책 사이의 조율 및 다양한 이해당사자의 참여는 시너지 효과를 불러일으켜 스위스 보건외교가 크게 발전하는 계기가 되었다. WHO 회의와 EU를 포함한 다자간 보건외교에서 스위스 대표의 입지가 크게 향상되었을 뿐만 아니라 저개발 지역에 대한 스위스의 보건협력에 대한 신뢰도가 크게 높아졌다. 그 결과 스위스는 보건 분야 연구 및 교육 분야에서 세계 최고 수준으로 인정받았고, 이를 바탕으로 스위스의 제약산업도 더욱 성장할 수 있었다. 현재 많은 공여국들이 보건외교 분야의 정책일관성을 제고하기 위해 스위스 사례를 학습하고 있다.

요약하자면 분권화가 특징인 스위스의 정치 상황에서 나타날 수 있는 정책의 비일관성을 극복하기 위해 스위스는 연방 및 주정부의 여러 부처 및 전문 민간 행위자 사이의 정책 네트워크를 제도화하는 정책을 최초로 도입했다. 물론 이것은 직접적인 대외전략이 아니라 대내적인 제도 개선 차원에서 이루어진 것이지만 이러한 대내적 정책 일관성 노력이 전제되어야만 대외적인 보건외교전략을 효과적으로 추진할 수 있다. 실제로 스위스의 보건외교정책의 일관성 제도화는 다른 여러 나라들이 벤치마킹하였고, 다양한 이해당사자들이 국가의 보건외교정책에 참여하는 기회가 확대되었다. 그런 점에서 스위스의 보건외교정책 사례는 국내-국제의 정책연계에 대한 새로운 **규범**을 마련하는 것이었다고 평가될 수 있다. 또한 스위스는 적십자 운동의 발상지이자 WHO를 포함한 보건 관련 국제기구와 회의의 중심지로서 국가, 국제

기구, 비국가 행위자들에게 보건정보 교류와 네트워크 형성의 서비스를 제공하는 **중개** 역할도 충실히 수행하고 있다고 평가된다.

IV. 한국의 중견국 보건외교전략 평가와 제언

한국은 1970년대 산업화 이후 보건교육, 예방접종, 의료보험정책 시행 등으로 보건위생환경이 획기적으로 개선되었다. 그 결과 현재 한국의 전반적인 보건위협 대응 능력은 선진국 수준으로 평가된다. 특히 글로벌 백신접종 분야에서 한국의 위상은 상당한데, 1997년 국제백신연구소(IVI)가 서울에 자리를 잡았고, 2003년 WHO 사무총장에 한국 출신 백신 전문가 고(故) 이종욱이 취임하였다. 한국은 보건안보위협에 보다 신속하고 효과적으로 대처하기 위해 많은 노력을 벌여왔다고 평가된다. 2004년 국립보건원을 질병관리본부(KCDC)로 개편하여 감염병 등 보건안보위협에 대해 신속하고 일괄적으로 대응하는 체제를 마련하였다. 비록 2015년 메르스 사태가 발생했을 때 정부의 대응이 취약했다는 지적을 많이 받았으나, 메르스 사태 이후 국가방역체계 개편을 추진하고 자발적으로 WHO 국제보건규칙(IHR)의 합동외부평가(JEE) 수검을 받고 '양호' 판정을 받는 등 보건안보 위기에 대한 대응 역량을 제고하기 위한 노력을 벌였다. 특히 한국이 그동안 국민건강보험제도 도입 등 보건정책수립에서 모델로 삼아온 일본도 아직까지 보건안보위협에 대한 통합관리시스템을 정비하지 못하고 있다는 점에서 한국의 보건안보위기 대응 체계는 최근 많은 발전을 이루었다고 평가할 수 있다(조한승 2019).

한국은 2014년 수립된 글로벌 보건안보구상(GHSA)의 44개 창

표 2 동아시아 보건안보협력 프레임워크와 협력 분야

지역 프레임워크	보건안보협력 분야			
	대유행 가능성이 있는 감염병	에이즈, 말라리아, 결핵 등 감염병	비전염성 질병	보건시스템 강화
ASEAN-한국	v	v	v	v
ASEAN-중국	v		v	
ASEAN-일본	v		v	v
ASEAN+3 보건협력 프레임워크	v	v		
동아시아정상회의	v	v		

출처: Caballero-Anthony & Amul(2015, 40).

립 가맹국일 뿐만 아니라 이사회에 해당하는 10개 운영그룹(Steering Group) 국가에 포함되어 제2차 GHSA 고위급회담을 서울에서 개최하기도 했다. G20 정상회의를 포함한 다자간 회의에서도 한국은 감염병 확산을 포함한 글로벌 보건 이슈에 활발하게 참여하고 있다. G20 국가들 가운데 글로벌 보건안보위협에 효과적으로 대응할 수 있는 능력을 갖춘 나라는 G7을 제외하고 한국과 호주 정도에 불과한 것으로 평가받고 있다(박광기·이상환 2017). 또한 ASEAN이 중심이 된 동아시아 보건협력 프레임워크에서도 일본, 중국과 비교하여 한국의 참여는 훨씬 적극적인 모습을 보인다.

보건개발원조 측면에서도 한국의 글로벌 기여는 크게 확대되고 있다. 한국의 ODA 규모는 2006년 5억 1300만 달러에서 2016년 23억 2000만 달러로 10년간 4배 이상 증가했으며, 그 가운데 양자간 보건원조도 2006년 4000만 달러에서 2016년 1억 9000만 달러로 늘었다. 〈그림 2〉와 같이 한국의 ODA에서 보건 ODA(다자원조 포함) 비율은 2016년 현재 10.4%로서 이는 OECD DAC 국가들 가운데 9위에 해

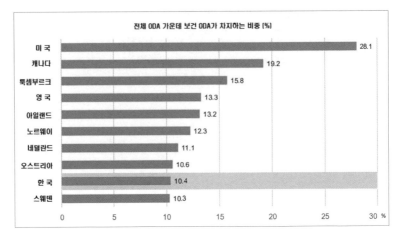

그림 2 보건 분야 상위 10개 OECD DAC 공여국 (2016년)
출처: OECD, Creditor Reporting System(CRS).

당한다. 한편 보건개발협력을 담당하는 기관도 다양해지고 있다. 보건 ODA를 집행하는 KOICA뿐만 아니라 인도적 차원에서 개발도상국 및 북한에 대한 보건의료 지원과 해외교민, 국내 외국인 노동자, 탈북자에 대한 보건 서비스를 제공하는 한국국제보건의료재단(KOFIH)이 2006년 보건복지부 산하에 만들어졌다. 또한 한국의 우수한 의료진과 병원 관리 능력은 해외에서도 인정받아 2015년부터 서울대학교 병원이 아랍에미리트(UAE) 왕립 셰이크할리파 특별병원을 위탁운영하고 있다.

앞서 살펴본 사례들과 같이 신흥무대에서 중견국 외교전략의 중개, 연대, 규범의 특징은 한국의 보건안보외교 속에도 복합적으로 내재되어 있다. 한국은 질병예방의 성공적 경험을 바탕으로 저개발 국가들과 관련 지식을 공유하며 글로벌 백신 사업을 주도적으로 수행해왔으며, G20 정상회담 등 글로벌 보건 거버넌스에서 보건선진국과 개도국을 연결하는 중요한 역할을 수행하고 있다(중개). 또한 동아시아 보건안보협력에서 가장 적극적으로 역내 행위자들과 교류하는 한편, 백신

사업, 고령화 대책 등 보건복지에 관한 정책들을 의제로 형성하여 각국의 관심을 불러일으켰다(연대). 아울러 한국은 GHSA의 운영국가로서 글로벌 보건안보위협 대응을 위한 새로운 규칙과 규범을 형성하는 데 앞장서고 있다(규범).

이러한 성과에도 불구하고 한국 보건외교전략, 특히 보건개발협력 분야에서의 발전을 위해 더 많은 개선이 필요한 것이 사실이다. 위에서 다룬 사례들을 바탕으로 다음과 같은 방안을 고려할 것을 제언한다.

첫째, 한국의 보건외교의 브랜드화 전략이 개발되어야 한다. 환경 이미지가 강한 스웨덴은 보건외교를 지속가능개발 차원으로 설명하였고, 브라질은 인권에 기초한 보건외교를 통해 남남협력 리더십을 공고히 하였다. 한국의 보건외교 역시 한국의 이미지와 장점을 살릴 수 있는 보건외교 전략을 통해 다른 부문에서의 긍정적 효과까지 이끌어내야 한다. 그동안 한국은 백신보급사업 분야에서 두각을 보여 왔으나, 4차 산업혁명 시대를 맞이하여 한국의 강점인 ICT를 보건안보와 보건협력에 적용하여 이를 한국 보건외교의 브랜드화함으로써 관련 산업 분야의 성장을 함께 도모하는 정책을 개발할 필요가 있다. 예를 들어 한국의 주력상품인 스마트폰의 m헬스 기능을 더욱 보강하고, 5G 기술과 VR(가상현실) 기술을 e보건학습이나 텔레헬스에 적용하여 실시간 원격보건진료, 원격수술이 가능한 보건의료기기를 개발할 수 있을 것이다. 또한 한중일 및 동남아 국가들의 소셜미디어, 이동통신사, 포털서비스 기업 등의 협업을 통해 텍스트마이닝, 인공지능 등의 기술을 가지고 역내 감염병 및 바이오테러 등 보건안보위협을 예측 혹은 파악하는 동아시아 보건안보감시네트워크 개발을 한국이 주도하는 방안도 고려할 수 있다. 아울러 이러한 기술을 우리가 선제적으로 글로벌 보건협력에 적용하여 이를 글로벌 표준화한다면 관련 분야에서의 성장도 함께 이룰 수 있을 것이다.

둘째, 글로벌 보건협력의 방식을 다각화하여 한국의 기여수준과 국제적 위상에 걸맞은 평가를 받을 수 있는 기회를 높여야 한다. 스웨덴의 ODA에서 보건원조 비중은 한국보다 낮음에도 불구하고 글로벌 보건협력에서 스웨덴의 인지도가 훨씬 높다. 그 이유의 하나는 WHO에 대한 비지정 자발적 기여금(CVC)을 스웨덴이 가장 많이 제공하기 때문에 WHO가 스웨덴의 보건외교를 적극적으로 지지하고 홍보하기 때문이다. 한국의 WHO 기여금은 스웨덴과 거의 비슷하며 정규 분담금(AC)은 스웨덴보다 더 많지만 자발적 기여금은 모두 지정 기여금(SVC)이다. 따라서 한국도 다자보건외교에서 국가위상 제고에 도움이 되는 다양한 방식을 발굴하여 이를 발전시킬 필요가 있다. 아울러 브라질 보건외교에서 특징으로 나타나고 있는 3자원조협력 방식도 고려할 필요가 있다. 아프리카, 중근동 등 일부 지역에 대한 한국의 보건개발협력은 현실적인 제약이 아직 많이 남아 있기 때문에 직접적인 양자간 보건협력의 전단계로서 해당 지역 및 국가에 대한 정보를 가지고 있고 우호적 관계를 가진 제3국을 통한 보건협력방안을 개발할 수 있을 것이다. 이처럼 보건협력이 보건기구 기여금 혹은 보건원조 제공으로만 그치는 것이 아니라 부가적으로 한국에 대한 인지도와 평판을 함께 제고할 수 있는 방식을 개발해야 한다.

셋째, 제도적 측면에서 한국에 적합한 보건외교 전략을 수립하고 이를 토대로 정책의 일관성을 이루기 위한 노력이 요구된다. 앞서 살펴본 것처럼 스위스 등은 자국에 적합한 보건외교의 전략적 목표와 방향을 설정하고 정부 부처들이 일관적으로 정책을 수립하고 시행하도록 제도적 장치를 발전시켜왔다. 또한 주기적으로 보건외교 목표를 평가·검토하여 시행착오를 줄이고 효율성을 높임으로써 보건외교 분야에서의 국가 위상을 높이고 있다. 한국은 최근 보건개발협력의 규모를 확대하고 있으며 보건 분야 주재관 재외공관 파견, 신흥국 보건시장 개척을 위한 보건의료 사절단 파견, 국제 의료시장 진출을 위한 메디컬코리아 개최 등 양적인 측면에서 크게 발전하였으나, 보건외교 관련 정부 부처 및 기관 사이의 정책 일관성은 상대적으로 취약하다. 이를 개선하기 위해서는 한국이 지향해야 하는 보건외교의 방향성을 구체적으로 제시할 수 있는 보건외교전략이 설정되어야 하고, 이를 토대로 정부 각 부처 사이의 정보교환, 정책조율, 업무연계를 위한 제도적 장치가 구축되어야 한다. 그리고 보건외교전략의 주기적 재평가와 정부 대표, 보건 전문가, 기업, NGO 등이 참여하는 협의체 운영도 이루어져야 한다.

V. 맺음말

글로벌 시대 '보건'과 '외교'는 각각의 목적을 위해 서로를 필요로 하고 의존하는 관계가 되었다. 치명적 감염병 확산과 바이오테러 같은 보건 안보위협에 대응하고 저소득 지역의 보건환경을 개선하여 인류가 보다 건강한 삶을 살아가기 위해서 국가들은 서로 협의하고 공조해야만 한다. 또한 국가이익을 증진하고 국제적인 국가위상을 높이기 위한 외교의 관점에서 보건은 소프트파워의 핵심 수단인 동시에 바이오기술, 복지정책, 지식재산권 등 관련 분야의 발전을 견인하는 추동력으로 인식된다.

　　신흥무대의 보건외교는 기존의 강대국 중심의 전통외교와 차별되는 모습을 보인다. 보건의 공공재적 속성은 전통적 안보외교에서 종종 이루어지는 적과 동지 편 가르기를 무의미하게 만든다. 치명적 감염병의 확산 앞에서는 잠재적 적국 관계라고 할지라도 신속한 대응에 동참하고 협조해야 한다. 그렇다고 해서 보건외교에서 정치적 권력관계가 완전히 배제되는 것은 아니다. 국가뿐만 아니라 여러 비국가 행위자가 글로벌 보건외교에 참여하고 보건 이슈가 다른 이슈들과 연계되는 복합구조가 만들어지면서 새로운 형태의 권력지형이 만들어지고 있으며, 이러한 변화 속에서 각각의 행위자들은 새로운 이슈 영역에서 더 유리한 지위를 차지하기 위한 전략을 모색하고 있다.

이러한 복합지정학적 신흥외교무대에서 중견국은 힘의 위계질서에 지배되는 기존 국가관계 차원을 초월하는 새로운 중개외교를 모색하고, 신흥외교안보 이슈가 형성하는 새로운 이해관계에서 동지 역할을 해주는 연대 행위자를 규합하며, 새로이 만들어지는 규범과 규칙을 제시하는 능력을 보여줄 수 있는 외교전략을 개발해야 한다. 사례에서 살펴본 바와 같이 오늘날 여러 나라들은 자국의 국내외 상황에 적합한 보건외교전략을 개발하고 이를 보다 효과적이고 일관성 있게 추진하기 위한 다양한 제도와 방법을 모색하고 있다. 또한 자국의 국제적 이미지에 부합하는 보건외교정책을 개발함으로써 국제무대에서의 전반적 위상을 제고하기도 하며, 관련 산업 분야의 성장과 시장 경쟁력 제고를 위해 민간부문의 보건외교 참여를 유인하는 정책을 개발하고 있다. 아울러 인권 등 보편적 가치관을 매개로 하는 국내정책과 보건외교정책의 연계를 통해 보건외교정책에 대한 시민의 지지와 참여를 이끌어내기도 한다.

한국은 산업화를 거치면서 백신접종, 기생충 구충, 감염병 관리, 식수 및 식품안전성 강화 등의 조치를 강력하게 시행하여 보건안보위협에 대한 대응 능력을 선진국 수준으로 발전시키는 데 성공하였다. 하지만 보건외교의 또 다른 한 축인 보건개발협력에 있어서 한국의 보건

원조 규모는 지난 10여 년 동안 4배 이상의 양적인 성장을 이루었음에
도 불구하고 글로벌 보건협력 분야에서 한국의 위상은 그만한 성과를
보이지 못하고 있다. 따라서 이러한 문제를 개선하고 명실상부 글로벌
보건협력의 주도적 국가로서 한국의 위상을 자리매김하기 위해서는
우리의 보건외교의 목적과 방향이 구체화하는 보건외교전략이 만들어
져야 한다.

　본문에서 제시된 몇 가지의 제언은 정부 차원에서 추진되어야 하
는 것이지만, 정부의 이러한 노력이 성공을 거두기 위해서는 국내 차원
에서 학계, 시민, 관련 산업의 관심과 참여로 이를 뒷받침해야 한다. 더
많은 보건외교 전문가가 양성되어야 하고 보건외교에 대한 시민교육
을 통한 정책 참여와 피드백이 활성화되어 더 나은 방향으로 정책 개
선이 이루어지도록 만들어야 한다. 더 나아가 정치 리더십, 학계, 시민
사회단체, 관련 산업 분야의 역할을 유기적으로 결합함으로써 이해당
사자들의 개별적 이해관계와 보건외교의 목표를 조화시키고 상호 시
너지 효과를 거둘 수 있는 법적, 제도적 장치를 갖추어야 한다. 보건정
책에 관해 국내 제도화 측면에서 비교적 앞서 있다고 평가되는 나라들
의 사례를 벤치마킹하는 연구와 정책 개발이 필요하다. 마지막으로 보
건외교를 통해 한반도 보건안보위협을 낮추고 통일에도 긍정적인 영
향을 미칠 수 있는 방안들을 정치 리더십과 시민이 함께 모색하고 추
진해야 한다.

참고문헌

김상배. 2014. "중견국 외교안보 전략의 이론." 김상배 편. 『네트워크 시대의 외교안보: 중견국의 시각』. 서울: 사회평론아카데미.

박광기·이상환. 2017. "바이오 안보의 국제정치: G-20 국가의 보건 현황과 전염병 협력." 『정치·정보연구』 20(3): 1-24.

조한승. 2018a. "동아시아 보건안보의 쟁점과 협력." 『한국동북아논총』 23(4): 5-28.

_____. 2018b. "백신사업 사례를 통해 본 글로벌 거버넌스의 행위자 상호관계 연구: 국가, 국제기구, 비국가 행위자 관계를 중심으로." 『세계지역연구논총』 36(1): 3-30.

_____. 2019. "한국과 일본의 보건안보·보건외교 현황과 한일협력의 모색." 『평화학연구』 20(1): 131-155.

Bliss, Katherine E. 2013. "Health Diplomacy in the Americas: Relationships in Transition." in Katherine E. Bliss. ed. *The Changing Landscape of Global Health Diplomacy*. Washington D.C.: CSIS.

Caballero-Anthony, Mely, and Giana Gayle Amul. 2015. "Health and Human Security: Pathways to Advancing a Human-centered Approach to Health Security in East Asia." in Simon Rushton and Jeremy Youde. eds. *Routledge Handbook of Global Health Security*. London: Routledge.

Collier, Stephen J., and Andrew Lakoff. 2015. "Vital Systems Security: Reflexive Biopolitics and the Government of Emergency." *Theory, Culture & Society* 32(2): 19-51.

Galvao, Jane. 2005. "Brazil and Access to HIV/AIDS Drugs: A Question of Human Rights and Public Health." *American Journal of Public Health* 95(7): 1110-1116.

Global Health Security Agenda. "Membership." ghsagenda.org/members (검색일: 2019.10.15.)

Government Offices of Sweden. 2018. *Sweden's Work on Global Health – implementing the 2030 Agenda*.

Kanth, Priyanka, David Gleicher, and Yan Gao. 2013. "National Strategies for Global Health." in I. Kickbusch. et al. eds. *Global Health Diplomacy: Concepts, Issues, Actors, Instruments, Fora and Cases*. New York: Springer.

Katz, Rebecca. et al. 2011. "Defining Health Diplomacy: Changing Demands in the Era of Globalization." *The Milbank Quarterly* 89(3): 503-523.

Kennan, George. 1997. "Diplomacy without Diplomats?" *Foreign Affairs* 76(5): 198-212.

Kickbusch, I., G. Silberschmidt, and P. Buss. 2007. "Global Health Diplomacy: The Need for New Perspectives, Strategic Approaches and Skills in Global Health." *Bull World Health Organ* 85: 230-232.

Kickbusch, Ilona, Graham Lister, Michaela Told, and Nick Drager. 2013. "Global Health Diplomacy: An Introduction." in I. Kickbusch. et al. eds. *Global Health Diplomacy.* New York: Springer.

Lee, Kelly. 2009. "Understanding of Global Health Governance: The Contested Landscape." in Adrian Kay and Owain D. Williams. eds. *The Crisis of Global Health Governance: challenges, Institutions and Political Economy.* London: Palgrave Macmillan.

Lee, Kelly, Luiz Carlos Chagas, and Thomas E. Novotny. 2010. "Brazil and the Framework Convention on Tobacco Control: Global Health Diplomacy as Soft Power." *PLoS Medicine* 7(4). e1000232.

Nieto, W., and Alejandro Sanchez. 2012. "Brazil's Grand Design for Combining Global South Solidarity and National Interests: A Discussion of Peacekeeping Operations in Haiti and Timor." *Globalizations* 9: 161-178.

OECD. "DAC member profile: Sweden." https://www.oecd.org/dac/sweden.htm (검색일: 2019.8.10.)

Swiss Federal Department of Foreign Affairs & Federal Department of Home Affairs. 2016. *Swiss Health Foreign Policy.*

Thompson, Tommy G. 2011. "Health Diplomacy Is Critical to U.S. Foreign Policy." *Huffpost* (February 25).

Waltz, Kenneth N. 1979. *Theory of International Politics.* Reading, MA: Addison-Wesley.

WHO. 1991. "Sundsvall Statement on Supportive Environments for Health." Third International Conference on Health Promotion, Sundsvall, Sweden, 9-15 June.

_____. "Sweden: Partner in Global Health." https://www.who.int/about/planning-finance-and-accountability/financing-campaign/sweden-impact (검색일: 2019.8.10.)

제4부   사회안보 무대의 중견국 외교

제8장   미중관계와 인권: 동아시아 국가의
대응전략과 가능성

김헌준(고려대학교)

I. 서론

21세기 국제정치는 전통적 국제정치와 달리 다양한 이슈 영역(issue area)에서 벌어지고 있다. 새로운 영역에서 일어나는 국제정치는 나름 대로 독자성과 자율성을 지니며 진행된다. 하지만 이는 동시에 전통적 국제정치 논리와 함께 진행된다. 이러한 복합성을 잘 보여주는 것이 인권(human rights)이다. 국제정치에서 인권은 2차 세계대전 이후 급속히 발전했고, 법과 제도로 구현됐다. 이렇게 구현된 모습을 인권규범(human rights norm) 혹은 인권레짐(human rights regime)이라고 명명한다. 인권규범의 영향으로 국제정치 행위자는 국제무대에서 새로운 기대를 하기도 하며 전략 및 행동을 변경하기도 한다. 하지만 인권규범은 절대 진공에서 작용하지 않는다. 세력균형, 지정학, 안보 딜레마, 주권 불가침과 불간섭 등 다양한 전통 논리가 함께 작용한다. 따라서, 국제무대에서 인권은 전통 국제정치 논리와 새로운 영역의 상호작용을 잘 보여줄 수 있는 영역이다.

인권규범은 또한 다양한 행위자의 등장과 변모에 영향을 미쳤다. 이는 세 개로 구분된다. 첫째, 국제기구이다. 인권규범은 유엔, 유럽연합, 아세안 등 지역 기구의 틀 안에서 발전했다. 더 나아가, 인권규범은 국제형사재판소, 유럽인권재판소, 인권이사회 등 다양한 직능 기구를 창출했다. 둘째, 비국가 행위자의 등장이다. 인권규범은 비정부(non-governmental) 혹은 초국가(transnational)로 수식되는 새로운 행위자의 등장을 가져왔다(Keck and Sikkink 1998).[1] 셋째, 국가 행위자 자체

---

1   이들이 개념화한 초국가옹호네트워크(transnational advocacy networks)란 기존의 위계적이고 고정된 행위자가 아닌 수평적이고 유연한 네트워크를 의미한다. 이 네트워크는 국경의 안과 밖을 자유롭게 드나들며 협력하며 설득과 동료압력(peer pressure) 등

의 변모(transformation)이다. 인권규범은 국가 행위자의 속성과 행동에 변화를 가져왔다. 이는 국제무대에서 국제기구와 비국가 행위자라는 새로운 행위자의 등장에 따른 당연한 귀결로도 볼 수 있다. 국가 변화 유형을 둘로 나눠볼 수 있다. 우선, 동지국가(like-minded states)의 등장이 그 한 예이다. 이들은 정체성과 목적을 공유하기 때문에 상호 연합해 공동으로 행동한다. 다른 한편으로 중견국(middle powers)은 새로운 이슈를 선점하거나, 틈새를 발견하는 형태로 국제무대의 새로운 영역에서 지도력을 발휘한다.

이 글은 이슈 영역과 행위자가 다변화된 국제정치의 모습을 동아시아에서 인권과 중견국 외교를 통해 조망한다. 하지만 전술했듯이 인권 영역에서 중견국 외교는 전통적 국제정치 논리와 동시적으로 진행된다. 21세기 동아시아에서 가장 중요한 전통 논리는 미중관계이다. 인권은 2차대전 이후 냉전기에도 국제적으로 중요한 영역이다. 하지만 인권은 냉전 종식 이후 이전의 진행 방식과는 차원이 다른 새로운 변화를 보였다. 1970년대부터 진행되어 온 인권규범의 법제화는 1990년대 이후 실질적 영향력을 발휘하기 시작했다. 특히, 구유고슬라비아와 르완다의 제노사이드 이후 국제사회는 인권규범이 실질적 억지력(deterrence)을 갖게 하려고 다양한 임시재판소와 상설 국제형사재판소 설립을 추구했다. 탈냉전 이후 인권은 이렇게 변모된 형태로 새로 등장한 미중 경쟁이라는 지정학적 요인과 만난다. 이런 관점에서 이 글에서 다루는 인권은 국제정치에서의 신흥무대라고 할 수 있다.

이 글은 미중관계의 다양한 갈등 영역 중 인권 부문에 집중한다. 인권은 미중 수교 이후 양국이 가장 첨예하게 대립하고 갈등해 온 문

비전통적 방법으로 정치적 압력을 행사한다.

제이다. 천안문사태 이전부터 미 의회와 중국 전문가들은 중국의 티베트와 위구르 등 소수민족 정책, 종교 억압, 학문과 양심의 자유에 대한 통제에 대해 비판하고 개선을 촉구해왔다. 미중 인권 갈등은 천안문사태를 중심으로 급격히 악화했다. 일부 학자는 미국이 천안문사태와 최혜국대우를 연계시키지 않기로 한 클린턴 정부의 1995년 결정과 2001년 미중 인권 대화의 개시를 양국이간 인권 문제를 적절한 선에서 타협한 증거로 본다(Kissinger 2011; Peck 2012). 이 주장에도 불구하고 미중은 그 후 파룬궁, 종교의 자유, 표현의 자유, 소수민족 통제, 인구억제정책, 인권변호사의 탄압, 홍콩의 정치적 자유 등 인권 문제에 있어 한 해도 조용히 넘어간 적이 없다.

부시, 오바마, 트럼프 행정부를 거치며 미중관계에서 다양한 인권 문제가 불거졌다. 부시 행정부는 임기 내내 종교의 자유에 집중했고, 오바마 정부 시기에는 류샤오보, 첸광첸 등 반체제인사와 인권변호사, 실종된 홍콩 서점상, 외국계 비정부기구에 대한 반대 입법, 달라이 라마 방문 등이 문제가 되었다. 트럼프 행정부에서도 사이버 공간에서 자유나 구금된 미국인 사업가 등의 문제가 부각되었다. 시기에 따라 미 의회, 국무부 등 행정부처, 인권단체, 구글(Google)과 같은 사기업 등 다양한 국내 행위자가 전면에 등장했다(Lewis 2017). 하지만, 큰 그림으로 볼 때 미중 갈등 관계는 좀처럼 해소되지 않았다.

미중 간 인권 문제는 먼저 미국과 중국 두 당사국 간의 문제이다. 하지만 두 국가의 안보, 경제, 기술 영역에서 갈등이 그렇듯 인권 갈등도 제3국과 관련될 경우가 많다. 세계화된 현재 국제질서에서 미중 양국이 제3국의 개입이나 연루 없이 긴장과 갈등을 벌이기 매우 어렵기 때문이다. 이 글은 미중관계에서 인권 갈등과 그 사이에서 제3국이 외교적으로 해 온 역할의 가능성과 한계를 분석한다. 미중관계는 전통적으로 안보와 경제 등 소위 '고위정치(high politics)'가 지배하는 영역으로 이해됐다. 하지만 미중관계의 역사를 보고 현재 진행 상황을 보면 고위정치뿐만 아니라 '저위정치(low politics)'라고 하는 영역도 중요한 역할을 했음을 알 수 있다. 저위정치의 다양한 영역은 때로는 고위정치의 영역으로부터 영향을 받기도 하고, 영향을 미치며 상호작용해 왔다. 이 글은 이러한 동학(dynamics)을 밝히는 동시에 동아시아에 있는 제3국 외교의 가능성과 한계를 살펴본다.

이 글은 다음 세 부분으로 구성된다. 첫째, 미중관계에 있어 인권이 차지하는 위상에 대해 공식수교 이전, 천안문사태 시기, 천안문사태 이후 세 시기로 나누어 고찰한다. 둘째, 미중 간 인권 갈등에서 동아시아 국가가 중간에서 대응한 방식에 대해 양자외교와 다자외교의 두 차원으로 나눠 살펴본다. 셋째, 이 두 사례를 바탕으로 미중 인권 갈등 상황에서 동아시아 제3국이 외교적으로 할 수 있는 유리한 전략은 무엇이고, 불가능한 것은 무엇인지 분석한다.

II. 미중관계와 인권: 진행 과정과 전망

미중 양국은 인권 분야에서 지속적 갈등 양상만 보이지 않았다. 모든 관계가 그렇듯 양국도 협력, 경쟁, 갈등의 모든 양상을 보였다. 미중 간 인권을 둘러싼 상호작용은 크게 공식수교 이전, 천안문사태 시기, 천안문사태 이후 세 시기로 구분된다.

1. 공식수교 이전[2]

인권을 둘러싼 미중관계는 1979년 공식수교 이전부터 있었다. 대표적
사례가 1960년대 미국 시민권 운동(civil rights movement)을 둘러싼
갈등이다. 양국의 인권 갈등은 천안문사태에 대한 미국의 대응으로 인
해 주로 중국의 심각한 인권 문제에 대해 미국이 비난하는 형태로 알려
져 있다. 하지만 이 시기에 마오쩌둥은 1963년과 1968년에 공식성명
을 발표해 시민권 투쟁을 공식적으로 지지하며 미국 정부를 비난했다
(Joseph 2006). 이후에도 미국의 인종 문제는 중국의 공격 대상이 됐다.
대표적인 예로 미국이 천안문사태 직후 강력한 제재를 하자 중국은 미
국 인권상황을 비난하며 "노예해방선언 1백 년이 지난 지금에도 미국
의 유색인종에 대한 차별이 극심"하다고 대응했다(한겨레 1989/7/8).
미 국무부의 연례 『인권보고서(*Country Report on Human Rights
Practices*)』에 대한 대응으로 중국이 부정기적으로 발간하는 『미국인
권기록(*Human Rights Record of the United States*)』을 보면 9·11사
태 이후 아랍 출신 시민에 대한 차별, 구금 및 인종 프로파일링(ethnic
profiling) 등 문제를 거론한다.

　　중국은 서구의 시민적, 정치적 권리 위주의 인권에 도전하며 경제
적, 사회적 권리를 강조했다. 이는 당시 국제정치적 맥락을 반영한다.
냉전기 소련, 중공, 동독, 체코슬로바키아 등 공산국가는 반체제인사와
소수민족에 대한 인권탄압을 대대적으로 벌였다. 서구국가는 상대 진

2　중공의 등장 이전에도 미중은 국제무대에서 인권을 둘러싸고 갈등을 보였다. 중국은 2차
　세계대전 직후 유엔을 구성하는 회의에 대표로 참석해 헌장의 작성에 관여했다. 미국과
　영국은 '인권'이란 용어를 헌장에 명시적으로 넣는 것에 반대한 입장이었고, 중국은 라틴
　아메리카 국가와 함께 인권을 반드시 포함해야 한다고 주장했다(Sikkink 2014).

영의 인권탄압을 비판했고, 반체제인사의 망명이나 탈출을 도왔는데 이는 공산국가의 체제 정당성을 위협했다. 공산국가는 대응책으로 경제적, 사회적 권리를 앞세워 서구국가의 비판에 대응했다. 체제 대립으로 시작된 논쟁이지만 냉전기 인권 논쟁은 인권개념의 발전에 일부분 이바지했다. 국제정치학자 중 유일하게 냉전기 진영 간 인권 갈등을 분석한 빈센트(R. J. Vincent)는 냉전사를 "인권에 관한 논쟁의 역사"라고까지 평가했다(Vincent 1986, 61). 이렇게 촉발된 정치적, 시민적 권리와 경제적, 사회적 권리의 진영 간 대치는 현재 미중관계에도 고스란히 남아 있다. 미국은 매년 중국을 향해 시민적, 정치적 권리에 관한 국제규약(B규약)을 가입할 것을 요구하고, 중국은 미국이 경제적, 사회적, 문화적 권리에 관한 국제규약(A규약)을 가입할 것을 촉구하고 있다.

중국은 1955년 반둥회의부터 아시아, 아프리카 국가와 보조를 같이하며 3세대 권리라고 불리는 집단의 권리(collective rights)를 주창했다. 저우언라이는 평화 5원칙에서 탈식민주의 국가가 주장한 민족자결권(national self-determination), 발전권(right to development), 평화권(right to peace) 등을 지지했다(Ishay 2008). 최근에도 중국은 이 권리를 지지하며 개발도상국의 대표자를 자임하고 있다. 인권이사회의 설립 과정에서 중국은 발전권을 강조한 선언을 채택하기 위해 노력했다(Kinselbach 2012; Zhu 2011). 최근에 아시아와 아프리카 70여 국가를 초청해 '남남(개발도상국) 인권 포럼(South-South Human Rights Forum)'을 개최하고 베이징 선언을 채택했다(South China Morning Post 2017/12/21).

공식수교 이전의 미중 인권 관계는 협력이나 갈등이 아닌 경쟁에 가깝다. 경쟁의 주요 원인은 당시 공산, 자유, 비동맹 진영으로 나뉘었던 국제정치라고 볼 수 있다. 공산 진영의 핵심국가였던 중국은 자유

진영의 대표국가인 미국에서 일어난 시민권 운동이라는 정당성의 위기를 이용해 갈등을 부추기고, 자국의 체제 정당성을 선전했다. 경제적, 사회적 권리에 대한 강조도 티베트나 위구르 등 자국의 인권 문제에 대한 미국의 비판에 우회적으로 대응하는 방편이었다. 반면, 공산진영은 냉전기에 공산혁명의 수출을 목표로 삼고 있었고, 러시아와 사이가 벌어진 중소분쟁 이후에 중국은 비동맹 진영과 연합했다. 그리고 당시 미국의 인도차이나, 베트남, 남미, 중동에서의 외교정책을 비난하며 비동맹국가의 리더로 부상했다.

2. 천안문사태 시기

수교 이후 10여 년 밀월관계를 가진 양국은 중국의 진보 지식인의 탄압, 산아제한 정책, 티베트, 위구르 등 굵직한 문제로 천안문사태 이전부터 갈등하기 시작했다. 카터 대통령의 등장은 미중관계에 있어, 중국이 드러내고 싶지 않던 인권 문제를 돋보이도록 했다. 양국의 시민사회는 카터의 등장과 함께 중국의 인권상황을 폭로하고 개선을 촉구했다. 예를 들어, 1977년 3월, 상하이의 한 지식인은 홍콩 일간지를 통해 카터 대통령에게 중국 인권상황 개선을 위한 청원을 공개적으로 게재했다. 이 인사는 "중공은 지구상의 비참한 지옥"이고 "우리에게 인권회복의 희망"을 달라고 요구했다(동아일보 1977/4/12). 미국의 지식인도 중국의 진보 지식인 탄압에 대해 비난하는 청원서를 미 하원에 제출했고, 하원도 곧이어 중국의 산아제한 정책을 비판하는 결의안을 채택했다. 이런 움직임에 대해 중국은 미국이 "인권 문제나 민권 문제를 들고나오는 일이 있어서는 안 될 것이라고 강력히 경고"하고 이것이 계속되면 미중관계는 "실패할 것"이라고 경고했다(동아일보 1977/8/19; 동아일보 1978/5/30).

천안문사태가 발생한 1989년에도 미중은 티베트 시위대에 대한 무력진압을 놓고 한 차례 설전을 주고받는다. 3월, 미 국무부는 중국의 시위대 무력진압을 비난하는 성명을 발표했고, 같은 날 중국 외교부도 "티베트 문제는 중국 국내 문제이며 외국의 정부, 조직 및 개인의 어떠한 간섭도 허락하지 않는다"고 반박했다(한겨레 1989/3/11). 천안문사태가 발발하자 미국은 1968년 마오쩌둥이 미국의 시민권 운동을 지지했던 것처럼, 부시 대통령이 시위대에게 "미국은 자유와 민주주의를 지지"하고 있고, 학생들은 "믿는 것을 위해 저항"하라는 적극적 지지 발표를 한다(New York Times 1989/6/6). 이후 미국은 인권침해에 대응할 수 있는 모든 외교 조치를 하며 중국을 압박했다. 중국이 시위대에 발포한 직후 미국은 부시 대통령이 직접 중국을 인권침해국으로 지정하고, 다양한 제재를 시행했다. 같은 날, 미국은 중국에 대한 무기판매를 동결했고, 다음 날, 체니 국방장관은 미중 고위급 국방회담을 무기한 연기했다(New York Times 1989/6/6).

미국은 이어서 미중 간 모든 고위급 회담을 중단하고, 세계은행과 국제통화기금에서 중국에 대한 7억 8000만 달러 정도의 신규 차관을 중단하는 등 매우 강력하게 대응했다(한겨레 1989/6/28; 동아일보 1989/6/21). 6월 말부터 미중관계의 핵심은 통상에 있어 중국의 최혜국대우(most favored nation status)를 인권상황과 연계할 것인가 하는 문제로 집중되었다(Shaefer 1998). 하지만 이 문제는 의회와 행정부 간 갈등이 있었다. 미 의회는 두 이슈를 연계해 중국을 압박하는 방향으로 논의를 진행했고, 정부 내에는 인권에 대한 강경 대응이 미국의 국익에 도움이 되지 않는다는 논의가 많았다. 1990년 1월, 중국이 계엄령을 해제하자 퀘일 부통령은 곧바로 이는 인권의 "일보전진"이라고 평가했고(한겨레 1989/1/10), 같은 해 3월 부시 대통령은 최혜국대우를 인권과 연계하는 법안에 거부권을 행사했고, 5월에는 최혜국대우를 1년 연장한다(경향신문 1990/5/23).

이러한 부시 행정부의 실리외교에 대해 클린턴은 후보 시절부터 강력하게 비판했고, 중국의 인권이 개선되어야 최혜국대우를 부여할 수 있다고 주장했다. 중국도 이에 대해 경계하며 "중국의 최혜국대우에 어떠한 조건을 부가하는 행위를 수용할 수 없다"고 대응했다(매일경제 1992/7/15). 당선 직후, 클린턴 정부 고위인사가 중국을 두 차례나 방문하여 인권에 대해 논의하는 등 다양한 시도를 했고, 중국 정부도 이들의 중국 내 수용소 방문을 허용하는 등 유화책을 펼쳤다(경향신문 1993/5/11). 결국, 양국의 갈등은 클린턴 대통령이 1994년 5월 인권과 최혜국대우를 연계하지 않는다고 발표하며 마무리된다(Kent 1999, 235). 일부 학자는 이 사례가 미국에서도 인권이 경제에 의해 좌우된 대표적인 사례로 보고, 인권의 자율성을 의심한다(Peck 2012). 하지만, 이 시각은 그 이후에 나타난 미중 간 인권 분야의 첨예한 갈등을 간과한 근시안적 평가이다(Kim 2019). 이는 한편으로 미국이 천안문사태 직후 취한 조치가 강력해서 그 이후의 다양한 조치가 상대적으로 약해 보이는 하나의 착시 현상이다.

3. 천안문사태 이후

천안문사태 이후에도 미중 양국은 인권의 다양한 영역에서, 다변화된 모습으로 갈등을 보였다. 우선, 미국은 인권 문제를 기존의 양자외교에서 다자외교 차원으로 옮겨 중국을 압박했다. 특히 유엔 총회와 경제사회이사회 산하 인권위원회(Commission of Human Rights)에서 중국을 강하게 압박했다(Foot 2000). 미국은 1995년부터 국제무대에서 중국의 인권상황을 비판했고, 이를 개선할 것을 촉구하는 결의안을 상정하고 채택을 유도하는 데 "선도적 역할"을 한다(Wan 2001, 48). 향후 10여 년 정도 미중관계의 인권 문제는 이러한 결의안을 상정하는 미국과 이를 막으려는 중국의 대립이었다. 국제 이미지와 명성을 중요하게 생각하는 중국에 인권침해국이라는 지속적인 비난은 심각한 것이었다(Foot 2002, 18). 일부는 이 시기 중국의 가장 중요한 외교정책이 중국의 인권을 비판하는 결의안 상정과 채택을 막는 것이었다고까지 주장한다(Sceat with Breslin 2012). 이러한 학자들은 천안문사태가 미중관계에 있어 "분수령(watershed)"이라 파악하며, 천안문사태 중심에는 인권 문제가 있다고 본다(Kent 1999, 233; Foot 2000; Wan 2001).

　위와 같은 다자외교 노력과 함께, 미국은 양자외교로 중국을 압박했다. 한편, 미국 양자외교의 주체는 행정부가 아닌 의회로 변모했다. 가장 대표적 사례가 1996년 미 하원 국제관계위원회 인권소위원회에서 열린 천안문사태 관련 공개청문회이다. 미 의회는 이후에도 중국의 반체제 운동가의 망명을 적극적으로 받아들이거나, 중국 유학생의 이민비자 발급 비율을 늘리는 법안을 통과했다(Suettinger 2003). 하지만 이 법안은 부시 대통령에 의해 "편협한 결정"이라 비난받았고, 이후 대통령의 법안 거부권으로 실행되지는 못했다(경향신문 1990/1/10). 하지만, 의회는 꾸준히 티베트의 독립과 중국 내 언론의 자유 등을 지지하는 결의안을 채택했다.

　미 행정부도 마냥 실용적 태도를 보인 것은 아니었다. 미 국무부는 연례 인권보고서를 통해 중국의 인권상황 중 정치적, 시민적 권리의 침해에 대해 계속 비난했다. 국무부는 보고서를 통해 종교의 자유, 티베트와 신장의 소수민족 탄압, 파룬궁 수행자 탄압, 사형수 장기매매 등

문제를 부각하며 중국에 압박을 가했다. 이런 미국의 태도는 천안문사태 이전의 모습과는 큰 차이가 있었다. 사태 이전의 보고서에는 중국 내 인권상황의 개선이 긍정적으로 논의됐지만, 사태 이후 보고서의 논조는 "매우 비판적"으로 변했다(Foot 2000, 122). 사태 이전의 보고서에는 중국의 인권이 점진적으로 발전하고 있다는 믿음과 기대가 있었던 반면, 이후에는 부정적이고 비판적인 믿음이 지배했다. 이에 따라, 중국 역시 미국의 보고서는 거짓말과 왜곡이라고 비판했고, 미국의 보고서 발표와 중국의 신랄한 맞대응은 미중 간 연례행사가 됐다. 더 나아가, 중국은 2005년부터 미국의 인권침해를 경제, 사회, 문화권과 미국이 해외에서 자행한 인권침해 사례를 중심으로 기록하여 발표하고 있다.

III. 미중 인권 문제와 동아시아 국가의 대응

미중 인권 갈등 사이에 있는 국가는 엄밀한 의미의 중견국(middle power)은 아니다. 오히려 '중간에 낀 국가(states in the middle)' 혹은 '두 강대국의 사이(middle in two powers)'가 더 정확한 표현이다. 따라서 본 연구는 기존 중견국 연구와 거리가 있다. 하지만 전혀 무관하지는 않다. 중견국 특성 중 하나가 그것이 가지는 위치적(positional) 혹은 상황적(situational) 영향력과 취약성이다. 이 부분에서 살펴볼 제3국도 동아시아에서 미중 두 강대국 사이에 존재하기 때문에 취약성을 지니기도 하고, 그 틈새가 새로운 영향력을 만들어내기도 한다. 이런 의미에서 이 국가들은 엄밀한 의미의 중견국은 아니지만, 중견국성 (middle-power-ness)을 갖는다. 따라서 이 국가들이 미중 간 인권 문제에서 보이는 취약성과 가능성은 중견국 연구 일반에도 중요한 함의를 지닌다.

미중 양국 간 인권 문제에 낀 동아시아 국가의 모습은 다양한 형태로 나타난다. 이는 크게 양자외교(2+1)와 다자외교로 나뉜다.[3] 양자외교의 경우 특정 국가가 어떠한 이유에서든 미중 간 인권 갈등에 직접 연루되어 양자로부터 특정한 선택을 강요받고 기대를 형성하며 그에 따른 비용을 내는 경우이다. 다자외교는 유엔 등 국제기구에서 미국과 중국 중 한 국가와 입장을 같이 하거나 한 국가의 입장을 지지해줄 것을 직접 혹은 간접으로 강요받는 경우이다. 이 부분에서는 미중 간 인권 갈등에서 발생한 사례를 중심으로 제3국이 받은 압력과 대응할 수 있었던 가능성에 대해 고찰한다.

1. 양자 인권외교에서의 대응

최근 일어난 미중 양자 인권외교에 제3국이 낀 사례는 2017년 5월, 태국 방콕 공항에서 벌어졌다. 2015년 7월부터 중국은 인권변호사에 대한 대대적 탄압을 벌였고, 이는 변호사 시에양(Xie Yang)에 대한 구금과 고문으로 이어진다(New York Times 2015/7/22). 2016년 1월, 중국 공안은 200여 명의 법조계 인사를 소환해 조사했고, 여섯 명의 변호사를 국가 전복을 시도한 혐의로 체포했다(New York Times 2016/1/13). 공안은 시에양의 부인 첸구이치우(Chen Guiqiu)에게 해외 인터뷰 및

---

3   엄밀한 의미에서 이 양상은 3자 외교(미중 양국과 제3국의 2+1 외교)라고 할 수 있다. 하지만 이 글에서는 3자 외교라는 친숙하지 못한 용어보다 양자외교를 사용했다. 그리고 미국과 중국 양국으로부터 압박이 양자 관계 내에서 발생하기 때문에 양자외교라고 지칭했다.

출국을 금지했고, 첸 씨는 남편을 우려해 당분간 이 불법 금지를 따른다. 하지만 2016년 4월, 자신의 홍콩 여행이 금지되고, 시에 씨의 사건이 법적 테두리 안에서 해결될 전망이 없자, 2017년 1월, 남편의 고문 사실을 해외언론에 알린다(New York Times 2017/5/18). 인터뷰에 따르면 시에 씨는 밤샘 심문, 수면 제한, 구타, 가족에 대한 협박, 자백 강요 등 고문을 받았고, 자백하지 않는다는 이유로 변호사 접견권도 박탈당했다. 시에 씨 사건은 미국, 영국, 프랑스, 아일랜드, 스페인 등 언론에 자세히 보도돼 큰 파문을 일으켰고, 미국과 EU는 시에 씨 석방을 요구하는 공개 성명을 발표했다.

사건이 국제적 주목을 받자 중국은 우선 첸 씨를 소환해 협박하고, 모든 사실은 거짓이며 변호사 지앙티엔용(Jiang Tianyong)과 첸지안강(Chen Jiangang)이 날조했다고 주장했다(Global Times 2017/3/2). 첸 씨는 망명을 결심했고, 두 자녀 중 막내(당시 네 살)가 미국에서 출생해 미국 국적이 있어, 미국을 최종 도착지로 삼고 태국으로 갔다(Associated Press 2019/5/9). 첸 씨는 미국 텍사스에 기반을 둔 기독교 인권 단체인 '차이나 에이드(China Aid)' 대표인 밥 푸(Bob Fu)의 도움을 받았다(Bangkok Post 2017/5/8). 하지만, 2017년 3월 2일, 중국의 요청으로 부인과 두 자녀는 방콕에서 밀입국 혐의로 체포됐고, 다음날 태국 법원은 이들에게 추방 명령을 내렸다. 선고 직후, 세 모녀는 간단한 조사를 마치고 중국으로 송환될 예정이었고, 중국 요원들이 구금소 앞에서 이들을 신속히 이동시키려고 대기하고 있었다(National Public Radio 2017/5/14).

하지만 미국 요원과 외교관이 신속히 개입해 막내딸이 미국 시민이기 때문에 미국으로 송환돼야 한다고 태국 당국을 설득했다. 태국은 이에 동의했고, 첸 씨와 두 딸은 중국 요원이 지키고 있던 정문이 아닌 구금시설 뒷문을 통해 공항으로 이동했다. 이 사실을 알아챈 중국 요원은 태국 관계자에게 다시금 압력을 행사해 이들을 중국으로 송환할 것을 요구했고, 이것이 여의치 않자 방콕 공항까지 이들을 추격했다. 방콕 공항에서는 첸과 두 딸을 둘러싸고 중국, 미국, 태국의 관계자들이 한 시간 정도 대치했고, 보도에 따르면 미국과 중국 요원들 간에 "물리적 충돌(physical clash)" 직전의 대치를 보였다(Associated Press 2017/5/8). 공항 대치 중 태국 당국은 다시 한번 중국으로부터 이들의 미국행을 막으라는 '거대한 압력(immense pressure)'을 받았다.

외교적으로 민감한 사안이고, 구출에 개입한 사람들의 신변 보호 때문에 이후 벌어진 일에 대한 공개적 기록은 없다. 결국, 첸 씨와 두 딸은 미국에 안전하게 도착했고 첸 씨는 미국에서 시에 씨 고문을 다시 폭로했고(Radio Free Asia 2017/5/24), 미 하원 소위원회에서도 증언했다(New York Times 2017/5/18). 사건 발생 후 미중 양국이 발표한 공식 입장을 보면, 양국 간 모종의 외교적 거래가 성사되었음을 알 수 있다. 미국은 베이징 주재 대변인을 통해 "미 국무부는 외국에 있는 미국 시민을 보호할 의무가 있다"는 원칙을 천명했고, 해당 사건에 대한 질문에 대해서는 "개인의 사생활이므로 논평하지 않겠다"고 답했다. 중국 외교부도 공식 논평에서 "해당 사건에 대해 아는 바가 전혀 없다(no knowledge of the case)"고 짤막하게 논평하고 사건을 마무리했다(National Public Radio 2017/5/14).

2. 다자 인권외교에서의 대응

다자외교는 유엔을 비롯한 다양한 국제기구 의결 과정에 잘 나타난다. 중국은 2006년 유엔인권이사회(Human Rights Council)가 설치되기

전 경제사회이사회 산하 유엔인권위원회에서부터 자국을 포함해 특정
국가를 표적으로 삼는 국가-지목 결의안(country-specific resolution)
을 반대했다(Mao and Sheng 2016, 2). 중국의 정책은 천안문사태 이후
미국의 대중 다자 인권외교의 등장으로 한층 강화됐다. 중국은 국가-
지목 결의안 채택을 원천적으로 봉쇄하기 위해 지속해서 노력했고, 이
과정에서 제3국은 중국의 정책에 동조하거나 반대해야 했다(Foot and
Inboden 2016). 예를 들어, 2005년 회의에서 중국은 유엔인권위원회
가 채택한 100여 개 국가-지목 결의안의 대상이 개발도상국이고, 이
는 마치 선진국은 인권 문제가 없는 것처럼 포장한다고 비판했다(UN
Doc E/CN.4/2005/SR.20). 동시에 중국은 국가-지목 결의안의 상정이
침해가 광범위(massive)하고 체계적(systematic)이며 중대(gross)하냐
는 기준에 따라야 한다고 주장했다. 더 나아가, 국가-지목 결의안은 정
치적 고려가 없어야 하며 다른 방법이 소진됐을 때만 사용할 수 있다
고 주장했다.

　중국은 특정 국가의 인권에 대해 논의할 때 인권침해에 중점을 두
고 그것을 기록하고 감시하는 서구의 방식에 불만을 품었다. 중국은 인
권상황의 개선에 초점을 두고 국제사회가 대화와 협력으로 문제를 해
결할 것을 촉구했다. 중국은 동지국가를 활용했는데 이들은 알제리, 방
글라데시, 벨라루스, 부탄, 쿠바, 이집트, 인디아, 인도네시아, 이란, 말
레이시아, 미얀마, 네팔, 파키스탄, 필리핀, 스리랑카, 수단, 시리아, 베
트남, 짐바브웨 등 19개 정도의 국가였다. 문제는 이들이 대부분 심각
한 인권침해국이며, 아시아와 아프리카에서 중국의 강한 영향 아래
에 있는 국가라는 점이다. 중국은 이들 국가를 선도해, 위원회에서 미
국과 서구국가의 주장에 반격하고 반론(counterattack and counter-
arguments)하는 전략을 사용했다. 하지만, 양자외교의 경우와 유사하

게, 중국 시장접근 허용과 국가자본을 이용한 시설 투자 유치 약속 등 경제적 요인도 이들을 결속하는 데 중요한 역할을 했다(Inboden and Chen 2012, 52).

　인권이사회 설립 과정에서도 중국은 최대한 미국 등 서구국가들의 의도를 저지하고, 자국의 입장을 관철하려 했다. 인권이사회 설립 논의의 주요 의제는 국가-지목 결의안 강화, 보편적 정례검토(universal periodic review, UPR) 설치, 특별절차(special procedures) 강화, 조사위원회(commission of inquiry) 강화 등이다. 이사회 설립 논의 초반에 적극적이지 않던 중국은 전반적인 논의가 인권 보호를 위해 특정 국가를 압박하는 수단을 강화하는 쪽으로 진행되자 적극적으로 협상에 임했다. 미국과 서구국가는 국가-지목 결의안 강화, 특별절차 강화, 보편적 정례검토의 후속 절차 강제화 등을 추진했다(Ahl 2015, 653). 이에 반대해 중국은 국가-지목 결의안 사용을 엄격히 제한하는 안을 제출했다(New York Times 2007/6/8). 중국은 국가-지목 결의안이 이사회 회원국의 1/3 지지를 받아야만 상정될 수 있고, 2/3 동의를 받을 때만 통과될 것을 요구했다. 이는 결의안 채택을 거의 불가능하게 만드는 것으로, 일부 학자는 이 안이 이사회의 설립 논의 전체를 자초할 정도로 심각했다고 평가한다(Foot and Inboden 2014, 854-856).

　인권이사회 설립 논의에 참여한 한 동남아시아 외교관은 자국 외교부 장관이 베이징을 방문했을 때, 중국이 이에 대해 압력을 행사했다고 증언했다(Foot and Inboden 2014, 857-858). 중국은 동남아시아 국가의 지지를 얻기 위해 적극적으로 로비를 벌였다. 흥미로운 점은 이시기 개발도상국은 일반적으로 국가-지목 결의안에 불만을 품고 있었고, 이는 중국의 로비가 성공하는 데 유리한 상황이었다는 것이다

(Inboden and Chen 2012, 52).[4] 이사회 설립 논의에서 한 남아시아 외교관은 국가-지목 결의안은 비생산적이며 부당하다고 주장했고, 한 동남아시아 외교관은 이런 결의안을 제한하는 것이 중국의 입장만은 아니라고까지 밝혔다(Foot and Inboden 2014, 863). 더욱 흥미로운 점은, 그런데도 이들 국가는 미국을 포함한 서구국가가 강력히 반대하는 이슈에 대해 중국을 적극 지지하긴 어려웠다는 것이다. 결국, 중국의 제안에 대해 동남아시아 국가는 최종적으로 같이 하지 않았고, 심지어 일부 국가는 중국이 서구국가와 타협하도록 설득하기도 했다(Foot and Inboden 2014, 862). 결국, 중국은 이러한 상황에서 국가-지목 결의안을 상정하는 국가는 '이사회 회원국으로부터 가능한 많은 지지를 얻어야 한다'라는 원칙적 천명을 하는 데 그쳤다(Foot and Inboden 2014, 867-868).

IV. 미중 인권과 동아시아 국가의 가능성과 한계

발생 빈도로 봤을 때, 양자외교보다 다자외교가 빈번하지만, 제3국이 받는 압력과 사안의 절박함은 전자의 경우가 후자보다 압도적으로 크다. 따라서 제3국이 선택할 수 있는 운신의 폭과 선택지도 양자외교가 다자외교보다 훨씬 더 제한돼 있다. 이 부분에서 양자외교와 다자외교의 사례가 주는 시사점을 도출하고, 이를 비교하고 분석한다.

---

4   인권 보호의 다른 장치인 보편적 정례검토에서도 개발도상국의 입장이 중국과 일치했다. 이는 모든 회원국을 동등한 기준으로 평가하는 제도로 중국의 기존 주장과 유사했다(Mao and Sheng 2016, 2). 개발도상국도 형평성을 보장할 것을 요구했고, 모든 국가에 일관되게 적용되는 보편적 정례검토는 이를 반영했다.

1. 양자외교의 시사점

제3국 태국의 수도 공항 한복판에서 미국과 중국의 공권력이 1시간 정도 대치한 상황은 미중 사이에 낀 동아시아 국가에 중요한 시사점을 준다. 중국 전문가 수잔 셔크는 "태국 정부는 항상 미중 두 국가 모두와 좋은 관계를 유지하려고 노력했다. 하지만 이와 같은 사례는 둘 사이에 균형을 취하는 것이 매우 어려움을 보여준다"고 논평했다 (Associated Press 2017/5/8). 중국의 부상과 함께 많은 동아시아 국가들이 다양한 외교전략을 모색하고 실행하고 있다. 많은 국가가 양국 사이에 어느 한편으로 기울지 않는, 헤징(hedging) 전략을 채택하고 양국 사이에 미세한 균형을 유지하려고 애쓰고 있다. 하지만 시진핑의 등장과 중국의 단호한(assertive) 외교의 등장은 이런 균형을 유지하는 것이 매우 어렵다는 것을 보여준다. 미국과 중국이 대치를 벌이는 사이, 태국의 공권력이 양국으로부터 압력과 설득을 받는 상황은 단지 태국의 경험만은 아니다.

　　순수하게 인권 문제로 시작되지는 않았지만, 최근 캐나다에서 미국의 범죄인 인도 요청에 따라 체포된 화웨이의 최고 재무담당자 멍완저우(Meng Wanzhou) 사례도 이를 잘 보여준다(New York Times 2018/1212). 중국은 사건 직후, 자국 내의 캐나다인에 대한 조사를 벌여 전직 외교관과 사업가 두 명을 간첩 혐의로 체포했고(New York Times 2019/3/4), 재판이 진행 중이던 캐나다인에게 마약 밀매 혐의로 사형을 선고했다(연합뉴스 2019/1/5). 기술 및 통상 문제로 시작한 양국 간 갈등은, 제3국을 사이에 둔 범죄인 송환 문제의 갈등으로 악화됐다. 중국에 있던 제3국 캐나다 시민은 상당한 의구심이 드는 혐의로 체포되거나 사형이 선고돼, 중국이 보복 수단의 하나로 제3국 시민에 대한 인권침해를 자행했음이 명확해졌다. 심각한 점은 미중 두 강대국 사이에 낀 제3국 캐나다의 모습은 점차 예외라기보다는 일반적인 현상이 되고 있다는 것이다. 최근 중국의 보복 행태는 프랑스, 영국, 노르웨이, 일본, 한국, 대만, 싱가포르, 필리핀, 베트남, 몽골, 팔라우 등에서도 발생했다.

물론, 미중 간 인권 갈등 상황에서 발생하는 문제는 순수하게 미중 양자 간의 문제가 될 경우도 있다. 예를 들어, 1989년 천안문사태 때 인권운동가 팡리즈나 2012년 첸광첸 사례는 인권침해의 희생자가 베이징 주재 미국대사관으로 도피해 망명을 신청한 경우이다. 이 경우 당사자인 미국과 중국이 상호 합의나 외교적 타협을 통해 문제를 해결할 수 있다. 하지만 이 과정에 제3국이 포함되거나, 사건 자체가 제3국 공관에서 일어날 때는 태국 사례와 같은 상당히 복합적인 외교 갈등이 발생할 수 있다.

미중 양자 간 인권 문제에서 갈등이 발생했을 때, 제3국의 입지는 매우 좁을 수밖에 없다. 태국도 첸 씨와 딸들의 입국으로 바로 중국으로부터 체포와 송환 압박을 받았다. 밀입국 혐의는 체포의 정당한 근거이고, 첸 씨가 중국 시민이라는 점에서 중국의 주장도 전혀 근거가 없는 것은 아니다. 하지만, 첸 씨의 막내딸이 미국 시민권자이고, 첸 씨가 해외 인터뷰를 통해 중국 정부를 비난하고 남편의 고문을 폭로해 자신도 위협을 받은 상황에서 미국 망명을 신청했다는 미국의 주장도 정당하다. 태국은 양국으로부터 설득과 압박을 받았고, 양자택일해야 하는 상황에서 최종적으로 미국을 선택했다. 물론 미국의 압력이 들어오기 전까지 태국은 중국의 요구에 따라 행동했다. 첸 씨의 체포를 요구하고, 송환을 위해 중국 요원이 법원의 정문에서 대기하고, 공항까지 추격했으며, 공항에서도 미국 요원과 대치한 것으로 볼 때 태국의 입장이 매우 난처했음을 알 수 있다. 미중 간 모종의 합의가 이루어진 상황에서 태국이 중국으로부터 어떤 압력을 받았는지 알기 어렵다.

태국이 받았을 중국으로부터의 압박은 유사한 사례로부터 유추할 수 있다. 비록 미국이 직접 개입하지 않았으나 2009년 12월, 캄보디아로 탈출한 위구르인 20여 명 사례가 있다(New York times 2009/12/24). 유엔난민고등판무관실은 아동 3명을 포함한 이 망명객들이 송환되면 무기징역이나 사형이 될 가능성이 있다고 밝혔으나 중국의 '집중적 압력(intense pressure)'을 받은 캄보디아 정부는 곧바로 이들을 중국으로 송환했다(New York Times 2009/12/19). 이들은 탈출 과정에서 미국 기독교 단체의 도움을 받은 것으로 알려졌고, 탈출 후 미국과 유엔 등은 강력하게 송환을 반대했다. 중국도 미국의 비난에 대해 이들은 명백히 '범법자(fugitive)'이며 미국이 이들을 '정치 난민(political refugee)'이라고 명명하는 것에 강력히 반박했다. 보도에 따르면, 이들의 송환 직후 중국은 캄보디아 정부에 사의를 표했고, 캄보디아와 논의 중이던 10억 달러 상당의 14개의 프로젝트 계약을 체결했다(New York Times 2009/12/21). 이를 통해 추정해볼 때, 중국이 사용한 집중적 압력이 우선 정치, 외교적 수단이지만 투자 유치의 철회 등 경제적 수단도 병용됐을 가능성이 크다.

2. 다자외교의 시사점

미중 양자 사이에 낀 국가가 받는 압력은 양자외교보다 다자외교에서 좀 더 간접적이고 우회적이다. 다자외교의 핵심인 결의안의 상정 및 통과, 제도의 개혁 등 모든 과정은 중국이 혼자 달성할 수 없고, 다수의 지지가 필요한 사안이기 때문이다. 다자외교에서 주로 사용되는 수단은 설득(persuasion)과 논쟁(argument)이다. 하지만 일부 국가는 이미 설득 전부터 중국과 입장이 일치(congruent)하기도 하고, 이해관계가 우연히 맞기(coincidence of interest)도 한다. 하지만 그렇지 않은 국가에 대해 국가-지목 결의안을 제한하기 위한 다자외교를 하는 과정에서도 중국은 로비와 외교부 장관에 대한 직접적 압력 행사 등 전통적인 힘(power)과 이해관계(interest)를 사용했다(Foot and Inboden 2014, 864-865). 양자외교에서 추론했을 때, 중국이 자국의 시장접근권이나 투자철회 등 막강한 경제력을 사용하지 않을 가능성 또한 매우 낮다(Inboden and Chen, 2012). 한 동남아시아 외교관은 이런 상황에서 자국이 일반적으로 중국에 반대하기를 꺼렸고, 중국의 제안에 전반적으로 긍정적 태도를 보일 수밖에 없었다고 증언했다(Foot and Inboden 2014, 866).

하지만 여러 동남아시아 국가는 동시에 미국, 영국, 유럽연합의 강력한 선호와 국제 인권규범을 무시할 수 없어, 중간에 낀 어려운 위치에 있었다. 그러나 다자외교의 경우 양자외교의 제3국과는 다른 상황이고 따라서 다른 양상을 보인다. 중국의 압박에도 불구하고 여러 국가는 중국을 지지하지 않았으며, 협상 마무리 단계에서 일부 국가는 중국이 국가-지목 결의안을 지나치게 엄격히 제안할 것을 요구할 경우, 그동안 인권위원회에서 중국이 쌓아온 국제위상과 인권이사회에서 중국의 이미지가 손상될 가능성이 있다며 중국을 역으로 설득하기도 했다. 이는 두 가지 시사점을 지닌다.

첫째, 미중 사이에 낀 제3국이 다수 존재하고, 중국이 원하는 것을 이루기 위해 그 다수의 지지가 필요하다는 점이 제3국의 입지를 넓혔다. 한 표의 지지가 아쉬운 상황에서 중국이 특정 국가를 양자외교처럼 압박하기란 쉽지 않았다. 둘째, 중국이 인권 이슈에 있어 지닌 특수성도 제3국의 입지를 넓히는 데 작용했다. 천안문사태를 계기로 중국은 국제정치에 있어 "보편적 제도의 힘(power of universal institution)"을 실감했다(Foot 2000, 148). 중국은 국내정치와 국제정치에서 인권이 정당한 주제(legitimate subject)로 작동하는 것을 보았고, 이를 활용했다(Zhu 2011, 224). 중국은 대내적으로 1991년 인권백서를 편찬했고, 2004년 헌법에 인권을 명시했으며, 2009년 국가인권 실행계획(National Human Rights Action Plan of China)을 발표했다. 대외적으로 동남아시아 국가와 연합하여 자국이 고립되는 상황을 피하려고 노력했고, 아프리카와 중남미의 비동맹국가와 보조를 같이해 서구국가의 공세에 대응했다(Wan 2001, 45). 인권에 있어 중국은 동지국가와 연합해 개발도상국의 전선을 갖추려고 노력했고, 일부분 성과를 냈다(Kent 1999, 234; Kinzelbach 2012). 하지만 인권은 여전히 중국의 "구조적 약점(structural weakness)"이다(Nathan 1994). 중국이 국내정치 방향을 근본적으로 바꾸지 않고는, 국제적 압력을 완전히 해소할 방법은 없다. 이는 인권 문제에 있어 중국의 취약성을 증가시켰고, 역으로 제3국의 상대적 입지는 넓혔다. 협상 마지막 단계에서 제3국이 오히려 국제 이미지를 이용해 중국을 설득한 것은 이를 잘 보여준다.

V. 결론

2019년 한 해는 첨예한 대립을 보인 미중 간 무역 갈등이 과연 해소될 것인가 하는 전망으로 시작됐다. 양국 간 소규모 합의가 달성된 10월 현재도 미중 통상문제는 핵심 이슈로 남아 있다. 2월도 중국을 굳이 열차로 관통해 하노이에 도착한 김정은, 그리고 그런 그와의 정상회담을 합의 없이 끝낸 트럼프, 두 지도자의 기이한 행동으로 기억된다. 제2차 하노이 북미 정상회담에는 제1차 싱가포르 회담과 마찬가지로 북한 뒤에 있는 중국의 짙은 그림자가 보인다. 스톡홀름 북미 실무협상이 결렬된 현재에도 북한은 중국과 고위급 군부 회담을 진행하며 협력을 구축하고 있다. 미중 양국은 또한 베네수엘라, 남중국해, 북극, 시리아, 이란, 파키스탄 등 다양한 지역에서 직간접적 긴장과 갈등 양상을 보였다. 또한, 갈등은 통상, 기술, 군사, 자유로운 항행, 민주화 시위 문제 등 다양한 영역에 두루 분포해 있다.

2019년 한 해도 인권 문제는 미중 간 주요 이슈이다. 현재까지 위구르족의 수용소 통제와 감금, 인권변호사의 체포와 구금, 탈북자 강제 북송, 천안문사태 30주년, 범죄인 인도 법안을 둘러싼 홍콩의 시위 등 다양한 문제가 등장했다. 2019년 3월 13일, 미 폼페이오 국무장관은 위구르족의 강제구금을 문제 삼으며, 이는 1930년대 이후로 볼 수 없는 현상으로, "인권침해에 있어 중국은 매우 독특하다(China is in a league of its own when it comes to human rights violations)"라고 강도 높게 비난했다(New York Times 2019/3/13). 천안문사태의 30주년을 맞은 5월에도 양국은 전례를 찾아볼 수 없을 정도로 강도 높은 비난을 상호 교환했다. 미 국무장관은 중국에 인권과 자유를 추구한 활동가의 석방을 촉구하며 자의적 구금을 중지할 것을 촉구했다. 이에 중국은 현재 인권상황은 가장 좋은 시기이며, 장관의 성명은 편견과 오만의 결과라며 강력히 비난했다(South China Morning Post 2019/6/4). 더 나아가 미국의 의도를 "위선과 음흉한 속셈"으로 논평했고, "이들의 잠꼬대 같은 터무니없는 소리는 역사의 쓰레기통에 들어가야 한다"고 원색적으로 비난했다(연합뉴스 2019/6/4).

위의 상황을 볼 때 인권을 둘러싼 미중관계에서 제3국의 입장이

나아질 전망은 전혀 보이지 않는다. 태국의 사례를 보면, 한국도 이와 같은 문제에서 벗어날 수 없다는 것을 알 수 있다. 미국 망명을 원하는 탈북자가 주중 한국 공관을 이용해 탈북한 사례가 있다. 2000년대 중반 한중은 대부분 조용한 외교를 통해 해결했지만, 사건 때마다 양국 간 심각한 외교 이슈로 비화할 가능성이 매우 큰 문제였다. 2002년 베이징 한국총영사관에 진입한 탈북자가 중국인 경비에 의해 공안에 넘겨진 사례(한겨레 2002/6/14)와 칭다오 주재 영사관에 망명했으나 공관원의 소극적 대응으로 공안에 체포된 사례(자유아시아방송 2004/4/19)가 있다. 더 복잡한 사례로는 2006년 중국 선양 주재 한국총영사관으로 망명한 탈북자 4명이 미국총영사관으로 넘어가 망명신청을 한 사건이 있다. 이들 중 3명은 최종적으로 미국 망명에 성공했다(자유아시아방송 2006/7/24). 중국에 있는 탈북자 문제는 미 의회와 정부가 중점을 두는 인권 문제로 2000년 초 문제가 대두될 때부터 미국은 이들의 강제송환 중단을 요구해왔다(동아일보 2002/6/20).

사드 배치 이후 중국이 보여준 보복 행태는 향후 유사한 일이 있을 때, 한국이 더욱 어려운 상황에 직면할 것을 시사한다. 덧붙여 트럼프의 미국도 한국에 어려움을 더할 요인이지 감소시킬 요인으로 보이지는 않는다. 향후 중국도 인권 문제로 한국을 압박하거나 지지를 호소할 가능성도 있다. 문제가 불거질 수 있는 곳이 제주라고 전망한다. 제주는 특별자치도로 무사증 제도와 투자이민 제도를 시행하고 있다. 이 제도는 여러 장점에도 불구하고, 중국인의 강력범죄 및 중국 사기범 입국 증가를 일으킨다. 이는 우선 범죄인 인도라는 양국 관계를 발생시키고, 때에 따라 인도 대상자가 망명을 신청하면 인권 및 인도주의 문제가 되기도 한다.[5] 범죄인 인도 문제는 양국 관계가 좋을 때는 큰 문제가 되지 않지만, 미국과 북한, 중국과 홍콩 사례에서 보듯 양국 관계가 나빠지면 외교 및 인권, 인도주의 문제로 비화할 가능성이 커진다. 여기에 망명 사유로 중국이 매우 민감하게 반응하는 종교의 자유 및 소수민족 문제가 얹히게 되면 사태는 걷잡을 수 없이 커질 수 있다. 비록 조용히 처리되긴 했지만, 무사증 제도를 이용한 중국 특정 종교인들이 방한하고 그들을 강제 송환하려는 공안의 국내 등장이 문제가 된 2018년의 사례도 있다.[6]

하지만, 양자와 다자 외교의 비교에서 알 수 있듯이, 중국의 압력은 항상 같은 양상을 보이진 않는다. 이 점은 한국이 대처할 수 있는 여지가 있다. 앞의 사례에서 보듯, 양국 혹은 중국의 압력은 양자외교와 다자외교 경우에 현저한 차이가 나고, 그에 따라 제3국의 상대적 입지와 가능성도 달라진다. 두 전략이 가능하다. 첫째, 한국이 미중 인권 문제에 끼일 경우, 가능하면 초반에 이슈를 양국 관계가 아닌 보편적 인권 문제로 프레이밍(framing)해서 다수의 국제 이해당사자(stakeholder)를 만드는 것이 유리하다. 비록 양자 관계에서 문제가 발생했다고 해도, 세계화된 국제사회에서 모든 이슈는 다른 국가와 연계를 보이기도 하고 보편성을 보이기도 한다. 이 점을 최대한 활용해 적어도 양자 문제가 아닌 다자 문제 혹은 그와 유사한 문제로 전환하는 것이 한국에 유리하다.

둘째, 중국은 인권 문제에 대해 근본적 취약성이 있고, 특히 국제

5　극히 예외적이고 하나의 에피소드로 남은 사례이긴 하지만 강력범죄에 대한 제주의 치안 유지를 위해 중국 공권력을 초청하자는 논의도 있었다. 박근혜 정부 시절 국정감사에서 당시 제주 모 야당 국회의원의 질의에 답한 외교부 장관이 제주도 치안 유지를 위해 중국 공안의 제주 파견을 검토해보겠다고 했다가 큰 논란이 됐다(중앙일보 2016/9/29).
6　이 사례와 성격이 다르긴 하지만, 중국의 사이비종교인 전능신교 교도들이 제주를 통해 입국해 중국 당국의 종교탄압을 빌미로 망명을 신청한 사례도 있다(제주의소리 2018/8/31).

적으로 합의가 공고한 이슈일수록 그 취약성은 커진다. 중국이 취약한 이슈일수록 국제 이미지에 더 신경을 쓰기 때문에, 이는 역으로 제3국에 기회와 가능성이 된다. 일반적으로 볼 때, 지역에 따라 차이가 있지만, 여성과 아동 문제, 기회 평등의 문제, 신체완결권(physical integrity rights) 등에 관한 이슈는 국제적 합의 수준이 높다. 또한, 중국이 취약하고 지속해서 비난을 받는 문제로 종교의 자유, 소수민족 문제, 고문과 불법구금, 정치 및 언론의 자유 등이 있다. 이 두 영역이 교차하는 지점에서 중국의 취약성은 더욱 커지고, 제3국의 저항이 성공할 가능성도 커진다. 따라서 한국은 전략적으로 이슈에서 이런 요소를 찾아내고 드러내 논의를 집중해 양자 관계에 있어 유리한 위치를 선점할 필요가 있다.

참고문헌

Ahl, Bjorn. 2015. "The Rise of China and International Human Rights Law." *Human Rights Quarterly* 37: 637-661.

Foot, Rosemary. 2000. *Rights Beyond Borders: The Global Community and the Struggle over Human Rights in China*. Oxford: Oxford University Press.

Foot, Rosemary and Rana Siu Inboden. 2016. "China's Influence on Asian States During the Creation of the UN Human Rights Counci: 2005-2007." in Evelyn Goh (ed.) *Rising China's Influence in Developing Asia*. Oxford: Oxford University Press.

Inboden, Rana Siu and Titus C Chen. 2012. "China's Response to International Normative Pressure: The Case of Human Rights." *The International Spectator* 47(2): 45-57.

Ishay, Micheline R. 2008. *The History of Human Rights: From Ancient Times to the Globalization Era*. Berkeley: University of California Press.

Joseph, Peniel E. 2006. *The Black Power Movement: Rethinking the Civil Rights-Black Power Era*. New York: Taylor & Francis.

Keck, Margaret E. and Kathryn Sikkink. 1998. *Activists Beyond Borders: Advocacy Networks in International Politics*. Ithaca: Cornell University Press.

Kent, Ann. 1999. *China, the United Nations, and Human Rights: The Limits of Compliance*. Philadelphia: University of Pennsylvania Press.

Kim, Hun Joon. 2018. "The Prospects of Human Rights in US-China Relations: A Constructivist Understanding." *International Relations of the Asia-Pacific*.

Kinzelbach, Katrin. 2012. "Will China's Rise Lead to a New Normative Order? An Analysis of China's Statements on Human Rights at the United Nations (2000-2010)." *Netherlands Quarterly of Human Rights* 30(2): 299-332.

Kissinger, Henry. 2011. *On China*. New York: The Penguin Press.

Lewis, Margaret. 2017. "Human Rights and the U.S.-China Relationship." *George Washington International Law Review* 49(3): 471-533.

Mao, Junxiang, and Xi Sheng. 2016-2017. "Strength of Review and Scale of Response: A Quantitative Analysis of Human Rights Council Universal Periodic Review on China." *Buffalo Human Rights Law Review* 23 (1): 1-40.

Nathan, Andrew J. 1994. "Human Rights in Chinese Foreign Policy." *The China Quarterly* 139: 622-643.

Peck, James. 2012. *Ideal Illusions: How the US Government Co-opted Human Rights*. New York: American Empire Project.

Schaefer, Donald D. A. 1998. "US Foreign Policies of Presidents Bush and Clinton: The Influence of China's Most Favored Nation Status upon Human Rights Issues." *The*

Social Science Journal 35(3): 407-421.

Sikkink, Kathryn. 2014. "Latin American Countries as Norm Protagonists of the Idea of International Human Rights." *Global Governance* 20(3): 389-404.

Sonya Sceat with Shaun Breslin. 2012. *China and the International Human Rights System*. Chatham House.

Suettinger, Robert L. 2003. *Beyond Tiananmen: The Politics of U.S.-China Relations 1989-2000*. Washington: Brookings Institution Press.

Vincent, R.J. 1986. *Human Rights and International Relations*. Cambridge: Cambridge University Press.

Wan, Ming. 2001. *Human Rights in Chinese Foreign Relations*. Philadelphia: University of Pennsylvania Press.

Zhu, Yuchao. 2011. "China and International 'Human Rights Diplomacy'." *China: An International Journal* 9(2): 217-245.

제9장 난민문제와 중견국 외교: 의의와 한계

이신화(고려대학교)

I. 서론

2013년 10월 지중해의 이탈리아 람페두사섬 인근 해상에서 유럽행을 희망하는 난민선이 좌초되어 360여 명이 목숨을 잃은 사건이 발생하였다. 이 사고 이후 유럽연합(EU)의 난민정책은 국제적 비난거리가 되었다. EU 회원국들은 난민들이 자국 땅을 밟기 전에 구조하는 것을 법으로 금지하고 있을 뿐 아니라 시리아, 리비아 등으로부터 보트피플이 밀입국하지 못하도록 유럽 해상경비대의 '밀어내기'가 횡행했기 때문이었다. 람페두사 사건 직후 이탈리아 정부는 자국의 앞바다인 지중해가 '난민들의 공동묘지'라는 오명을 벗기 위해 '마레 노스트룸'(우리의 바다) 작전을 벌였다. 이 작전을 통해 2013년 10월부터 한 해 동안 15만 명을 구조했고, 330명의 난민 밀수꾼을 검거하였다. 하지만 이러한 구조작전은 더 많은 중동 및 아프리카 난민을 지중해로 몰리게 하였다. 이에 이탈리아 정부는 EU 차원에서 폭증하는 난민사태에 대한 해법을 마련할 것과 유럽국경감시기구(FRONTEX)가 이탈리아 군함을 대신하여 난민구조의 책임을 질 것을 촉구하였다(Tazzioli 2016).

반면, 유럽 국가들은 더블린 규약(Dublin Regulation, 난민이 처음 도착한 국가에 망명신청을 하고 그 국가가 난민보호 및 처리의 책임을 갖도록 한 규정)에 근거하여 이탈리아를 비판하였다. 이탈리아 정부가 자국에 입국한 난민들을 제대로 관리한 결과 그들이 유럽 각지로 흩어지면서 사회적, 경제적 문제가 불거졌다는 것이다. 이러한 상황은 2015년 지중해와 남·동유럽을 통해 입국한 난민들이 크게 늘면서 더욱 심각해져 유럽은 제2차 세계대전 이후 최악의 난민사태에 빠졌다. 유입국 내에서는 이들을 '가짜난민,' 잠재적 범죄자, 혹은 테러리스트로 치부하며 반(反)난민 여론이 퍼졌다. 이에 더해 "누가, 얼마나, 어떻게 수

용하느냐"를 둘러싸고 EU 회원국 간 반목과 갈등도 커졌다. 설상가상
으로 신종코로나바이러스(코로나19)로 국가들이 앞다퉈 국경을 통제
하기 시작하면서 셍겐 조약(EU 회원국 내 사람과 물자의 이동을 자유롭
게 하는 조약)이 무력화될 처지가 되면서 난민거부 현상도 두드러졌다
(Stam 2020).

그러나 전체 세계 난민 수를 고려할 때 유럽을 비롯한 선진 부국
으로 유입된 난민 규모는 상대적으로 크지 않다. 유엔난민고등판무관
실(UNHCR)에 따르면, 세계 전체 난민 중 85%는 개도국이나 저개발국
에 체류하고 있어 부국과 빈국 간 커다란 난민수용 격차가 있다. 이들
수용국에 대한 국제적 관심과 지원이 부족할 경우, 또 다른 빈곤과 불
안 및 폭력, 그리고 난민문제의 악순환에 빠질 가능성이 크다.

난민문제란 난민의 탈출부터 수용과 정착이 이루어지는 과정에서
나타나는 제반 사태와 그 파장을 일컬으며, 그 발생 원인, 이동과 정착
과정, 파급 여파 등이 복잡하게 얽혀 있는 초국가적 사안이다. 난민이
인도적 보호대상을 넘어 유입국에서 잠재적 혹은 실제적 위협으로 인
식될 수 있는데, 이는 일상의 불편이나 '미시적 안전문제'로 간주하던
난민문제가 어떻게 '거시적 안보'문제로 확산되느냐라는 질문과 연관
된다. 왜냐하면, 대규모 난민사태나 장기체류문제 등이 '양질 전화'[1]와
같은 계기를 통해 사회나 국가 안보를 저해하는 중대한 쟁점이 될 수
있기 때문이다. 이러한 사태가 테러나 경제위기 혹은 재해재난과 같은
문제와 연계될 경우 소위 '지정학적 임계점'(난민 이슈가 전통적인 안보
이슈로 비화하는 상황)에 직면하게 된다(김상배 2017). 다시 말해 최근
EU 사례에서 보듯이, 난민의 양적 증가 문제가 다른 정치사회적 문제

1　'양질 전화'란 양적 증가로 인해 질적 변화가 야기되는 상황을 일컫는다. 미시적 안전이
　양질 전화를 통해 거시적 안보 이슈로 확대된다는 논리는 김상배(2017)를 참조할 것.

들과 연계되면서 그 안보위협이 증폭되어 지정학적 현상으로까지 부
상할 수 있다.[2]

이러한 맥락에서 본 연구는 복합적인 난민문제들 중 난민의 수용
과 정착 과정에서 나타나는 문제들에 초점을 맞추어 수용국들의 대응
이 어떠한 상황과 요인에 의해 변화되는지를 비교 고찰하고자 한다. 그
사례로는 강대국은 아니지만 나름의 주도적이고 독립적인 외교를 펴
나갈 국가능력을 갖춘 중견국 난민정책의 변화 과정과 그 원인을 살펴
볼 것이다.[3] 특히 인권과 인도적 차원에서 선도적 역할을 해온 캐나다,
호주, 그리고 스웨덴이 어떻게 난민문제의 복합구조에 대응해 왔는지
비교 고찰하고자 한다. 이들 국가는 전통적으로 인류보편적 규범과 표
준을 토대로 다자간 협력을 중시하는 소위 '중견국 속성'을 지닌 국가
들이다. 또한, 이 국가들은 오랫동안 난민법을 가지고 있고 국가적 차
원에서 비교적 개방적이고 포용적인 난민정책을 수행해왔다. 그러나
국가 내 반대여론과 정치적 도전이 거세지면서 난민수용을 거부하거
나 통제하는 쪽으로 정책 방향을 틀고 있다.

따라서 본고에서는 우선 글로벌 난민위기의 현황과 특징을 살
펴보고, 다음으로 난민문제가 왜 정치화(politicization), 안보화
(securitization) 현상을 띠게 되는지에 대해 논할 것이다. 그리고 선도
중견국으로 알려진 호주 및 캐나다의 사례를 검토하고 난민수용과 관

---

2 "양질 전화나 이슈 연계성을 통해서 창발하는 신흥안보 이슈가 전통안보 이슈와 연계되
는 경우 이는 명실상부한 국가안보의 문제가 된다…. 신흥안보의 이슈가 양질 전화와 이
슈 연계성의 사다리를 타고서 순차적으로 창발하여 지정학적 임계점에 도달할 수도 있
지만, 원래부터 지정학적 갈등의 관계에 있던 국가 간에는 이러한 창발의 메커니즘이 다
소 급진적 경로를 타고서 발현될 가능성도 크다…"(김상배 2017, 15).

3 본 연구의 캐나다 및 호주의 중견국 난민외교정책 관련 현지 조사는 2017년 정부(교육
부)의 재원으로 한국연구재단의 지원을 받아 수행된 연구임(NRF-2017S1A3A2066657).

련한 이들 국가의 중견국 외교의 특징과 딜레마에 대하여 비교·검토하고자 한다. 이를 위해 경제적 요인, 지도자의 성향과 지도력, 국내정치적 고려, 국가정체성, 국내여론에 대한 민감성 등이 어떻게 이들 국가의 난민정책에 영향을 끼쳤는지 살펴볼 것이다. 흔히 난민 규모를 논할 때는 유엔 난민협약과 의정서가 인정하는 협약 난민(refugees)을 포함하여 UNHCR이 보호대상(persons of concern)이라고 지칭하는 비호신청자(asylum-seekers), 국내 실향민(internally displaced persons, IDPs), 귀환민(returned refuges), 무국적자(stateless persons), 보호가 필요한 사람들(others of concern) 등 6개 범주의 강제이주민들 수를 다 포괄하는 것이다. 이 글에서 논의하는 난민수용정책은 이들 모두를 수용하는 국가정책을 지칭한다.

II. 글로벌 난민위기와 난민문제의 안보화

매년 최대치를 갱신하며 늘어나는 난민문제가 지구촌의 심각한 외교안보 이슈로 부상하였다. 주로 중동과 아프리카 지역에서 폭력분쟁과 정치적 박해를 피해 자신이 살던 곳에서 목숨을 걸고 탈출하는 강제이주(forced displacement) 규모가 2019년 말 기준 지구상 전체 인구의 1%(7,950만 명)에 해당한다. UNHCR과 국제이주기구(IOM)에 따르면 이 수치는 공식적으로 난민을 집계한 이래 최다 난민 수(약 6천만 명)를 기록했던 2014년의 수치보다 거의 2천만 명가량 늘어난 수치이다 (UNHCR 2020).

난민은 주로 내전을 비롯한 폭력분쟁이나 종교, 인종, 정치적 차이로 인한 박해와 인권유린 및 극단주의를 피해 안전과 생계를 위해 다른 나라에서 비호처(asylum)를 찾는 사람들을 일컫는다. 인류 역사의 시작부터 발생했다는 난민문제가 초국가적으로 다루어지기 시작한 것은 1920년대이다. 당시 히틀러 치하의 독일을 탈출한 난민들을 비롯하여 제2차 세계대전 이후 발생한 120만 명의 유럽 난민문제에 대처하기 위해 국제연맹이 고등판무관을 임명하였다. 이후 국제연합(유엔)은 1944년 유엔 구호 및 재건기구(UNRRA)와 1947년 국제난민기구(IRO)를 각각 설치하여 난민문제를 해결하고자 하였으나, 시대적 정치상황 및 재원 부족으로 새로운 난민기구의 필요성이 대두되었다. 그 결과 유엔총회 결의를 통해 1951년 UNHCR이 발족하였다. 유엔이 인정하는 '공식 난민'(refugee)은 전쟁이나 박해와 같은 정치적 이유로 외국으로 탈출한 사람들이지만, 시간이 지나면서 국내 실향민과 비정치적 난민들의 문제들로 보호대상자들의 확대 필요성이 제기되어 왔다. 이에 더해 현재 세계난민문제는 여러 가지 특징을 보인다.

첫째, 2015년 이래 밀려든 수백만 난민들로 유럽 국가들은 안보위기 및 EU 분열위기 상황을 맞고 있지만, 여전히 전 세계 난민들의 2/3가 제3세계에 체류하고 있다. 더욱이 3명당 1명은 최저개발국에 머무는 실정이다. 오늘날 가장 많은 난민을 수용하고 있는 국가는 터키(360만)이고, 그다음으로 콜롬비아(180만), 파키스탄(140만 명), 우간다(140만 명), 독일(110만 명), 수단(110만 명)으로 기록되고 있다(UNHCR 2020). 시리아 난민에 대한 무조건 수용정책을 편 독일을 제외하고는 모두 저개발국이다. 이들 국가는 최다 난민 발생국인 시리아(660만), 베네수엘라(370만), 아프가니스탄(270만), 남수단(220만), 미얀마(110만)의 인접국인데, 이러한 사실은 세계 전체 난민의 73%가 인접 지역에 체류하고 있다는 UNHCR의 통계를 뒷받침해준다(UNHCR 2020). 또한, 이들 난민체류국은 그 나라 자체가 빈곤국이거나 테러, 분쟁, 식량난, 경제위기 등으로 사회가 불안한 곳이다. 따라서 이들에 대한 국제사회의 지원과 관여가 없으면 난민구호의 실패뿐 아니라 이들 체류국의 정치적, 경제적, 사회적 불안과 혼란을 불러오고 결국은 또 다른 난민위기를 초래할 가능성이 크다.

둘째, UNHCR의 공식 난민의 경우, 1992년 2,050만 명까지 치솟았다가 그 이후 점차 감소하여 2005년 890만 명을 기록하였다. 그러나 시리아 난민사태가 심각해지면서 2019년 말 2,600만 명까지 다시 크게 늘었고(UNHCR 2019), 유럽 국가들은 1992년 발칸지역 난민들이 몰려들던 사태에 버금가는 위기상황에 직면했다. 그래도 당시에는 매년 100만 명의 발칸 난민들이 본국이나 제3국으로 되돌아가는 절차가 이루어졌었다. 그러나 현재 유럽에서는 경유국과 체류국 간 갈등, 비용 분담, 책임소재 등 난민문제에 관한 해법을 둘러싼 의견 충돌과 정치외교적 분열 양상이 심하다.

난민 발생의 원인이 대부분 정치적 폭력과 내전인 것을 고려할 때, 출신국에서의 분쟁과 극단주의만 관리·해결되어도 세계 난민사태의 규모는 크게 줄어들 것이다. 그런데도 이들 국가에 대한 분쟁 해결 방안을 모색하기보다는 난민 유입을 막기 위한 외교적 님비(NIMBY) 현상, 즉 난민에 대한 인도적 구호의 필요성은 인정하지만, 자국으로의 유입을 막고 출신국이나 제3국으로 보내려는 국가이기주의가 팽배한 실정이다. 대표적인 예로 시리아 내전은 러시아, 미국, 이란, 사우디아라비아, 터키 등을 중심으로 한 세계 강대국과 역내 세력들이 복잡하게 개입된 상황에서 수년째 내전 종결을 위한 해법을 마련하지 못하고 있다. 그 과정에서 인구의 절반 이상이 난민으로 전락한 것이다. 더욱이 2019년 10월 터키가 쿠르드 반군 소탕을 목적으로 접경지역인 시리아 동북부 지역을 침공하여 민간인들이 죽고 수십만의 난민이 발생했음

에도 불구하고 유엔 안전보장이사회(안보리)는 상임이사국들의 이견
으로 성명서조차 내지 못하였다(IRC 2019).

셋째, 세계 난민의 75% 이상이 '장기화한'(protracted) 난민들이
다. 장기화한 난민 상황이란 최소 2만 5천 명의 동일한 출신국 난민들
이 5년 이상 동일한 곳에 체류하는 것을 일컫는다. 2019년 전체 난민
의 61.4% 정도인 1,590만 명이 최소 5년에서 길게는 47년간 난민 상태
로 연명하고 있다. 이들 난민이 한 곳에 머무는 평균 햇수는 10년 정도
이다. 오늘날 지속하고 있는 폭력분쟁은 평균 37년가량 지속하고, 연간
본국 송환 난민 수는 전체의 3%에도 미치지 못하는 현실을 감안할 때
장기화한 난민사태는 여전히 아주 심각한 문제이다(UNHCR 2018). 예
를 들어 난민촌에서 태어났거나 어린 시절 난민촌으로 들어온 경우, 제
대로 된 교육과 취업은커녕 열악한 식수보건위생으로 생존을 위협받
기도 하고, 좌절과 상대적 박탈감으로 정상적인 정서발달도 힘들다. 그
뿐 아니라 난민촌이 이들 출신국 내 폭력분쟁을 위한 병력모집과 무기
공급 루트가 되어 난민들이 난민전사(refugee warrior)가 되어 또 다른
폭력분쟁을 낳는 일도 빈번하게 나타난다. 이들의 장기적 체류는 체류
국 정부와 지역민들에게도 심각한 경제적, 사회적 부담이 되어 또 다른
갈등의 소지가 될 수 있다.

넷째, 난민 발생과 이동 과정은 인도적 위기상황임에도 불구하고
점점 그 규모가 커지면서 그 과정에서 '양질 전화'를 보이게 되어 유입
국의 안보위협으로 전환되는 소위 '안보화' 현상으로 이어지고 있다
(이병하 2018). 안보 대상과 범주의 확대를 '안보문제화'로 개념화한
코펜하겐 학파에 의하면, 안보화란 평시에 별다른 문제가 되지 않던 이
슈나 상황이 안보위협으로 인식 및 규정되면서 갈등 관계를 유발하거
나 통상적인 사회규칙과 법에 어긋나는 조처를 하는 정치화 과정이다.

이 경우 안보화란 실질적인 위협의 안보라기보다는 이슈화의 문제일 수 있다(Buzan, Wæver and Wilde 1998).

이러한 맥락에서 난민의 안보화란 난민 발생과 유입문제를 인도주의에 입각한 보호와 지원의 관점에서 보는 것이 아니라 유입국이나 수용국의 국가안보에 대한 위협요소로 설정하여 이들의 유입을 제한 또는 거부하거나 이미 유입된 난민들을 강제송환하는 현상으로 규정할 수 있다(이신화 2019). 대표적인 예로 2013년 케냐 정부는 소말리아 난민들이 테러범들, 반란세력과 연계하여 자국 안보에 위협이 되고 있다는 이유로 난민촌을 폐쇄하고 소말리아 정부와 송환협정을 맺었던 사례를 들 수 있다(송영훈 2014). 서구 유럽에서도 난민 규모의 확대는 이방인과 이질적 문화유입에 대한 거부감과 자국 내 사회적, 경제적 불안정에 대한 우려가 반영되면서 이들을 거부하는 극우 정당들이 득세하고, 난민수용을 둘러싼 역내 국가 간 외교적 갈등과 반목으로 EU의 연속성과 정체성이 흔들리게 되었다.

2016년 유럽의 난민거부율(37%)은 2019년 64%까지 증가하였고, 북아프리카와 중동으로부터 유럽으로 탈출하는 난민들의 관문이었던 이탈리아에서는 2019년 난민 불인정률이 80%를 넘어섰다(The Guardian 2019). 이와 같은 난민 기피증은 코로나19의 여파로 국가 간 갈등상황으로까지 이어지고 있다. 약 4백만 명에 이르는 난민들(시리아 난민 360만 명 포함)이 체류하고 있는 터키는 2016년 EU와 체결한 난민송환협정을 통해 유럽 최대의 난민수용국이 되었다. EU 국가들은 난민의 대거 유입을 막기 위해 자국의 난민들을 터키로 송환하고, 그 대가로 60억 유로(약 8조 원)를 터키에 지원하고, 터키 내 난민 7만 명씩을 EU 각국에 재정착시키고 터키인에 대한 무비자 입국 시행을 약속하는 협정을 맺었다. 이후 2019년 말까지 EU 내 불법 입국자 수가

97% 줄어드는 등 터키는 유럽의 '난민 방파제'가 되었으나 EU는 난민 재정착과 터키인의 비자 면제 약속을 지키지 않았고, 지원금도 약정액의 절반 정도만 지원하여 터키 정부의 불만이 고조되고 있었다. 이러한 가운데 불거진 코로나 사태로 난민문제 논의를 위한 터키와 EU 정부 간 논의와 언론의 관심이 뒷전으로 밀리자 터키는 국경개방을 선언하였다. 그 결과 터키-그리스 국경으로 수만 명의 난민이 밀려들었고 EU는 '그리스 국경이 곧 유럽의 국경'이라는 방침 아래에 그리스의 국경 봉쇄를 지원하면서 국경 지역의 분쟁이 고조되었다(Greek City Times 2020).

이렇듯 난민 유입을 막기 위해 강제송환이나 국경통제를 강행할 경우 난민의 경유국과 수용국 간 정치외교적 마찰과 지역 차원의 혼란과 불안정이 커질 수밖에 없다. 따라서 엄격한 난민법 시행이나 무책임한 송환 등을 통한 '난민님비정책'은 인도주의적인 측면에서 비난받아야 할 사안일 뿐 아니라 국가안보의 관점에서도 효과적인 선택이 아니다. 더욱이 강제송환이나 추방위기에 놓인 난민들은 체류할 곳을 찾아 떠돌아다니는 과정에서 죽음을 맞거나 인신매매, 성폭력, 착취 등의 비인륜적 고충에 빠지는 경우가 허다하다. 실제로 배척당한 난민들의 소외감과 정신적 외상은 더욱 커지고 과격화(radicalization)되어 테러단체나 반군그룹에 가입하는 예도 종종 있다(Al-Badayneh et al. 2017). 이 경우 거부당한 난민들의 인간안보(human security)와 이들을 거부한 나라의 국가안보 모두에 부정적인 결과만 초래할 뿐이다(이신화 2017).

III. 중견국 외교 속성과 난민정책의 딜레마

중견국은 '5Cs,' 즉 역량(capacity), 집중(concentration), 창의력 (creativity), 연합형성(coalition building), 신뢰(credibility)를 그 외교 특성으로 한다(Ravenhill 1988). 일반적으로 중견국들은 강대국처럼 전 세계적인 이슈들을 포괄적으로 다룰 역량은 없지만, 일정한 국제적 영향력을 발휘할 정도의 하드파워(군사력이나 경제력)와 소프트파워(문화, 기술, 지식, 정보, 네트워크)를 가지고 있다. 따라서 이들은 전통적 군사안보 영역보다는 개발협력, 국제인권, 기후변화, 보건과 같은 비전통적 안보(nontraditional security) 이슈 해결을 위해 주도적 역할을 확보하고자 한다. 이를 위해 어젠다 설정이나 이해 당사국들의 협의를 도출할 창의적 중견국 역할을 모색한다. 또한, 이들은 특정 이슈에 대한 선택과 집중을 통해 틈새외교(niche diplomacy)를 추구한다. 규범(norm-based)과 규칙 기반(rule-based)의 국제관계를 지향함으로써 국제무대에서 신뢰와 유대를 구축하는 외교적 속성도 보인다. 왜냐하면, 이들은 규범과 가치를 공유하는 또래 국가들(like-minded states)과의 연대와 협력을 강화하여 강대국 주도의 현행 글로벌 거버넌스 질서에 있어 '구조적 공백'을 메꾸는 역할을 적극적으로 모색하기 때문이다(김상배 2011).

요약하면, 특화된 글로벌 어젠다에 국가적 역량과 창의성을 집중함으로써 국가정체성을 수립하고, 모범적인 규범 형성·준수를 통해 국제적 위상과 신뢰를 높이며 다른 중견국들과의 다자적 연대형성을 통해 세력규합의 장(rallying point)을 지향하는 것이 중견국 외교의 특징이라 할 수 있다. 특히 중견국 외교는 단기적으로는 다소 국익에 손해가 가더라도 장기적이고 포괄적인 측면에서 국가 위상과 국익에 보탬이 되는 정책을 추구하는 속성을 띤다. 이는 강대국들이 힘의 정치를 통해 대부분 이슈를 국익 관점에서 판단하여 정책을 추진함으로써 국제질서를 좌지우지한다고 비판받는 것과 대조된다.

하지만, 국제관계에서 국익을 최우선시하는 국가 속성상 어느 나라이든지 자국 안보와 인도주의 사이에서 조화로운 균형점을 찾는 것은 힘든 일이다. 따라서 중견국들도 국제윤리나 규범적 논리 및 난민의 인권 보호를 표방하지만, 많은 경우 자국의 주권과 사회질서 유지, 그리고 타국과의 정치외교적 관계를 고려하여 난민정책을 펴고 있다. 더욱이 다음과 같은 이유로 인해 난민에 대해 '쇄국정책'을 펴고 있는데, 이러한 경향은 전통적으로 관용과 개방 및 인도주의를 견지해온 선도 중견국들에서도 예외가 아니다.

첫째, 경제적 측면에서 난민수용이 노동력을 확보하여 경제개발 동력 및 사회 활력을 증진할 수 있다는 것은 양날의 검이다. 저출산, 고령화로 인구감소와 사회적, 경제적 침체를 우려해야 하는 국가들에 이민수용은 주요 해결방안이라는 맥락에서 난민도 자산이 될 수 있다. 1970년대 후반 중국 정부가 30만 명 이상의 중국계 베트남 난민들을 적극적으로 받아들인 데에는 여러 가지 이유가 있었지만, 이들 대부분이 사이공이 몰락하기 전 베트남에서 고학력, 고도기술의 엘리트층이었기 때문이다. 스페인의 경우 친(親)난민정책을 꾸준히 이행하고 있는데, 난민수용을 '늙어가는 유럽대륙에 새로운 피를 수혈'하는 해법으로 간주했기 때문이다. 하지만 2018년 스페인으로 유입된 이민자·난민들이 유럽 전체의 40%에 달하게 되자 반난민 정서가 나타나기 시작하였다. 2015년 이후 대규모 난민 유입사태가 지속하자 유럽 국가들은 난민이나 이민자의 유입으로 인한 경기침체 및 사회복지부담 증가, 그리고 자신들의 일자리를 빼앗길 수 있다는 우려로 인해 반난민 정서가 확산되고 있다.

둘째, 중견국 외교가 아무리 인도적 국제주의(humanitarian internationalism)를 지향한다 해도 국내적 상황에서 자유롭기 힘들다. 정치 지도자가 난민보호에 대한 인류보편적 규범과 행동강령을 수립하려 해도 사회적 반대나 재정문제, 혹은 국내 정치적 상황에 부딪혀 난민수용에 소극적이거나 반대하는 정책을 펴는 경우가 종종 있다. 난민수용에 있어 정치 지도자들의 책임, 헌신(commitment), 정책 일관성 여부는 정치적 손익계산에 따른 결과인 경우가 많기 때문이다. 중동과 북아프리카 난민들이 유럽행 관문 역할을 해온 이탈리아, 스페인, 터키 등 지중해 인접 국가의 정치 지도자들은 급증하는 난민사태로 국내적 저항이 커지자 자신들의 정치적 생명에 타격을 입을까 우려하여 반난민 정책으로 선회하였다. 대표적인 예로 2019년 9월 시리아 난민 사태로 전체 인구의 4% 이상이 난민인 터키에서는 경제난이 심각해지고 실업률이 11%를 넘어서자 난민들을 비난하는 시민들의 분노가 커졌다. 이에 터키 정부는 미등록 난민들에 대한 강제추방 통보를 내리는 등 강경노선을 취하였다(Makovsky 2019). 이러한 터키 정부의 정책 선회는 시리아 난민 재정착 및 지원금과 관련한 협정을 맺은 유럽 국가들에 난민수용의 대가를 더 많이 요구하는 압력으로 해석되기도 한다.

셋째, 난민수용을 반대하는 여론은 정부가 난민인정을 거부하는 중요한 핑곗거리가 되기도 한다(Glorius 2018). 이에 더해 국가정체성과 국내여론의 추이를 고려하거나 정치적으로 활용(혹은 악용)함으로써 반난민 흐름을 조장하거나 편승하여 득세하려는 정치세력의 움직임과도 연관이 크다. 2016년 10개 EU 국가를 대상으로 한 퓨 리서치(Pew Research) 센터의 여론조사에서는 특히 무슬림 난민에 대한 거부감이 컸는데, 이들이 사회적응을 할 의사가 없고 난민 성범죄과 테러리즘 같은 사회불안 요소를 제공할 수 있다고 답하였다(Poushter 2016). 이러한 난민에 대한 부정적 선입견은 난민문제를 정치화, 안보화하려는 반난민 포퓰리스트 정치세력에 의해 국가정체성과 국가안보에 대한 위협으로 재포장될 가능성이 크다.

유럽 내 중견국 중 강력한 반난민 정책을 내세워 득세하고 있는 정당이나 정치세력들이 늘고 있다. 네덜란드 극우 자유당의 제2당 등극(2017년 3월), 오스트리아 극우 자유당과 우파 국민당 연정(2017년 10월), 이탈리아 극우 동맹과 포퓰리즘 정당 오성운동의 연정(2018년 3월), 헝가리 극우 피데스와 우파 기민당의 연정(2018년 4월), 스웨덴의 극우 스웨덴 민주당의 제3당 등극(2018년 8월), 스페인 반이민 극우 정당 복스(Vox)의 원내 진입(2019년 11월)은 모두 무슬림 이민자와 난민이 사회안정을 해치는 실제적 위협이 아닌데도 불구하고 이들 문제를 안보화하여 봉쇄 및 배척정책의 정당성을 확보하고 국민의 지지를 끌어낸 결과였다.

넷째, 통상적으로 국제난민레짐은 수용국의 국내법에 따라 국제법상 난민 요건 충족 여부, 국내 법률 절차에 따라 비호신청자들의 난민 인정 여부를 판단한다. 하지만 난민수용과 관련하여 국가 간 협정을 맺었다 해도 난민문제는 "누가 얼마나 부담하느냐?"라는 제로섬(zero-sum) 성격을 띠고 있어 글로벌 차원이나 지역적 차원의 국가 간 협력을 도출하기가 쉽지 않다. 국가 간 관계에서 윤리적 이타주의를 위해 자국의 이익과 안전을 양보하는 행동을 취하는 것은 어렵기 때문이다. 따라서 중견국으로서의 위상과 '열린' 국익의 관점만 강조하며 난민수용을 촉구하는 것은 정책 딜레마를 초래할 뿐 아니라 실질적인 난민보호에도 효과적인 해결책이 될 수 없다. 난민문제와 관련한 긍정적, 부정적 측면들을 총체적으로 살펴보고 국익과 국격, 인류보편적 인권수호, 그리고 국제사회에의 기여 등이 조화롭게 반영된 수용 방안을 고심해야 한다. 한 국가의 난민정책은 그 국가가 직면한 국제관계나 지역정세, 국내적 여건, 그리고 난민 규모나 특징 등을 종합적으로 고려하여 결정되기 때문이다. 중견국은 속성상 난민정책에서도 법적, 제도적, 규범적 요인을 상대적으로 더 강조해왔지만, 실제 상황에서는 난민수용과 관련한 역사적 배경, 관계부처 간 입장 차이, 정부와 시민단체 간 이견, 난민 발생국과의 관계를 아우르는 사회적, 정치외교적, 국제적 고려사항 등에 대한 복합적인 고려를 할 수밖에 없다.

IV. 중견국 난민정책의 특성과 한계

1. 캐나다

2019년 말 기준 총인구수 3,759만 명인 캐나다는 '이민자의 나라'로 매년 세계 각지에서 25~32만 명의 이민자를 받아들이고 있다. 또한, 인구 5명당 1명이 외국 태생으로 다문화주의를 표방하고 있다(Statistics Canada 2019). 영어권과 불어권 주민의 사회통합체계가 잘 이루어져 있으며 정부 기관이나 학교에서는 두 언어가 공식 언어다. 캐나다의 외교정책은 전후 자유주의 국제질서를 근간으로 하는 미국과의 협력을 가장 핵심으로 삼고 있지만, 이와 동시에 세계평화, 사회정의 실현, 인권수호 등을 캐나다적인 가치로 내세우며 인도적 국제주의 외교를 지향해왔다.

특히 캐나다는 세계평화조성 및 강대국 간의 갈등 중재에 집중하는 틈새외교 전략을 추구해왔다. 대표적인 예로 피어슨(Lester

Pearson) 전 총리는 1956년 수에즈 위기로 촉발된 강대국 유엔 긴급상
황군(UNEF) 창설에 이바지한 공로로 노벨평화상을 받았다. 그는 수에
즈 위기로 촉발된 미국, 소련, 영국, 프랑스 간 분쟁 해결을 위해 평화
유지활동(PKO)이라는 아이디어를 냈다. 당시 6천 명의 세계 유엔평화
유지군 중 1/6이 캐나다 파병군이었으며, 캐나다인들에게 PKO는 국
가정체성 일부가 되었다(Dorn 2005). 또한, 캐나다 정부는 인도적 개
입 시 '주권과 개입의 충돌'문제와 관련하여 유엔회원국들 간 합의를
마련하기 위해 '국제개입 및 국가주권 위원회'(ICISS)를 설립하는 등
규범을 선도하는 중견국 외교를 펼쳐왔다.

　캐나다는 난민문제에 있어도 위에서 언급한 전형적인 중견국 외
교 속성을 보인다. 첫째, 세계 공헌과 인도주의에 따라 유엔난민협
정을 포함한 국제난민법들에 가입하였다. 난민협약에 따른 이민법
(Immigration Act) 제정(1976년) 및 이민과 난민위원회 창설(1989
년)을 통해 체계적이고 종합적인 이민·난민정책을 수립하였으며 비
호신청자(asylum seekers) 모두에게 난민신청 절차를 밟을 기회를
제공해왔다. 또한, 1993년 '젠더 박해를 두려워하는 여성 난민신청
자들'(Guidelines on Women Refugee Claimants Fearing Gender-
Related Persecution)이라는 여성 난민문제와 관련한 정부 차원의 젠
더 가이드라인을 최초로 만들었고, 이는 미국, 호주, 영국 정부의 유사
한 정책 마련에 모델이 되었다(민지원 2017). 2002년 이민·난민보호
법과 2012년 개정법에 근거하여 '보호받는 자'를 보호가 필요한 자와
협약난민을 포괄한 개념으로 명확히 정의하였고, 이 법은 오늘날 여
타 다른 국가들의 난민법과 제도의 근간이 되고 있다(Government of
Canada 2019). 이에 더해 재정착 난민을 위한 지원정책도 시행하는 등
난민수용에 대한 개방적 입장 및 법적·제도적 장치를 갖추었다.

둘째, 캐나다의 난민정책은 인간안보가 국가외교정책의 핵심의제로 자리매김한 것과 맥을 같이한다. 액스워디(Lloyd Axworthy) 전 캐나다 외교부 장관(1996~2000년)은 국제적 인권표준과 법의 지배(rule of law)를 통해 개인의 안전을 최우선시하는 다자주의적 인간안보 정책을 표방하였다. 그는 1996년 유엔총회 연설에서 인간안보를 최초로 국가외교정책으로 선언하였다. 인간안보의 핵심 개념인 '공포로부터의 자유'(freedom from fear)와 '궁핍으로부터의 자유'(freedom from want) 중 캐나다는 전자의 개념에 더 초점을 맞춰왔다. 따라서 캐나다 난민정책은 '물리적 폭력이나 내전으로부터의 자유'가 필요한 이들에 대한 국제법적 지위와 보호가 필요하다는 인권과 인간안보의 측면에서 논의되어왔다.

셋째, 캐나다의 난민정책을 포함한 인도적 정책은 초강대국 미국을 이웃으로 둔 지정학적 한계를 극복하기 위한 측면도 있다. 국방력이나 경제 규모에서 미국과 비교하여 상대적 약소국일 수밖에 없지만, 인도적 리더십과 같은 소프트파워 증진을 통해 자국의 국제 영향력과 발언권을 확대하려는 외교안보정책이다. 기후변화, 불평등, 팬데믹, 포퓰리즘 운동, 국수주의 등이 국제개발과 인간안보에 심각한 도전을 제기하고 있는 가운데 신자유주의 경제체제와 규제되지 않은 자본주의에 대한 혼란이 커지고 있다. 더욱이 '트럼프의 미국'이 국제사회에서 신뢰를 잃고 미중 패권경쟁이 점점 치열해지는 정세 속에 캐나다 내에서는 국제난민지원 등 인권에 기반을 둔(human rights-based) 국제연대를 통해 글로벌 리더십을 발휘할 기회를 놓치지 말아야 한다는 목소리가 높아지고 있다(Ketchell 2020).

넷째, 국제관계에서 조직의 장으로서의 개인의 역할은 중요한데, 캐나다는 중견국으로서 틈새 이슈나 규범외교 어젠다를 선점하고 연

합형성을 도모하는 데 있어 유능하고 신뢰받는 개인들을 적극 활용
하였다. 고도의 전문성을 지닌 캐나다의 대표들은 유엔, 세계무역기
구(WTO), G7(서방 선진 7개국 정상회담), OECD(경제협력개발기구),
APEC(아시아태평양경제협력체)과 같이 규범과 규칙에 기반을 둔 국제
제도 형성 과정에 결정적 기여를 하였다(채터슨 2013). 피어슨 총리와
액스워디 장관처럼 캐나다의 역대 정치 지도자들도 인권, 인간안보, 평
화유지활동, 다자주의, 바른 통치(good governance) 등의 영역에서 캐
나다가 '건설적'(constructive) 중견국으로 부상하는 데 핵심적 역할을
하였다.

하지만 이러한 중견국 외교와 리더의 역할은 지도자의 성향과 집
권층의 정책 우선순위에 따라 일관성을 견지하기 힘든 경우가 많은
데, 캐나다도 예외가 아니었다. 첫째, 2006년~2015년 스티븐 하퍼
(Stephen Harper) 총리 집권기 동안 인간안보의 가치는 캐나다 외교
어젠다에서 희석되었다. 하퍼 총리는 미국과의 양자 동맹과 북극에 대
한 소유권을 주장하는 북극 주권 회복과 같은 현실주의적 외교정책에
역점을 두었기 때문이다. 실제로 2012년 제정된 난민 개정법을 통해
난민신청자들의 헬스프로그램과 고용허가신청에 각종 규제를 부과하
였다(정세정 2019). 그 결과 캐나다가 전통적으로 주도권을 가지고 추
진해오던 인간안보, PKO, 보호책임(R2P), 난민보호와 같은 인도주의
에 기반을 둔 글로벌공헌 정책이 빛을 잃게 되었다. 〈그림 1〉에서 보듯
캐나다의 공식 난민을 포함한 UNHCR의 보호대상 강제이주민들의 수
용 추이가 이 기간 급락하였다. 반면, 2015년 말 정권교체에 성공한 온
건한 진보정치가로 알려진 트뤼도(Justin Trudeau)가 총리직에 오르면
서 다문화정책, 이민정책, PKO, 인권 분야 등에서 선도적 역할을 복구
하려는 "인정 많은(compassionate) 캐나다가 돌아왔다"라는 평을 받

게 되었다(South China Morning Post 2015).

트뤼도 총리의 성향과 지도력이 캐나다를 다시 '따뜻한' 나라 이미지로 복원한 것은 분명하지만, 선거유세 기간 발생한 하나의 사건을 정치적으로 활용하기 위해 트뤼도는 적극적인 난민수용을 선거공약으로 내세운 면도 있었다. 2015년 9월 시리아로부터 지중해를 건너 유럽으로 가던 중 배가 난파하여 3세 남아 알란 쿠르디가 터키 해변에서 시신으로 발견되었다. 당시 이 비극적 사건은 국제사회의 인도주의를 부활시켰다는 말이 나올 정도로 국제사회에 커다란 충격을 주었다. 그런데 쿠르디 가족이 원래는 친척이 사는 캐나다 브리티시 컬럼비아로 가려다 상황이 여의치 않아 유럽행 밀항선을 탔다가 비극을 맞았다는 사실이 알려지면서 시리아 난민정책이 중요한 주요 대선 쟁점이 된 것이다. 하퍼 총리가 이끄는 보수당의 비인도적인 난민수용정책을 비판하면서 이와 대조적으로 국제적 인도주의를 강조하며 집권하는 해에 시리아 난민 2만 5천 명을 데려오겠다는 공약을 내걸어 국민적 호응을 얻었다(The Canadian Press 2006).

2017년 1월 트뤼도 총리는 "다양성은 우리의 힘이다"라고 하며 미국 트럼프 대통령에 의해 거절된 난민들을 캐나다가 수용할 것이라고 밝혔다(TIME 2017). 특히 지구촌 곳곳이 극우 포퓰리즘의 득세로 반난민 정서가 강했음에도 불구하고 캐나다는 난민들의 '안전한 피난처'(safe haven)로서의 국가 이미지를 고양했다. 2018년 한 해 동안 1만 8천 명의 시리아 난민에게 시민권을 부여하였고, 총 2만 8,100명의 난민을 수용하였다. 이는 인구 100만 명당 756명의 난민을 받아들인 것으로 그 해 최다 난민수용국으로 기록되었다(Global News 2019).

둘째, 난민이 대거 유입되면서 인도적 수용과 자국민 우선주의를 둘러싼 논쟁이 캐나다에서도 거세졌고, 트뤼도 정권도 중견국으로서의 국제적 위상과 국내적 요구를 동시에 충족시켜야 하는 정치적 딜레마에 빠졌다. 2017년 미국 이민법 강화에 따라 캐나다 국경을 넘는 불법 입국자들이 급증하고, 시리아를 비롯한 중동과 북아프리카 지역으로부터의 망명신청이 늘어나면서 국경통제를 강화할 것을 요구하는 반난민 극우 집회가 퀘벡주를 중심으로 나타나기 시작하면서 트뤼도 총리는 정치적 부담감을 느끼게 되었다. 특히 난민문제란 초국가적 이슈로 그 대응도 국가 간 협력 공조를 통해 마련되어야 하는데, 미국 트럼프 정권의 불법 체류자 단속을 피해 캐나다로 밀려드는 난민들로 인해 캐나다가 비상상태에 직면하였다. 실제로 육로를 통해 퀘벡주로 밀려드는 밀입국자 수가 급증하면서 2018년 난민신청자 수가 5배나 늘었다. 이 과정에서 난민 한 명이 여러 나라에 비호신청을 하는 '망명신청 쇼핑'(asylum shopping)이 많아지자 2019년에 들어서며 트뤼도 총리의 난민정책도 급선회하였다. 2019년 4월 이민 및 난민보호법을 개정하여 이미 다른 나라에 망명신청을 한 사람이 캐나다에 난민 지위신청을 하지 못하도록 하였다. 이러한 조치는 같은 해 10월 총선을 앞두고 커지는 반난민 정서를 의식해 정책을 전환한 것으로 해석된다. 결국, 난민 인정률이 급감하였을 뿐 아니라 캐나다 정부가 난민신청자들을 최초 도착지인 미국으로 송환하는 정책을 펴면서 미국과의 외교적 문제로 부상하였다(Kestler-D'Amours 2019).

셋째, 캐나다 난민정책의 변화도 세계적인 반난민 감정과 맥을 같이하는 국내여론의 추이와 밀접한 관계가 있다. 2019년 7월 실시한 캐나다 공영 CBC 방송 여론조사에 따르면, 캐나다인 76%가 숙련공이나 기업인들에 대한 이민정책은 더 확대해야 한다고 응답했지만, 57%가 난민수용에는 부정적인 태도를 보였다(연합뉴스, 2018년 7월 5일). 2020년 캐나다 연방 이민국은 고령화와 저출산으로 인한 노동력 부족과 경제침체문제를 해결하기 위해 2020~22년간 105만 명 이상의 신규 이민자를 받아들이고, 향후 10년간 350만 명을 추가로 수용할 계획을 밝혔다. 코로나19 사태의 여파로 3월 외국인 입국 제한조치로 신규 이민자 유입수가 일시적으로 줄었으나 여전히 영주권과 외국인 임시 거주증 발행 등은 계속 진행되었고 연방정부는 자국 경제 활성화를 위해 신규 이민자를 환영한다는 입장을 밝혔다. 이는 같은 달 트뤼도 총리가 코로나 바이러스 확산 억제를 위해 미국-캐나다 국경을 넘어온 난민신청자를 미국으로 되돌려 보낸다고 발표한 것과 대조를 이룬다. 캐나다 이민국에 따르면 2018년 한 해 동안 5만 5천 명이 넘는 외국인이 미국을 통해 불법으로 입국하여 난민 지위를 신청하였다. 결국, 이러한 난민정착을 위해서 필요한 사회적 비용은 캐나다 국민의 세금으로 충당될 수밖에 없으므로 난민에 대한 관용이나 개방적 태도가 급격히 위축된 것이다.

최근 코로나19 사태를 계기로 캐나다는 기존의 정치적 난민들에 더하여 팬데믹이나 기후변화와 같은 이유로 발생할 새로운 유형의 난민들이 증가할 것에 대한 우려를 표명하였다. 그러나 이민·난민보호법은 박해와 전쟁을 피해 탈출한 기존의 정치적 난민만을 대상으로 한다는 것을 재확인하였다. 그러면서도 연방정부는 IRCC(이민난민 시민권부)와 GAC(Global Affairs Canada)로 하여금 공공인프라 붕괴나 팬데믹 및 여타 재난으로 난민을 대거 배출할 가능성이 있는 국가들을 식별할 것을 지시하였다. 이를 통해 IRCC와 GAC과 이전의 정치적 난민 위기 때처럼 시민사회단체들과 협력하여 사태 발생 시 어떠한 인도적 지원 및 제도적 보호체제를 마련할 수 있을지에 대한 정책협의도 진행하였다. 요약하면, 캐나다도 다른 많은 국가처럼 점점 부담이 커지는 난민수용과 관련하여 실리적 입장을 강조하는 방향으로 가고 있지만,

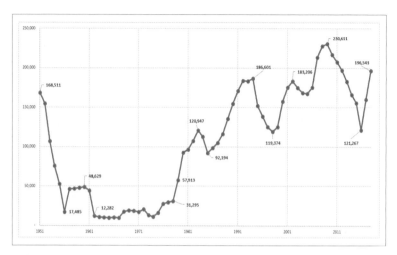

그림 1 캐나다의 난민수용 추이 (단위: 명)

상대적으로 보편적 인권보장의 발상으로 난민문제에 접근하는 중견국
속성을 견지하고 있다.

2. 호주

전 세계를 위협하는 코로나19 사태에 대응하는 강대국 리더십이 부재
한 가운데, '글로벌 촉매자'(global catalyst)로서 포스트 코로나 시대
를 이끌 대표적 중견국으로 호주가 주목받고 있다(New York Times
2020). 그러나 호주의 역사는 1770년대 영국이 그 지역을 식민지로 삼
고, 30만여 명으로 추산되던 원주민(Aborigine)들이 학살과 전염병으
로 거의 몰살되며 시작하였다. 19세기 중반 금광이 발견되면서 중국인
노동자 5만 명을 포함한 많은 사람이 호주로 몰려들자, 1901년 호주는
이민제한법을 제정하여 동양인의 이민 및 유색인종과의 혼인을 막고
혼혈아들에 대한 차별을 승인하는 백호주의 정책을 폈다. 제2차 세계

대전 직후까지만 해도 호주 전체 인구 700만 명 중 95%가 영국과 아일랜드계 백인들이었다. 노동력 부족과 국가안보 등에 대한 고려로 1947년 이주 문호를 개방하고 대규모 이민을 받아들였으나 그 대상도 모두 유럽계 백인들이었다.

1973년 8월 이민법 장관인 그라스비(A.J. Grassby)는 『미래를 위한 다문화 사회(*A Multicultural Society for the Future*)』라는 보고서를 내고 백호주의를 없앨 것을 천명하였고, 토지권리법을 제정하여 원주민들에게 일부의 땅을 되돌려주기도 하였다. 1978년 인종차별정책이 완전히 폐지된 후 중국, 베트남, 필리핀, 인도, 이라크, 이란, 아프가니스탄, 미얀마 등으로부터 많은 아시아계 이민자와 난민신청자들이 '호주의 꿈'을 갖고 몰려들었다(Price 1981). 〈그림 2〉의 수치가 나타내듯이, 남베트남의 패망 후 보트피플들이 유엔의 난민 재정착 프로그램을 통해 1976년 4월 처음 호주로 들어온 이래 1982년까지 6만 명에 달하는 베트남 난민들이 호주에 정착하였다. 또한, 호주 정부는 베트남 정부와 합의하여 고향에 남아 있는 이들 베트남 정착민 가족들의 이주를 지원함에 따라 1980년대 중반까지 20만 명에 달하는 베트남인들이 호주로 들어왔다(Walden 2016).

호주는 미국과의 동맹 관계를 우선시하면서도 지역 국가들과의 유대 및 유엔 등 글로벌 차원의 국제제도의 틀 속에서 다자협력을 강화하는 창조적 중견국 외교를 주창해왔다. 호주의 중견국 외교는 미국과 유럽연합 같은 기성 강대국과의 지속적인 협력 관계를 유지하는 동시에 중국과 인도와 같은 신흥 부상국과의 관계를 도모함으로써 국제질서의 대변환기에 있어 주축이 되는 두 세력 간 안정적인 관계를 도모하는 것을 목적으로 한다. 이에 더해 경제발전과 지역안정을 통해 국가안보 이익을 달성하기 위해 캐나다와 마찬가지로 기후변화나 난민

문제, 사이버안보, 에너지안보, 무역자유화 등 초국가적 비전통 안보 영역에 있어 적극적인 역할을 모색해 왔다(패터슨 2013).

특히 자국의 가치에 관한 견해를 분명히 밝히면서도 독자적인 목소리를 내기보다는 이를 공유하는 국가들(like-minded countries)과의 결속력을 통해 다자주의 협력을 강조함으로써 강대국과의 일대일 대면이 줄 수 있는 위험을 줄여나가는 실리적인 전략을 구사해왔다. 2020년 6월 홍콩 보안법을 둘러싼 미중 간 갈등이 격화되자 아세안 회원국들과의 결속력을 강화하는 동시에 영국, 캐나다와 함께 이 보안법에 반대하는 입장을 밝힌 것이 대표적인 예라 할 수있다.

이렇듯 실용적인 중견국 외교를 구사해온 호주의 이주 및 난민 정책은 무엇보다 실리 위주의 '선택적 환대'를 특징으로 한다. 1970년대 말 난민수용에 적극적이었던 프레이저 총리(Malcom Fraser, 1975~1983)도 자국의 해안안보에 최우선순위를 두고 당시 호주의 이민국 팀들을 아시아의 난민촌들로 파견하여 비호신청자들을 직접 선별하여 데려오는 방식을 취했었다. 이는 해상을 통해 불법으로 들어오는 선상난민들을 원천 차단하려는 조치였다(Manne and Corlett 2003). 1985년 이후 호주 정부는 숙련된 기술을 가진 이민자·난민들에 대한 수용정책을 확대하였다. 이들이 자국 경제와 사회에 기여하는 것이 복지혜택을 받는 것보다 컸기 때문에 호주 이민정책은 국민의 지지도 받을 수 있었다. 하지만 1990년대 말 홍콩의 중국 반환에 따른 홍콩 출신 이주자 및 중국 천안문 사태로 인한 중국 난민들이 늘어나면서 영주권 비자발급과 난민정착 프로그램은 점점 엄격하게 통제되기 시작하였다. 이러한 통제조치는 비숙련 노동력을 확보하기 위한 차원에서 워킹홀리데이와 같은 단기 취업비자발급을 확대하여 단기간 이주노동자들을 적극적으로 수용하는 정책과 대조된다.

둘째, 이주·난민과 관련하여 호주도 국익을 위한 선택적 수용 정책을 지향하지만, 장기적·포괄적이고 국가위상을 고려하는 중견국 외교의 속성을 갖고 있다. 대표적인 예로 1999년~2001년 호주 정부는 동티모르 보트피플을 비롯한 지역 난민사태가 심각해졌을 때, 자국 안전을 위해 난민봉쇄정책을 택할 수도 있었다. 그러나 자발적으로 비용과 책임부담을 지고 동남아 국가들과의 다자협력을 주도하여 난민문제를 해결함으로써 국제사회에서 윤리적 선도중견국의 이미지를 높였다. 당시 호주의 난민정책은 단순한 인도적 기여라기보다는 난민문제 대응과 관련한 지역적 표준을 만듦으로써 난민위기와 관련하여 가장 영향력 있는 역내 행위자로 자리매김하는 계기를 만들었다. 이렇듯 지역적 공익과 개별 국익을 동시에 추구한 호주의 난민외교는 다른 국가들에게도 정책 방향성을 제공했다는 평가를 받았다(신승휴 2016)

셋째, 호주는 철저하게 정부가 주도하는 난민외교를 펼쳐왔다. 호주 난민협의회(ROCA)에 의하면, 2003~2013년 호주로 유입된 200만 명 중 14만 6천 명(7.2%)이 난민이거나 정부의 인도적 프로그램에 의해 유입된 이들이다(중앙일보, 2019년 6월 2일). 호주 난민정책은 국내로 들어와 난민 인정신청을 하는 이들, 외국에서 호주행을 희망하는 재정착 난민, 그리고 특별인도적 프로그램으로 나누어 시행되고 있다. 그러므로 난민수용에 대한 정부의 결정은 자국 국내법과 유엔 난민법, 그리고 비호신청자의 출신국과 체류국의 상황을 고려하여 이루어진다. 호주는 다문화와 다자주의를 주창하는 선도적 중견국을 표방하면서도 망명 신청자들의 절박함을 토대로 한 인도적 책임이 아니라 연간 난민 수용 인원의 한계를 1만 5천 명으로 책정하고 정부의 통제와 관리를 통한 난민정책을 추진해왔다. 앞서 언급한 1970년대 베트남 난민 사례에서 보듯이, 해상을 통해 호주로 들어오려는 선상난민들을 엄격히 통제하고, 대신 정부가 분쟁지 난민촌에서 난민들을 선별하여 데려오는 정책을 견지하고 있다(Kaldor Centre 2018).

넷째, 호주의 난민정책도 캐나다와 마찬가지로 역대 지도자들의 성향 및 정치적 우선순위와 깊은 연관이 있다. 선별적 수용이라는 비판을 받긴 했지만, 프레이저 총리는 1977년 대중적 반대에도 불구하고 초당적 합의에 따라 인도차이나 난민들을 대거 수용하였다(Walden 2016). 키팅 총리(Paul Keating, 1991~1996)와 하워드 총리(John Howard, 1996~2007)는 각각 국제적 위상과 영향력 제고를 위해 인권, 인간안보, 다자협력 등의 중요성을 역설하고 이와 관련한 정책의 적극적 이행에 나서는 중추적 중견국(pivotal power) 외교를 지향하였다. 러드 총리(Kevin Rudd, 2007~2010, 2013)도 중견국 리더십을 국정과제로 삼고 아시아 국가 간 포괄적 다자협력을 강조하였고 난민보호를 비롯한 인류보편적 규범과 정책을 발전시켰다.

2013년 애벗 총리(Tony Abbott, 2013~2015)가 집권하면서 "난민 보트를 막아라"(Stop the Boats)라는 구호 아래 군사력을 동원하여 선상난민들의 호주 입국을 원천 차단하거나 밀입국자들을 강제 귀환시키거나 역외 난민수용소로 보내는 보다 강경한 난민정책이 시행되었다. 2015년 4월 애벗 정부는 망명신청을 원하는 46명의 베트남 난민이 탄 보트를 공해상에서 비밀리에 송환하여 국제적 비난을 받기도 하였다(Walden 2016). 그러나 애벗 총리는 전임자 시절보다 10% 정도만이 호주로 유입되고 있다는 것을 자랑스레 밝혔고 대중적 호응도 얻었다(Grewcock 2014). 이어 최고지도자가 된 턴불 총리(Malcolm Turnbull, 2015~2018)나 모리슨 총리(Scott Morrison, 2018~현재)도 난민문제에서는 정부의 철저한 국경통제관리를 최우선시하고 있다. 2019년 말 기준 4천 명 이상의 선상난민이 인근 파푸아뉴기니의 마누

스섬과 적도의 나우루섬으로 보내진 가운데 '난민환자 이송법'이 폐지
되었다. 치료 후 재송환이 힘들다는 이유에서였지만, 치료명목으로 국
외 난민수용소에서 호주로 이송되는 것을 막으려는 조치로 해석된다
(Siegfried 2019).

　다섯째, 호주 난민정책은 "선택적 수용 이외에는 난민을 받아들
이지 않겠다"라는 일종의 님비(NIMBY) 현상, 혹은 재정적 지원은 하
되 난민을 다른 나라로 넘기는 외주화(outsourcing)의 전형적 양상
을 띠고 있다. 이러한 특징은 난민수용에 상대적으로 포용적이었던 정
치 지도자들에게서도 나타났다. 하워드 총리의 경우 앞서 언급한 듯이
1999~2001년 역내 난민사태에 대해 효과적인 해결책을 주도하였다.
그러나 2001년 보트피플이 5천 명을 넘어서고 불법 이주민도 늘어나
자 이들을 국가정체성과 사회안전의 위협으로 규정하고 봉쇄로 정책
방향을 틀었다. 대규모 난민유입으로 인도적 보호 vs. 자국민 우선의
논쟁이 거세지면서 국내적 요구와 국제적 위상을 동시에 만족하게 해
야 하는 정치적 딜레마에 빠졌기 때문이다. 결국, 하워드 정권은 호주
로 유입된 보트피플로 인해 사회가 실제로 불안해지거나 범죄가 늘어
난 것이 아닌데도 불구하고 난민문제의 안보화를 통해 반난민 정책을
합리화한 것이다(McDonald 2011).

　호주행 보트피플들을 막으려고 역외심사(off shore) 원칙 아래에
2005~2007년 사이 마누스섬과 나우루섬에 일정 수준의 경제적 지원
을 해주고 그 대가로 난민촌을 설치하여 이들을 보내 관리하는 방법을
택하였다. 또한, 방글라데시에도 돈을 주고 일부 난민들을 재정착시켰
다. 〈그림 2〉에서 보듯이 2005~2007 사이 난민 수가 눈에 띄게 감소하
였는데, 선상난민의 호주 입국을 원천 통제하기 위한 난민 외주화 정책
때문이었다. UNHCR과 국제인권단체들은 이들 역외 난민수용소에 거

주하는 난민들과 비호신청자들에게 최소한의 해결책을 제시하고 역외 난민 절차를 폐지하라고 촉구하였다(UNHCR 2018). 하지만 2000년대 이후 역대 호주 지도자들은 난민수용에 관대한 입장이든 아니든 상관없이 모두 역외심사 정책을 채택해왔다.

2007년 러드 총리가 이끄는 노동당은 호주의 역외심사 정책이 국경폐쇄 및 타 국가로의 책임 전가라는 국제적 비판과 더불어 열악한 역외 난민수용소에서의 인권침해 논란까지 일게 되자 논란이 된 수용소에서 미성년자와 취약 질환자들을 호주로 이송해 오고, 자유당이 실시한 난민정책을 폐지하였다. 그러나 불법으로 호주로 들어오는 보트피플들이 증가하고 국내여론이 악화하고 재정부담이 커지자 2013년 총선을 앞두고 난민신청자의 입국심사를 호주가 아닌 파푸아뉴기니에서 시행하는 것으로 난민정책을 선회하였다. 즉 2013년 7월 러드 총리는 파푸아뉴기니 정부와의 합의로 마누스섬 '지역난민심사센터(Regional Processing Center, RPC)'라는 역외시설을 본격적으로 운영하기 시작한 것이다(Kaldor Centre 2018).

이렇듯 역대 지도자들의 관리·통제를 기반으로 한 호주의 난민정책은 자국 내 민심을 반영한 것이란 분석이 지배적이다. 하지만 2019년 기준 전체 총인구 2,576만여 명의 30%가 외국 태생이고 인구 절반이 이민자인 호주에서는 시민단체들을 중심으로 '난민도 이민의 일부'라고 강조하며 난민들의 기여에 대한 사회적 인식을 높여야 한다고 주장하고 있다(중앙일보, 2019년 6월 2일). 그리고 실제로도 호주는 2018년 인구 100만 명당 510명의 난민을 받아들여 캐나다에 이어 2번째로 난민을 많이 수용한 국가이다.

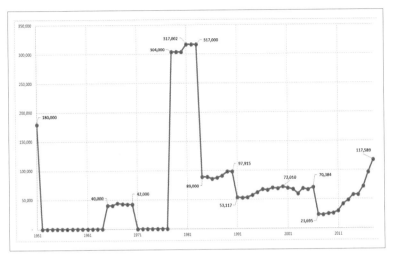

그림 2 호주의 난민수용 추이 (단위: 명)

3. 스웨덴

스웨덴은 1930년대까지는 단일민족(ethnic homogeneity)을 지향했으나, 제2차 세계대전을 전후하여 나치의 박해를 피해 노르웨이, 덴마크, 에스토니아 등을 탈출한 유대인들을 수용하여 1950년 이래 자국 내에 정착시키기 시작하였다. 당시 수천 명의 난민을 받아들였고, 1956년 헝가리 혁명, 1967년 그리스 쿠데타, 1968년 프라하의 봄 등으로 인하여 발생한 망명 신청자들도 적극적으로 수용하였다.

　오늘날 스웨덴으로의 난민 유입이 특히 많아진 이유는 중동과 아프리카 지역의 정정불안과 내전으로 난민이 급증한 까닭도 있지만, 스웨덴의 관대한 난민정책과 체계적·종합적인 복지정책 때문이다. 난민들이 유럽행을 택할 때 정착하고 싶은 곳은 자신들에게 인색한 남유럽이나 동유럽이 아니라 독일이나 북유럽처럼 경제 상황이 좋고 복지시스템이 잘 되어 있는 나라이다. 사회적 민주국가를 지향하는 스웨덴은 사회구성원 모두의 복지혜택과 사회권을 보장하고 다문화주의를 강조하는 '도덕적 강대국'(Moral Super Power)으로(Roxburgh 2018), 난민들에게는 매력적인 곳일 수밖에 없다. 통합(integration)과 인종화합정책을 운용할 뿐 아니라 정착한 난민들을 위한 임대주택도 각 지방에 균등하게 분포해 놓은 차별 없는 스웨덴은 난민들이 선호하는 최종 목적지로 자리매김한 것이다.

이렇듯 스웨덴의 난민정책은 포용적, 개방적인 선도적 중견국 외교 속성을 명확히 보여주고 있지만, 국내적 요구와 국제적 위상 사이에서 어떤 정책적 접점을 만들 것인가에 대한 딜레마에 직면해 있다. 무엇보다도 역대 스웨덴 정부가 난민에 대한 사회적 정착과 문화적 통합정책을 적극적으로 추진한 이유는 인도적 차원에서 취해진 무조건적 환대가 아니었다. 1990년대 초 전체 인구가 800만 명 정도밖에 되지않은 상태에서 이민자나 난민들을 활용하여 부족한 노동력을 채우고 경제적 동력을 찾으려는 '계산된 친절'(calculated kindness)인 면이 적지 않았다. 개인번호(Persunnummer)를 부여받은 난민과 이주민들은 스웨덴 시민이 받는 모든 복지혜택을 누리고 무상으로 스웨덴어를 배우는 등 파격적인 대우를 받았다. 이에 스웨덴은 독일과 더불어 난민들이 가장 가고 싶어 하는 나라가 되었다. 유고 내전으로 발생한 난민에 더해 이란을 비롯한 중동과 아프리카의 난민도 대거 유입되어 1991년 2만 7천 명에서 1992년 8만 4천 명으로 망명 신청자가 폭증하기도하였다(Refworld 1996).

둘째, 스웨덴 이민자·난민정책이 아무리 문화적 화합을 통해 이들을 스웨덴 사회로 흡수하는 목표를 지향하더라도, 자국 이익에 직접 연관된 경우나 국내여론의 동향에는 민감할 수밖에 없다. 일반적으로 스웨덴 국민들은 '인정 많고 인내하는 국민성'을 지닌 것으로 알려져 있고, 정부의 난민정책이 정치적 쟁점이 되지 않도록 이주자·난민의 사회적, 문화적 통합 중요성에 대한 국민적 합의(consensus)를 중시해왔다(Bradby and Torres 2016). 2013년 이후 유럽 전역에 반난민 정서가 팽배해지고 있었지만, 스웨덴은 유럽에서 독일 다음으로 많은 수의 난민을 수용했다. 2014년 8만 1천 명의 난민 유입은 2013년 대비 50%가 증가한 수치였는데, 이는 유고 난민사태가 절정을 이루었던 1992년 이래 최대 규모였다. 이어 2015년에는 16만 3천 명가량의 난민신청자가 입국하여 그중 67%가 난민으로 인정받았다. 28개 전체 EU 국가들의 총인구 대비 망명신청률이 0.06%이고 독일을 제외한 이들 국가의 난민 인정률이 38%인 점을 감안할 때 스웨덴의 난민수용은 유럽에서 인구대비 가장 높았다(EC 2016). 2010년 총인구 948만 명 중 14.3%가 외국 태생이었는데, 이 수치는 2019년 기준 총인구 1천 12만여 명 중 19.1%인 2백만 명으로 증가하였다. 이러한 추세는 2015년 이후 유럽 지역에서 폭증한 난민사태와 연관이 있는 것으로 현재 스웨덴 전체 인구의 5%가 난민이다(Sweden.se 2019).

2015년 10월 스웨덴 정부는 주요 정당들과 망명 정책을 강화하는 합의안을 마련하였다. 이 방안은 난민 지위를 신청하는 사람들에 대한 처우를 개선하는 목적이 있었다. 난민과 이주정책을 총괄하는 스웨덴 이민국(Swedish Migration Agency)은 UNHCR과 IOM 및 여러 국내외 구호단체 NGO들과의 협력을 통해 난민정착(resettlement) 프로그램이 안정적으로 운영될 수 있는 제반 법제를 지속해서 업데이트해왔다. 하지만, 난민에 대한 개방정책이 재정부담과 난민통합 문제로 스웨덴의 정체성과 복지제도가 흔들리는 수준에 이르게 되면서 대량 난민 유입에 대한 사회적 논란과 반감이 커지고 스웨덴이 화합정책이 흔들리게 되었다. 2016년 난민수용으로 인한 재정부담이 스웨덴의 국내총생산(GDP)의 0.9%로 다른 EU 국가들의 평균 0.1~0.6%보다 높았고, 결국 스웨덴 정부도 2016년 국경검색을 강화하기 시작하였다(EC 2016). 또한, 2016년 10월 EU와 아프가니스탄 정부가 맺은 '부적격 난민송환 협정'을 통해 EU에서 난민신청이 거부된 아프가니스탄인은 무조건 아프간 정부가 받아들이게 되었다. 이에 스웨덴 정부는 강제송환 전용기를 마련하였다. 당시 세계적으로 널리 구독층을 가진 잡지인 '포린 폴리시'(Foreign Policy)는 표지 글로 '지구상에서 가장 관대한 나라의 죽음'(The Death of the Most Generous Nation on Earth)이라며 스웨덴의 난민정책을 비판하였다(Traub 2016).

2017년에는 2년 전 대비 1/5 수준인 3만 1천 명의 난민이 스웨덴에 유입되었다. 이러한 스웨덴행 난민 감소는 다른 유럽 국가들의 난민 통제정책과도 밀접하게 연계되어 있다. 터키가 난민들의 그리스행을 통제하고, 슬로베니아, 크로아티아, 세르비아, 마케도니아를 비롯한 발칸 국가들이 국경통제를 강화하면서 스웨덴에 입국하는 망명 신청자도 줄어들었기 때문이다(최서리 신소희 2019). 그러나 스웨덴 정부는 난민에 대한 통제관리 강화도 난민 급감의 주요 원인이 되고 있다.

셋째, 스웨덴 정부의 난민정책 변화도 반난민 정서가 강해지는 여론과 직접적인 연관이 있다. 2018년 한 여론조사에서 스웨덴 국민 10명 가운데 6명은 난민 수를 더 줄여야 한다는 의견을 밝혔다. 국민 41%는 상당 정도 많이 줄여야 한다고 했고, 19%는 조금 더 줄여야 한다고 했으며, 12%만이 난민을 더 많이 받아들여야 한다고 응답하였다. 이 수치는 2015년 난민이 밀려올 당시 36%는 줄여야 한다고 응답하고 26%는 더 수용해야 한다고 한 것과 크게 대조된다(The Local 2018). 더욱이 난민 유입이 범죄율 상승으로 이어지고 있다는 우려와 비판이

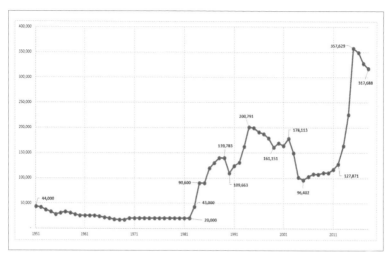

그림 3 스웨덴의 난민수용 추이 (단위: 명)

높아지면서 그 상관관계에 대한 정확한 검증 없이 난민을 국가안보 및
사회안정의 위협으로 여기는 인식이 커졌다.

　난민을 부담이자 위협적인 존재로 간주하며 외면하는 반난민 여
론이 높아지면서 2018년 9월 이민자와 난민을 추방하자는 극우 정당
스웨덴 민주당(Sweden Democrats)이 총선에서 제3당으로 급부상하
였다. 이러한 결과는 유럽 전역을 휩쓸고 있는 우파세력의 부상과 무관
하지 않다. 국가 중심주의와 민족주의 및 경제논리를 내세워 득세한 극
우 포퓰리스트 정당들이 난민사태를 정치화·안보화하는 현상은 코로
나19 사태로 각자도생의 자국중심주의가 더욱 확대되면서 이주통제정
책 강화의 기회로 이용하려는 국가들이 늘고 있다. 이러한 국제적 분위
기 속에 전통적으로 외국인을 환대하고 난민을 수용하는 것에 자부심
을 느끼고 이를 국가정체성과 연계해왔던 스웨덴도 난민 님비현상에
동참하고 있다.

　그러나 스웨덴은 2019년 6월 기준 인구 100만 명당 난민수용 인

원이 493명으로 캐나다와 호주에 이어 3번째로 많았다. 2020년 3월 기준 코로나 사태로 많은 국가가 이주자와 난민에 대한 통제를 강화하고 있는 가운데 스웨덴은 2019년과 마찬가지로 UNHCR과 합의한 5천 명의 할당난민(quota refugees)도 받아들였다.

요약하면, 호주의 경우 실리 위주로 정부가 주도하는 난민외교를 펼치고 있다면, 캐나다는 정부가 주도하는 모델이기는 하지만 상대적으로 보편적 인권보장의 발상으로 난민문제에 접근하고 있다. 스웨덴은 정부의 일방적 주도가 아닌 국민적 합의를 토대로 난민문제의 보편성과 윤리성을 강조하는 중견국 외교를 펼쳐왔다. 인구 100만 명당 가장 많은 난민을 수용하고 있는 이들 3개국은 인도적 위기에 처한 난민에 대한 환대적 입장과 정책을 구현함으로써 세계적 공익(公益)과 자국의 위상을 동시에 제고하는 전형적인 국제사회의 책임 있는 중견국 속성을 보여왔다. 그러나 2015년 이래 크게 증가하고 있는 난민 유입 문제에 국내여론이 급속히 나빠지면서 극우 정당에 힘을 실어주는 상황이 나타나고 있다. 이렇듯 난민수용의 배경과 과정에 있어 국가별로 다소 차이점을 보이나, 지난 몇 년 사이 이들 국가는 모두 급증하는 난민에 대한 사회경제적, 정치적 부담과 반난민 정서로 인해 포용적이 아닌 통제적 난민정책으로 선회하게 되었다. 그런데도 스웨덴, 캐나다, 그리고 호주는 여전히 다른 서구선진국들에 비해 UNHCR 등 국제기구와의 협의를 통한 할당률을 토대로 많은 난민을 수용하고 있다. 또한, 정착한 난민들을 교육하고 노동시장에 편입함으로써 자국 사회에 통합될 수 있는 법적, 정책적 방안을 여전히 지속하고 있다.

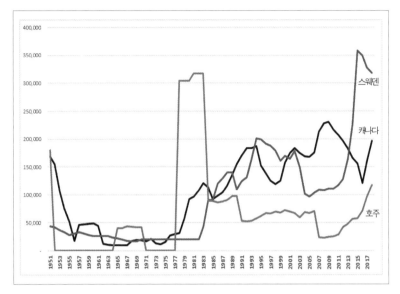

그림 4 캐나다, 호주, 스웨덴 난민 추이 비교 (단위: 명)

V. 결론

우호적 혹은 배타적 난민정책의 요인과 난민 유입에 대한 긍정적 혹은
부정적 견해는 난민수용국의 국내외적 제반 상황과 역량, 국내법과 국
제난민법의 충돌 여부, 난민 지위 인정 절차 및 결정 방법 등에 따라 나
라별로 차이가 있을 수밖에 없다. 하지만 분명한 것은 지구촌 어느 국
가도 인도주의적 규범과 명분을 위해 자국의 주권과 안보를 양보하는
법은 없다는 점이다. 그러므로 어떠한 상황과 전략적 고려로 각국의 난
민정책이 변천해왔는지를 살펴보기 위해서는 인도적 보호와 지원을
강조하는 국제규범과 국가안보와 국내적 안정에 역점을 둔 정치적 현
실 간의 괴리를 파악하는 것이 중요하다. 캐나다, 호주 및 스웨덴의 사
례는 포용과 개방의 대표적 중견국 속성을 지닌 국가의 난민정책일지

라도 한 국가의 난민수용 태도 및 정책의 변화가 경제적, 사회적 부담, 지도자의 성향과 리더십, 국가정체성 및 국내여론, 주권과 국가안보 우려에 대한 민감성 등이 복합적으로 얽혀 만들어진 결과일 수밖에 없음을 대변한다.

　첫째, 지도자의 신념과 정치적 우선순위가 정책 방향과 이행 여부에 중요한 변수이다. 캐나다와 호주에서는 어떠한 성향의 지도자가 집권하느냐에 따라 난민정책이 달라졌다. 캐나다의 하퍼 총리나 호주의 애벗 총리나 모리슨 총리 등은 현실주의적 관점에서 국경통제 및 사회안정에 역점을 둠에 따라 캐나다와 호주의 난민정책은 정권에 따라 비일관성을 띠게 되었을 뿐 아니라 인도적 국제주의를 표방하던 국가 이미지에도 실추하게 되었다. 하퍼 총리의 비인도적 정책을 비난하고 인도적 난민수용을 표방한 트뤼도 총리는 첫 시리아 난민 가족이 토론토 공항에 도착했을 때 "여러분이 비행기에서 내린 지금은 난민이지만, 이제 공항터미널을 나갈 때는 캐나다 영주권자입니다"라는 말로 국제사회의 공감과 호응을 얻었다(The Guardian 2015). 2018년 캐나다는 전 세계에서 난민을 가장 많이 받아들인 나라로 기록되었다.

　둘째, 경제적, 사회인구학적 요인이다. 스웨덴의 경우는 난민과 이주민 유입으로 2018년 총인구 1천만 명 시대를 맞게 되었고 노동인구의 고령화 현상을 완화할 수 있게 되었다. 그러나 높은 임금을 보장하는 복지제도 하에서 대다수가 미숙련 노동자인 난민들은 기술도 인맥도 없는 상태라 노동시장에 편입되기 힘든 상황이다. 또한, 정착된 난민들에게 자국의 복지정책에 따라 현금과 주택을 지급하고 유급육아휴직을 제공했지만, 이는 높은 세금을 내는 자국민의 불만을 고조시켜 정부에 대한 신뢰를 잃게 하였다. 결국, 정부는 2016년부터 난민들에게 제공하는 혜택들을 폐지하게 되었다(Traub 2016). 미국 트럼프 대통령의 반난민 정책으로 캐나다로 유입된 난민들에 대한 인도적 포용으로 국제적 찬사를 받은 트뤼도 정권은 점점 캐나다-미국 국경으로 밀려드는 난민들로 인해 사회안정문제와 국내여론의 비난에 직면하여 난민통제 쪽으로 선회할 수밖에 없었다. 2019년 7월 여론조사에 따르면, 앞서 언급한 것처럼, 기술자들이나 고학력 이민은 환영하면서도 난민수용은 더 이상 확대하지 말라는 의견이 절반을 넘었다.

셋째, 난민에 대한 포용적 문화를 양성한 교육과 국내사회적 요인이다. 이민의 나라 캐나다는 건국 초기부터 영국계와 프랑스계 사람들이 어우러진 연방주의 국가로서 이중 문화적인 정책을 실천하여 사회통합을 이루는 것이 국가적 과제였다. 또한, 1970년대 이후 이민이 가속화되고 1971년 다문화주의가 공식 정책으로 채택되어 인종, 종교, 문화의 차이에 상관없이 인간의 존엄성과 가치를 인정하는 교육프로그램을 강화하였다. 또한, 난민이나 이민자들이 캐나다 사회에 편입될 때 그들이 고유한 문화를 포기하는 것이 아니라 오히려 그 고유성을 보전할 수 있을 때 캐나다가 더욱 강해진다는 다양성을 강조해왔다. 이들 서구 민주주의 사회의 다문화주의 정책도 난민수용에 긍정적으로 이바지하였는데, 다문화주의는 저출산과 고령화로 이주노동자들의 유입이 불가피해지고, 인권운동으로 소수민족집단의 권리의식이 높아지면서 인구학적, 시대적 변화를 반영한 사회통합을 모색하는 가운데 퍼졌다.

하지만 외국인의 유입이 증가하고 장기 체류하는 난민과 이주민들의 규모가 커지면서 이들의 법적, 사회적 지위가 논쟁거리로 부상하고 경제적 부담과 난민들에 의한 범죄가 생기면서 반이민·난민 정서가 커졌다. 호주 역시 이민의 나라로 1973년 백호주의를 폐지하고 다민족 다문화사회를 선언하였으나 1973년~1991년 유색인종의 이민이

급증하면서 인종 간 갈등이 고조되었고, 2005년 실제로 인종 간 폭력
사태가 발생하기도 하면서 이민시민권부(DIAC)로 개편하여 동화주의
정책을 강화하는 경향을 보였다. 오랫동안 난민수용과 사회통합을 강
조해온 스웨덴에서도 정착능력이 검증된 이민자들에게만 시민권을 부
여해야 한다는 주장이 커졌고, 실제로 2018년 총선에서 반난민 극우정
당이 부상하였다.

더욱이 코로나19 감염증 위기가 유럽 전역을 휩쓸면서 EU를 중심
으로 한 '국경 없는 유럽,' 혹은 '하나의 유럽' 정책을 도전하고 있는 가
운데 2015~2016년에 버금가는 대규모 난민사태가 재연될 수 있다는
우려가 커지고 있다. 앞서 언급한 대로 유럽행 경유지로 터키에 체류하
고 있는 360만 명의 시리아 난민과 관련하여 EU가 지원 약속을 지키
지 않는 가운데 코로나 확산으로 유럽 국가들이 국경을 통제하기 시작
하자 터키 정부는 그리스와의 국경을 개방하겠다고 위협하는 중이기
때문이다. 5년 전과 같은 난민대란이 발생할 경우, 스웨덴의 난민포용
정책이 예전과 같이 시행될지는 회의적 시각이 더 많다.

요약하면, 이들 국가에서 포용과 다양성을 존중하는 국내사회적
요인에 최고지도자의 신념과 강력한 추진력과 중견국으로서의 국제적
위상 제고에 대한 전략적 고려가 더해져 인도적 난민수용에 기여했지
만, 난민수용이 경제적, 사회적 활력에 실질적으로 이바지한다는 '계산
된 친절'이 환대적 난민정책의 주요 동인이었다. 반면, 이들 국가가 포
용적 난민정책에서 후퇴한 것은 민주주의 국가에서 여론의 추이를 무
시할 수 없는 요인이 컸다. 난민사태가 아무리 긴급한 인도적 위기상황
으로 국민적 감성을 불러 모을 수 있다 하더라도 난민에 대해 폐쇄적
정책을 고수하는 나라들은 양적인 면(규모나 체류 기간)이 커지면 경제
적, 사회적 부담이 되는 점을 크게 경계한다. 이에 더해 특정 인종이나

종교를 가진 난민들에 대한 오해나 편견이 난민 중 범죄행위에 연루된 사례와 연계될 경우 난민의 안보화로 위협인식이 증대되어 국가 내 반대여론과 포퓰리즘과 정치적 도전이 거세질 수 있다. 이러한 상황에서 지도자가 포용적인 난민정책을 견지한다는 것은 자신의 정치적 명운을 걸어야 하는 일이기 때문에 대부분 난민을 통제하거나 거부하는 정책으로 선회할 확률이 높다. 한편, 아무리 자국의 규범 외교를 높이는 것이라 하더라도 난민수용 여부는 유관 국가들과의 다자적 협력과 합의가 필요하다.

결론적으로 날로 급증하고 복잡해지고 있는 난민문제의 해법을 찾기 위해 유연성을 발휘하여 인류보편적 국제질서와 국가이익에 모두 기여하는 정책을 수립할 필요가 있다. 난민문제는 초국가적으로 제기되는 윤리적, 규범적 성격과 지정학적 측면의 국가 간 관계라는 현실주의적 속성을 모두 지니고 있다. 하지만 전염병의 확산, 경제위기, 기후변화와 같이 개별국가 홀로 해결책이나 대안을 내놓기 힘든 전 지구적 문제들과 마찬가지로 난민문제도 일국을 넘어선 국가 간 협력을 통해 국가 간 공동대응이 필요한 이슈이다. 그런데도 국가 간 난민문제를 둘러싼 인식과 이해관계에 커다란 차이가 있어 공존의 해법 마련이 쉽지 않다. 이러한 딜레마를 극복하기 위해 중견국들의 역할이 무엇보다 중요하다. 왜냐하면, 강대국의 역량을 발휘할 수는 없지만, 국제사회에서 자국의 국제적 이미지와 규범적 영향력을 높이는 것을 중요한 목표로 삼은 중견국들은 개방적이고 포용적인 난민정책을 시행하려는 속성이 강하기 때문이다. 특히 난민문제는 전 세계적인 인도적 위기인 동시에 인도주의에 기반을 둔 규범 외교의 성격이 강하기 때문에 강대국들이 선점하기 쉽지 않은 틈새 분야이다.

따라서 능력과 가치를 공유하는 중견국들이 단기적인 국익을 일정 정도 희생하더라도 중장기적인 관점에서 국제사회와 상생하는 열린 국익을 추구할 필요가 있다. 2019년 9월 28개 EU 회원국 국가들이 프랑스와 독일 등의 주도하에 어렵사리 합의를 통해 유럽에 입국한 난민들을 자동 분배하여 나눠 수용하는 시스템을 마련하기로 한 것은 미궁으로만 빠져가던 난민문제의 해법을 위한 긍정적 조치였다. 하지만 EU의 지원 약속 미이행을 둘러싼 터키와 유럽의 갈등이 또 다른 난민 사태를 발생시킬 수 있는 상황에서 살펴볼 수 있듯이, 이러한 조치가 지속가능한 제도로 거듭나기 위해서는 중추 중견국들의 의지와 헌신 및 재정적 지원이 절대적이다. 또한, 유엔을 비롯한 국제기구와 국제구호 및 난민단체들을 유용한 플랫폼으로 활용하여 관련 정보를 교환하고 국가 간 상호연대를 공고히 하는 것도 필요하다. 더 나아가 강대국 중심의 원칙이나 개입행위가 세계 곳곳에서 불만과 반발을 일으키고 과격 테러나 폭력사태로 이어지고 있는 국제정세 속에서 불만과 폭력의 악순환 고리를 끊어낼 수 있는 공정한 중재자로서의 중견국 역할을 모색하는 것은 무력분쟁, 박해, 빈곤과 같은 세계 난민 위기의 근본 원인을 제거하는 데에도 보탬이 될 것이다.

참고문헌

강선주. 2015. "중견국 이론화의 이슈와 쟁점." 『국제정치논총』 제55권 1호: 137-174.
김상배. 2011. "네트워크로 보는 중견국 외교전략: 구조적 공백과 위치권력 이론의 원용." 『국제정치논총』 제51집 3호: 51-77.
_____. 2016. "신흥안보와 메타 거버넌스: 새로운 안보 패러다임의 이론적 이해." 『한국정치학회보』 제50집 1호: 75-104.
민지원. 2017. 『캐나다 정책을 통해 본 난민신청자에 대한 처우와 국내제도 개선방안』, IOM 이민정책연구원 정책보고서 시리즈, No. 2017-02.
송영훈. 2014. "테러리즘과 난민문제의 안보화: 케냐의 난민정책을 중심으로." 『국제정치논총』 54권 1호: 195-230.
신승휴. 2016. "난민문제와 호주의 중견국 외교전략." 김상배 편. 『신흥권력과 신흥안보: 미래 세계정치의 경쟁과 협력』. 서울: 사회평론아카데미.
이병하. 2018. "한국 난민 이슈의 정치화." 『문화와 정치』 제5권 4호.
이신화. 2017. "인구 이주 난민안보의 복합지정학과 한반도." 『한반도 신흥안보의 세계정치: 복합지정학의 시각』. 서울: 사회평론아카데미.
_____. 2019. "동북아 난민문제의 정치외교적 대응격차." 『담론 201』 6월, 22권 1호: 157-198.
정세정. 2019. "캐나다 난민 지원정책의 동향과 시사점." 『국제사회보장리뷰』 겨울호, Vol. 11: 88-99.
최서리·신소희. 2019, "2015년 대량 난민수용 이후 스웨덴의 이민정책 현안." 이민정책연구원 이슈브리프, No. 2019-04.
데이비드 채터슨. 2013. "캐나다의 중견국 외교전략과 한국의 중견국 외교방향에 대한 제언." 제1회 주한 외국 대사 초청 라운드테이블, 4월 9일.
윌리엄 패터슨. 2013. "호주의 중견국 외교전략과 한국." 제4회 주한 외국 대사 초청 라운드테이블, 10월 1일.

Al-Badayneh Diab, Ali A. Alshawi, and Khawla Alhasan. 2017. "Strains and Radicalization Among Syrians Youth Refugees in Jordan." *International Journal of Scientific Research* Vol VI, Issue VII, July.
Bradby, Hannah and Sandra Torres. 2016. "Public Policy, Immigrant Experiences, and Health Outcomes in Sweden." Dennis Raphael, ed. *Immigration, Public Policy, and Health: Newcomer Experiences in Developed Nations.* Toronto: Canadian Scholars' Press.
Buzan, Barry, Ole Wæver, and Jaap de Wilde. 1998. *Security: A New Framework for Analysis.* New York: Lynne Rienner Publishers.
Dorn, Walter. 2005. "Canadian Peacekeeping: Proud Tradition, Strong Future?" *Canadian Foreign Policy Journal* Vol. 12, No. 2, Fall.

European Commission (EC). 2016. "An Economic Take on the Refugee Crisis: A Macroeconomic assessment for the EU." European Economy Institutional Paper No. 033.

Glorius, Birgit. 2018. *Public Opinion on Immigration and Refugees Patterns of Politicisation: Evidence from the Eurobarometer.* CEASEVAL.

Government of Canada. 2019. "Immigration Canada: Applying for Protected Person Status Document." IMM 5520E (01-2010).

Grewcock, Michael. 2014. "Australian Border Policing: Regional 'Solutions' and Neocolonialism." *Race and Class* Vol. 55, Issue 3.

International Rescue Committee (IRC). 2019. "The Global Refugee Crisis: Challenges for International Relations and the Humanitarian System." *Reliefweb.* November 1.

Kaldor Centre for International Refugee Law. 2018. "Frequently Asked Questions about Refugees and Asylum Seekers." October 3, Andrew & Renate Kaldor Centre for International Refugee Law, UNSW Sydney.

Kestler-D'Amours, Jillian. 2019. "Is Canada Violating Its Constitution by Sending Refugees Back to the United States?" *Foreign Policy.* December 5.

Ketchell, Misha. 2020. "Canada Must Use its 'Soft Power' to Champion Global Human Rights." *The Conversation.* February 26.

Makovsky, Alan. 2019. "Turkeys Refugee Dilemma." Center for American Progress. March 13.

Manne, Robert with David Corlett. 2003. "Sending Them Home: Refugees and the New Politics of Indifference." *Quarterly Essay.* December.

McDonald, Matt. 2011. "Deliberation and Resecuritization: Australia, Asylum-Seekers and the Normative Limits of the Copenhagen School." *Australian Journal of Political Science* 46(2).

Poushter, Jacob. 2016. "European Opinions of the Refugee Crisis in 5 Charts." *Fact Tank.* Pew Research Center. September 16.

Price, Charles. 1981. "Immigration Policies and Refugees in Australia." *International Migration Review* Vol. 15, Issue 1-2, March.

Ravenhill, John. 1988. "Cycles of Middle Power Activism: Constraint and Choice in Australian and Canadian Foreign Policies." *Australian Journal of International Affairs* Vol. 52, No. 3.

Refworld. 1996. "Swedish Asylum Policy in Global Human Rights Perspective." *Human Rights Watch* Vol 8, No. 14, September 1.

Roxburgh, Rose-Marie. 2018. "The Swedish Model – A Tall Order?" *The Columbia Valley Pioneer.* October 28,

Siegfried, Kristy. 2019. *The Refugee Brief.* UNHCR, December 4.

Statistics Canada. 2019. "Immigration and Ethnocultural Diversity in Canada." April.

Stam, Claire. 2020. "Migration and the Coronavirus Pandemic: Crash Tests for

Schengen." *EURACTIV*. March 26.

Sweden.se. 2019. "Sweden and Migration." The Official Site of Sweden, https://sweden.
se/migration/

Tazzioli, Martina. 2016. Border displacements. Challenging the Politics of Rescue
between Mare Nostrum and Triton, *Migration Studies* Vol. 4, Issue 1: 1-19.

The Canadian Press. 2016. "How Alan Kurdi's Death Has Affected Canada, One Year
Later." *The Canadian Press*. September 1.

Traub, James. 2016. "The Death of the Most Generous Nation on Earth." *Foreign Policy*.
February 10.

UN High Commissioner for Refugees (UNHCR). 2018. *Status of World Refugees*.
Geneva: UNHCR.

_____. 2019. "Figures at a Glance." *Statical Yearbooks*. June 19.

US Committee for Refugees and Immigrants (USCRI). 2003. "U.S. Committee for
Refugees World Refugee Survey 2003-Yugoslavia (including Kosovo)." https://
www.refworld.org/docid/3eddc4884.html

Walden, Max. 2016. "Australia's 'Boat People': Then and Now." *The Diplomat*. June 21.

"다문화 국가 호주에선 난민도 이민의 일부." 〈중앙일보〉, 2019년 6월 2일.

"캐나다인 57% 난민수용에 부정적…'더 하지 말아야!'." 〈연합뉴스〉, 2019년 7월 5일.

"UNHCR: Refugee numbers reach highest ever recorded." *CNN World*. June 18. 2015.

"We are Back: New Canadian PM Justin Trudeau Premises to Restore his Country's
Reputation as Compassionate and Constructive." *South China Morning Post
(Luxehomes)*. October 21, 2015.

"Justin Trudeau shows up at airport to welcome Canada's first Syrian refugees." *The
Guardian*. December 11, 2015.

"Justin Trudeau Promises to Welcome Refugees to Canada: Diversity is Our Strength."
TIME. January 28, 2017.

"Six out of ten voters in Sweden want fewer refugees: poll." *The Local*. April 21, 2018.

"Canada Welcomed More Refugees than Any Other Nnation in 2018, UN report says."
Global News. June 19, 2019.

"Nearly 900,000 asylum seekers living in limbo in EU, Figures show." *The Guardian*.
August 25, 2019.

"China is Defensive. The U.S. Is Absent. Can the Rest of the World Fill the Void?" *The
New York Times*. May 11, 2020.

"Greek Borders are European Union Borders, says EU High Representative." *Greek City
Times*. June 25, 2020.

지은이

김상배 서울대학교 정치외교학부 교수
서울대학교 외교학과 학사 및 석사, 미국 인디애나대학교 정치학 박사
『중견국 외교의 세계정치』(2020, 공편)
『4차 산업혁명과 신흥 군사안보』(2020, 편저)
『버추얼 창과 그물망 방패: 사이버 안보의 세계정치와 한국』(2018)
『아라크네의 국제정치학: 네트워크 세계정치이론의 도전』(2014)

정성철 명지대학교 정치외교학과 부교수
서울대학교 서양사학과 학사 및 외교학과 석사, 미국 럿거스대학교 정치학 박사
"Religious Identity and the Democratic Peace." 『동서연구』 32(1). (2020)
"동아시아 세력전이와 한반도 전쟁: 19세기 청일전쟁과 21세기 미중경쟁." 『담론201』
    23(1). (2020/2)
"자유주의 세계질서의 쇠퇴? 글로벌 패권의 약화와 민주주의 중견국의 규칙기반질서
    추구." 『정치·정보연구』 23(1). (2020/2)
"Lonely China, Popular United States: Power Transition and Alliance Politics in
    Asia." *Pacific Focus* 33(2) (2018)

이승주 중앙대학교 정치국제학과 교수
연세대학교 정치외교학과 학사 및 석사, 미국 캘리포니아대학교 버클리 정치학 박사
『사이버 공간의 국제정치경제』(2018, 편저)
"디지털 무역 질서의 국제정치경제." (2020)
"아베 정부와 전략적 다자주의의 부상: TPP/CPTPP를 중심으로." (2020)
"미중 무역 전쟁: 트럼프 행정부의 다차원적 복합 게임." (2019)

유인태 단국대학교 정치외교학과 조교수

연세대학교 정치외교학과 학사 및 석사, 미국 사우스캐롤라이나대학교 정치학 박사

"글로벌 인터넷 거버넌스에서의 스윙국가 중견국 외교: 브라질, 인도, 한국의 사례."
『국가전략』 25(4). (2019)

"캐나다 사이버 안보와 중견국 외교: 화웨이 사례에서 나타난 안보와 경제통상의 딜
레마 속에서" 『문화와 정치』 6(2). (2019)

"Internet Governance Regimes by Epistemic Community." *Global Governance*
25(1). (2019, 공저)

"디지털 보호무역주의의 국제정치경제." 『동서연구』 30(2). (2018)

유준구 국립외교원 연구교수

성균관대학교 법과대학 박사, 석사, 학사(영문학/법학), 미국 아메리칸대학교 법학
석사

"미국 수출통제 법제의 특성과 시사점." 『미국헌법연구』 (2015)

"사이버안보 문제와 국제법의 적용." 『국제법학회논총』 (2015)

"유엔무기거래조약(ATT) 채택의 의의와 시사점." 『국제법학회논총』 (2013)

『신 국제경제법』 (2018, 공저)

김성진 한국환경정책·평가연구원 부연구위원

서울대학교 외교학과 학사, 서울대학교 외교학 박사

"북한의 대중 석탄수출에 대한 유엔 안보리 분야별 제재의 한계." 『국가안보와 전략』
18(2). (2018, 공저)

"2030년 한국 온실가스 감축목표 달성을 위한 전력 부문 시나리오 분석." 『환경정책』
25(2). (2017, 공저)

"파리기후체제는 효과적으로 작동할 것인가?" 『국제정치논총』 56(2). (2016)

"기후변화적응기금의 배분기준에 관한 탐색적 연구." 『국제정치논총』 55(2). (2015,
공저)

312

조한승 단국대학교 정치외교학과 교수
고려대학교 정치외교학과 학사 및 석사, 미국 미주리대학교 정치학 박사
『국제기구와 보건·인구·여성·아동』(2015, 공저)
『국제기구와 지역협력』(2015, 공저)
"한국과 일본의 보건안보·보건외교 현황과 한일협력의 모색."『평화학연구』20(1).
　(2019)
"백신사업 사례를 통해 본 글로벌 거버넌스의 행위자 상호관계 연구."『세계지역연구
　논총』36(1). (2018)

김헌준 고려대학교 정치외교학과 교수
서울대학교 외교학과 학사, 미국 미네소타대학교 정치학 박사
Transitional Justice in the Asia Pacific. Cambridge University Press (2014, 공편)
"The Prospect of Human Rights in US-China Relations: A Constructivist
　Understanding." *International Relations of the Asia-Pacific* 20(1). (2020)
"한국정치학의 인권연구 현황 분석: 동향과 전망."『한국정치학회보』52(1). (2018)
"전환기정의 규범의 확산과 그 효과."『한국정치연구』26(1). (2017)

이신화 고려대학교 정치외교학과 교수, 평화와민주주의연구소 소장
이화여자대학교 영어영문학과 학사, 미국 메릴랜드대학교 국제정치학 박사
"Is the Liberal International Order at Risk? Casues and Remedies."『세계지역연
　구논총』37(2). (2019)
"동북아 난민문제의 정치외교적 대응격차."『담론21』22(1). (2019)
"South Korea's refugee Policies: National and Human Security Perspectives."
　Human Security and Cross-Border Cooperation in East Asia. (2018).
"안보공공외교로서의 국제평화유지활동(PKO)에 관한 고찰."『오토피아』34(1).
　(2019)